Rainer Nitsche
Ulli Rothaus
Offene Türen und andere Hindernisse
Erfahrungen in einer selbstverwalteten
Schule für Erwachsene

Mit Beiträgen von Mense Bauer, Reinhard Berdel, Elisabeth Bolda, Gudrun Fröba, Michael Godde, Angelica Jackson, Barbara Jürgens, Rosemarie Jung, Walter Kröber, Tomás Leitner, Richard Reitinger, Ursula von Ristok, Jürgen Rubarth, Rüdiger Safranski, Wolfgang Steinberg, Mao Tse-tung, Volker Volksmasse, Manfred und Udo (Rhizom) und der Sofa-Klasse.

Fotos von Hannelore Bauer, Hu-Ping Chen, Doris Schadow und Jörg Warmuth

Luchterhand

Originalausgabe
Sammlung Luchterhand, Oktober 1981
Lektorat: Klaus Roehler
Umschlag nach einem Foto von Hu-Ping Chen und einer
Zeichnung von Amelie Gliencke

© 1981 by Hermann Luchterhand Verlag GmbH & Co KG,
Darmstadt und Neuwied
Gesamtherstellung bei der
Druck- und Verlags-Gesellschaft mbH, Darmstadt
ISBN 3-472-61344-0

Inhalt

Vorwort 8
Wie es dazu kam 11

I Selbstverwaltung oder Es geht auch anders aber wie
Struktur unserer Selbstverwaltung 17
Klagemauer 25
Unfähigkeit zu loben 31
Und das nicht nur zur Sommerszeit oder Der Kampf ums Weihnachtsgeld 32
Anleitung zum schwachen Trost 36
Verbindlichkeit 36
Volker Volksmasse: Flip Rentenmeister 38
Beschluß zur Anwesenheit 39
Freiwilligkeit 42
Kritikfähigkeit 43
Geduld 44
Die seltsame Macht des Geldes 45
Dreck 48
Zeit und Ausbeutung 49
Die Kunst des Wartens 51
Eifersucht der Aktivisten 51
Positives, zur Abwechslung, und ein neues Haus 53
Die Reize der Macker und Macher 59
Elisabeth: Selbstverwaltung Männersache? 59

II Schüler und Lehrer
Unsere Schüler 63
Unsere Lehrer 68
Lehrerrollen. Ein Gespräch mit zwei Lehrern, die in derselben Klasse unterrichten 71
... und die Stellungnahme der Klasse dazu 76
Reinhard und Barbara: Besser ohne Lehrer 79
Lehrerbestätigung 81
Ansprache eines Lehrers an sich selbst während einer Fachkonferenz 86

Elisabeth: Die Lehrer sind überlegen	90
Gedanken eines Lehrers zu seiner zweiten Schulzeit	91
Über das Altern	94
Beitrag zu einem ausgefallenen Beitrag. Die Beziehungen zwischen Lehrern und Schülerinnen	94
Nie fallen sie auf die Schnauze	96

III Der dornige Weg zum Projektlernen – hin und zurück

Aus zwei mach eins	99
Reviere	100
Fehlstart	102
Die erste Projektklasse und die Folgen	106
Aus dem Bericht der Projektklasse, ein Semester später	115
Ein Fisch mit Namen Fasch	117
Bilanz oder Projektlernen als Versuch, eine Chance zu nutzen, die wir nur teilweise haben	120
Über die Kreisung des Quadrats. Der Mathematiklehrer der Projektklasse (gleichberechtigter Berater in Sachen Mathematik) berichtet	127
Gudrun: Nicht zu Kreuze kriechen! Die externe Prüfung	131

IV Schule und Politik

Politik und Schulöffentlichkeit	135
Die Phase der Hohen Politik und der K-Gruppen	137
Die Phase der Politik von innen nach außen und die der Spontis	141
Die Lernzieldiskussion 1976/77	144
Über den Umgang mit Ansprüchen	151
Die Phase der Entdeckung des Innenlebens oder Politik als Privatsache	151
Unsere neuen Helden	156
Gedanken eines Lehrers zum politischen Unterricht	156
Der Unterrichtsplan 1974	159
Suchen nach neuen Themen	165
Der Frust	167
Während in anderen Schulen ... Redebeitrag einer Klasse zur Vollversammlung im Oktober 1977	168

Rauchen ein Gesellschaftsspiel 170
Aufbruch und Leerlauf. Protokoll eines Unterrichtsprojekts 172
Richard Reitinger: SfE als Nachbar 180

v Rückblicke und Karrieren
Rosemarie: Einige »Gedankensprünge« zum Thema: Was hat die SfE mir gebracht? 182
Gela: Das späte Licht 186
Michael: Zwei Jahre danach 189
Mense: Aha-Erlebnisse 192
Tomás: An die Neuen 194
Ruby: Selbstverwaltung und dann Betriebsarbeit 197
Reinhard: Von der SfE auf den Friedhof 202
Rhizom: Zwei Gastwirt-Buchhändler blicken zurück (und nach vorn) 205

Wo, bitteschön, bleibt das Utopische? 210

VORWORT

Dies Buch ist das Ergebnis des vermutlich siebenundzwanzigsten Versuchs, Erfahrungen aus vielen Jahren SfE (Schule für Erwachsenenbildung in Westberlin) zusammenzutragen. Wie oft hingen zwischen allen möglichen Angeboten, Ankündigungen, Suchanzeigen und Plakaten kleine Zettel an unseren Schulwänden, auf denen dazu aufgerufen wurde, sich doch *endlich* mal zu treffen, um die Geschichte unserer Schule aufzuarbeiten. Jedesmal war die Resonanz mickrig, schliefen die Initiativen nach zwei, drei Treffen ein.
Wahrscheinlich lag das daran, daß der Schulalltag, gerade für diejenigen, die die Schule als Versuch ernst nahmen, zu wenig Zeit ließ und zu wenig Chancen bot, sich einmal für längere Zeit zurückzuziehen, Materialien zu sortieren, Thesen zu entwickeln, Konturen zu schaffen.
Dazu kommen generelle Schwierigkeiten, über Versuche wie die SfE zu schreiben.
Einmal neigt man dazu, den Legitimationsdruck, unter dem viele freie Schulen und ähnliche Projekte stehen, zu verinnerlichen und es mit der Wahrheit nicht so genau zu nehmen. Das heißt: man fühlt sich verpflichtet, seine Erfahrungen positiv eingefärbt wiederzugeben (und weil man nicht lügen will, läßt man's also bleiben). Und zweitens gibt es regelmäßig Ärger innerhalb solcher Projekte. Die Fragen heißen dann: Ist es auch repräsentativ, was da geschrieben wird? Kommen alle Positionen zu Wort? Oder ist die Darstellung einseitig bestimmt durch Positionen, die die Verfasser einnehmen?
Schwierigkeiten dieser Art und die tägliche Hektik führen dazu, daß viele selbstverwaltete Gruppen und Einrichtungen fast geschichtslos dahinleben, daß ihre Erfahrungen zu wenig in die Öffentlichkeit dringen und damit Möglichkeiten verbaut bleiben, aus der eigenen Geschichte zu lernen, Ansätze weiter zu entwickeln und offensiver nach außen zu wirken.
Wir konnten dieses Buch erst schreiben, nachdem wir der SfE den Abschied und uns selbst den Ruck gegeben haben, keinen repräsentativen, neutralen Bericht zu verfassen, sondern eine persönliche Auseinandersetzung mit unseren Erfahrungen zu

versuchen. Daß dabei die kritischen Momente überwiegen, wird manchen treuen SfE'ler wütend machen. Wir meinen jedoch, daß solche Berichte erst dann einen Sinn haben, wenn sie nicht schöngefärbt sind und in ihrer (Selbst-)Kritik eher zu weit gehen. Mögliche Korrekturen unserer Einschätzung sind aus Interviews, Berichten ehemaliger Schüler und Dokumenten abzulesen.

Im übrigen ist es gut möglich (und das soll eine Warnung sein an alle, die unsere Kritik als Bestätigung ihrer negativen Bewertung freier Schulen ausschlachten wollen), daß wir immer noch zu sehr durch unsere bürgerliche Sozialisation geprägt sind. Deren Raffinesse besteht ja u. a. gerade darin, jeden Versuch, aus ihr auszubrechen, mit so hohen Ansprüchen zu behängen, daß er fast zwangsläufig als gescheitert erscheinen muß. Oder, um es positiv zu sagen: jede negative Erfahrung in freien Projekten hat für uns immer noch mehr weitertreibende Momente als alles, was in den gängigen Institutionen scheinbar reibungslos über die Bühne geht.

Natürlich ist es schwer, sieben oder acht Jahre widersprüchlicher, hektischer und manchmal auch stagnierender Schulpraxis mit einem roten Faden zu verknüpfen. Wir haben uns dabei eines Kunstgriffs bedient und vier Punkte herausgegriffen, an denen sich vom Anspruch unserer Schule her unsere Praxis am deutlichsten von der anderer Schulen unterscheiden sollte: die Selbstverwaltung, das Verhältnis Schüler – Lehrer, die Aufhebung der Fächertrennung (bis hin zum Projektunterricht) und politische Aktivitäten innerhalb und außerhalb des Unterrichts.

Fast überflüssig zu betonen, daß diese Aufteilung der Schulgeschichte künstlich ist. Die einzelnen Bereiche haben sich nie getrennt voneinander entwickelt, sondern beeinflußten sich gegenseitig. Die verschiedenen Kapitel unseres Buches sind also ineinander verschränkt und sollten auch so gelesen werden.

Der Komplexität der SfE-Geschichte konnten wir nur beikommen durch unterschiedliche Schreibweisen. Systematische Darstellungen wechseln ab mit Glossen, Gespräche mit sehr persönlichen Monologen, Dokumente mit Protokollen.

Wir danken allen, die uns bei unserer Arbeit geholfen haben, besonders denen, die uns durch ihr Mißtrauen und ihre Kritik da stimulierten, wo wir fast aufgeben wollten.

Wir widmen das Buch allen, die durch ihr Engagement in den Klassen und in der Selbstverwaltung die SfE (und auch sich) lebendig erhalten haben.

WIE ES DAZU KAM

Die SfE ist keine Gründung von Pädagogen. Kein spezifisches pädagogisches Konzept liegt ihr zugrunde, keine besondere pädagogisch-politische Tradition, auf die sie sich berufen könnte. Sie entstand 1973 aus einer Konfliktsituation an einer kommerziellen Privatschule, als Selbsthilfeeinrichtung unmittelbar Betroffener.
»Wir werden beweisen, daß die Bildungsmisere in einem kapitalistischen Staat ihre Ursache nicht in der Bildungsunwilligkeit der Bevölkerung hat. Wir wollen beweisen, daß die mangelhafte Ausbildung der unterprivilegierten Klassen und Schichten unserer Gesellschaft nicht auf deren Unfähigkeit zurückführbar ist.« (Flugblatt vom 7. 2. 1973)
Der Zweite Bildungsweg, also der Bereich des Bildungswesens, in dem Erwachsene allgemeine Schulabschlüsse nachholen können, hatte die Erwartungen und Hoffnungen nicht erfüllt. Der massenhafte Aufstieg der Arbeiterkinder hatte nicht stattgefunden: statt dessen überfüllte Institute, zu wenig Ausbildungsplätze, lange Wartezeiten an den staatlichen Einrichtungen. Mit dem Wachsen des Bildungsnotstands, mit der allgemeinen Bildungsmisere kam die hohe Zeit der kommerziellen Privatschulen. Juristisch gesehen sind es in der Mehrzahl private Ergänzungsschulen, die auf externe, von Staatskommissionen zweimal jährlich abgehaltene Prüfungen vorbereiten. Diese Ergänzungsschulen erhalten keine direkten staatlichen Subventionen; die Schüler tragen die Institute nebst Eigentümer durch monatliche Schulgelder.
Ein Haus dieser Art war der Schauplatz von Auseinandersetzungen, aus denen die Schule für Erwachsenenbildung entstand: Gabbes Lehranstalten.
Untergebracht in einem schönen dreistöckigen Wohnhaus in Familienbesitz, unterstanden Gabbes Lehranstalten einem Schulleiter, der seine Legitimation ausschließlich aus dem Eigentum an eben jenem schönen Gebäude samt Inventar herleitete, der also in seinem unternehmerischen Wirken durch keine pädagogische Qualifikation behindert war. Dieser skurrile, gleichzeitig ungeheuer unverschämt agierende Mann

hatte den vom Vater übernommenen Schulbetrieb unter großen persönlichen Opfern in die Prosperität geführt. Die Schülerzahlen waren derartig gestiegen, daß er sich – dem kleinunternehmerischen Kalkül folgend – in eine Dachwohnung zurückgezogen hatte, um genug Platz für sein expandierendes Unternehmen zu schaffen.

Ideologische Rechtfertigung für sein Geschäft mit dem Bildungsnotstand bezog er aus dem Grundsatz der freien Leistungskonkurrenz und des freien Vertrages in allen gesellschaftlichen Bereichen. Er verglich seine Privatschule mit einem mittleren Industriebetrieb des 19. Jahrhunderts; seine Idealvorstellung gipfelte folgerichtig in einem System frei konkurrierender privater Schulen, deren Wettstreit untereinander lediglich einen finanziellen Rahmen in Form von Stipendien der öffentlichen Hand erhalten sollte. Dementsprechend schaltete und waltete er mit hohem persönlichen Einsatz in seiner kleinen Welt am Rüdesheimer Platz. Wenn es nötig war, vertauschte er seine Baskenmütze mit einer Pudelmütze, stand morgens mit seinem Lateinlehrer vorm Schulhaus und erwartete jeden einzelnen Schüler, registrierte dessen Eintreffen und stellte sich schulfremden Personen an der Grundstücksgrenze energisch entgegen.

Die Schüler spürten die Auswirkungen dieses merkwürdig verbrämten Unternehmertums täglich am eigenen Leib. Die Mißstände an der Schule verschärften sich von Semester zu Semester.

Überfüllte Klassen: bis zu 40 Schüler pro Klasse wurden zu Semesterbeginn mit dem Hinweis auf die hohe Abbrecherquote in die viel zu kleinen Klassenräume gezwängt, so daß für die letzten nur Stehplätze blieben.

Unerträglicher Konkurrenzdruck und Leistungsstreß: die verkürzte Schulzeit, die vom Schulleiter vorgenommene Selektion und die permanent geschürte Prüfungsangst verhinderten jeden Ansatz von solidarischem Lernen.

Mangelnde Reflexion des Unterrichts: es gab keine Fachkonferenzen, keine Kooperation bei der Unterrichtsplanung.

Politische Disziplinierung: das Recht auf freie Meinungsäußerung und politische Betätigung war durch die Hausordnung erheblich eingeschränkt. Fortschrittlichen Lehrern wurde unter dem Vorwurf einseitigen ideologischen Drills die Auflage

erteilt, ihre Schüleraufsätze durch zwei Oberstudienräte zusätzlich korrigieren zu lassen.
Willkür auf allen Ebenen: weder bei der Versetzung noch bei der Kündigung von Schülern existierten Richtlinien oder einheitliche Bestimmungen. Der Schulleiter handhabte beides nach Gutdünken und je nach der ökonomischen Situation seines Unternehmens.
Eine Reihe von Kündigungen zum Ende des Sommersemesters 1972, teils willkürlich, teils offensichtlich aus politischen Gründen, und die Entlassung eines Lehrers waren der Anlaß für die ersten Widerstandaktionen der Schüler. Auf einen mit vergleichsweise harmlosen Forderungen geführten Warnstreik reagierte der Schulleiter mit Polizeieinsätzen auf dem Schulgelände; auf die Verlängerung des Warnstreiks folgten weitere Kündigungen.
Um während dieser Zeit der Auseinandersetzungen die Abiturvorbereitungen nicht ganz zu vernachlässigen, organisierten die Schüler, unterstützt von Lehrern und Studenten, in provisorischen Räumen einen Gegenunterricht, an dem zeitweise über 90% der Schüler teilnahmen. Als die Streikfront nach einigen Tagen zu bröckeln begann und der Kontakt zur Schule verlorenzugehen drohte, wurde der Gegenunterricht der streikenden Schüler in die Schule zurückverlegt. Die Polizei war nun ständiger »Gast«. Ihre Aufgaben gestalteten sich je nach Situation und Order vielfältig: Hinaustragen von 350 Abendschülern, »Schutz« des parallel zum Gegenunterricht in der Schule angebotenen offiziellen Unterrichts, gewaltsame Trennung von Abend- und Tagesschülern, Sturm des Gebäudes mit anschließender brutaler Räumung, nachdem die Vollversammlung der Streikenden das Haus für besetzt erklärt hatte.
Die Eskalation des Konfliktes rief den Berliner Senat auf den Plan. Er gab den bis dahin vertretenen Standpunkt der Nichteinmischung auf und erschien in Gestalt seines Gesandten Harry Ristock als Mittler.
Das Ergebnis: der Schulleiter sagte nach einiger Bedenkzeit die Erfüllung fast aller Forderungen der Schüler zu. Noch am gleichen Tage aber legte er den Schülern ultimativ einen neuen einheitlichen Schulvertrag zur Unterschrift vor, in dem alle Zugeständnisse zurückgenommen wurden, und in dem seine

bisherige absolutistische Position ihren korrekten juristischen Ausdruck gefunden hatte.
Während so der Privatschulunternehmer mit Hilfe eines Unterwerfungsvertrages und seiner Hausordnung sein Eigentumsrecht durchsetzte und die letzten Möglichkeiten von Eigentätigkeit und Mitbestimmung verbot, hatte sich in den Köpfen einiger Lehrer und Schüler die Idee einer neuen Schule entwickelt. Der Gegenunterricht war von den meisten als großer Erfolg erlebt worden; Lernen in eigener Regie schien möglich, ein Bewußtsein über die Organisierbarkeit einer eigenen Schule war entstanden. Eine Gruppe von acht Schülern und zwei Lehrern faßte den euphorischen Entschluß, eine neue Schule zu gründen. Sie sollte sich entscheiden von der bisher erlittenen Form des Lernens unterscheiden: eine Schule als Pfahl im Fleisch staatlicher und privater Repression im Ausbildungsbereich.
Das Schulprojekt wurde skeptisch beurteilt: Schwächung der einheitlichen Kampffront, Angst vor der unmittelbaren Auseinandersetzung mit dem Klassenfeind – das waren gewichtige Vorwürfe. Gesellschaftlich wahrnehmbare Strömungen von etwas wie einer Alternativbewegung waren ja zu dieser Zeit noch nicht auszumachen. Allenfalls aus der Studentenbewegung und den Kinderläden kannte man den Versuch, bestimmte Bereiche des Lebens gemeinsam mit anderen in eigener Regie zu organisieren, selbst zu verwalten.
Trotzdem blieb es nicht beim guten Vorsatz. Nach einigen Anfangsschwierigkeiten übernahm der frisch gegründete gemeinnützige Verein »Schule für Erwachsenenbildung e. V.« die Trägerschaft der neuen Schule. Vereinsmitglieder wurden die Schüler und Lehrer der Schule, in der Anfangszeit auch Außenstehende, die die Schule unterstützen wollten. Die SfE wurde als private Ergänzungsschule errichtet, das heißt, ihr Betrieb war lediglich den Schulaufsichtsbehörden anzuzeigen, unterlag also keiner Genehmigungspflicht oder direkter Schulaufsicht. Nach einer Übergangszeit in einer Behelfsunterkunft, nach Kontrollen der Baupolizei und der Gesundheitsaufsicht konnte die SfE eine häßliche Büroetage in einem Tempelhofer Spekulationsneubau beziehen. Im April 1973 wurde der Schule vom Senator für Arbeit und Soziales eine »Gleichwertigkeitsanerkennung« ausgesprochen: Grundlage

NEUE SCHULE

SCHULE FÜR ERWACHSENENBILDUNG e.V.
TAGES- u. ABENDSCHULE

ABITUR
MITTL. REIFE

Progressives Schulkonzept
Paritätische Mitbestimmung
Staatliche Stipendien

— — — — —

Erkundigt Euch: mo/mi/fr 14:30 - 17:30 in unserem Büro: LEIBNIZ-STR. 59 / PATERRE RECHTS Tel. ~~31244 18~~
75 2 30 31/32

oder kommt zur INFORMATIONSVERANSTALTUNG am 3. Februar 15:00, ESG-Heim, Gelfertstr. 45

für den Anspruch der Schüler auf individuelle Förderung nach dem Bundesausbildungsförderungsgesetz (BAföG).
Im Rahmen einer Öffentlichkeitskampagne meldeten sich innerhalb kürzester Zeit mehr als 600 Schüler. Es konnte losgehen. Und, was damals niemand so recht glauben wollte: die Schule existiert bis heute, ein Ende ist nicht abzusehen. Sie arbeitet noch immer als private Ergänzungsschule, ist weiterhin frei von unmittelbarem staatlichen Einfluß, von direkter Schulaufsicht. Trotz der Vergrößerung des staatlichen Angebots an Ausbildungsplätzen im Zweiten Bildungsweg hat sie – als einzige Privatschule – expandiert. Während Gabbes Lehranstalt, die unfreiwillige Geburtshelferin der SfE, ihren Betrieb zunächst einschränkte und dann ganz einstellte, wird die SfE zur Zeit von fast 800 Schülern besucht. Damit dürfte sie die größte Alternativschule und zugleich eine der größten ZBW-Schulen im deutschsprachigen Raum sein.
Tausende von Schülern haben sich im Laufe der Jahre an der SfE auf das Abitur oder die Mittlere Reife vorbereitet. Die Prüfungsergebnisse sind dabei konstant geblieben: im Rahmen des durch das externe Prüfungsverfahren bedingten schlechten Durchschnitts der Nichtschülerprüfung stehen die SfE-Schüler besser da als die Absolventen anderer Privatschulen.
Anfang 1980 hat die SfE neue Räume bezogen. Ihr Domizil ist nicht mehr die Büroetage in Tempelhof, sondern der Mehringhof, ein zusammen mit vielen anderen Projekten erworbenes und genutztes Fabrikgebäude in der Kreuzberger Gneisenaustraße 2.

I
SELBSTVERWALTUNG
ODER
ES GEHT AUCH ANDERS ABER WIE

Struktur unserer Selbstverwaltung

In allen Konflikten vor der Gründung der SfE war der Widerstand von Schülern und Lehrern gegen die Fremdbestimmung ihres Schulalltags durch den Schulbesitzer Gabbe der treibende Motor. Ihre Erfahrungen mit der Hierarchie staatlicher Schulen wurden durch die Konfrontation mit der unternehmerischen Willkür in Gabbes Privatschule noch übertroffen. Als die Idee einer eigenen Schule Gestalt annahm, stellte sich die Frage ihrer Organisations- und Entscheidungsstruktur. Von Anfang an war klar, daß dies der Punkt sein mußte, in dem sich die neue Schule von allen anderen, ob staatlichen oder privaten, am deutlichsten unterscheiden sollte.
Vorsichtig und euphorisch betraten wir Neuland. Für das erste Halbjahr der neuen Schule wurde ein Modell ausgearbeitet, das auf der paritätischen Besetzung aller Gremien durch Schüler und Lehrer beruhte. Die Basis dieses Modells bildeten die Fachkonferenzen, die über Unterrichtsfragen entschieden. Aus den verschiedenen Fachkonferenzen wurden je ein Schüler und ein Lehrer in die Gesamtkonferenz, das oberste Entscheidungsgremium, delegiert. Die Gesamtkonferenz wiederum wählte (ebenfalls paritätisch) die Kollegleitung (zwei Schüler, zwei Lehrer), den Presse-, Satzungs- und Lehrerauswahlausschuß. Die Finanzangelegenheiten wurden von einer Geschäftsführung erledigt, die von den Mitgliedern des Vereins (dessen Mitgliedschaft damals freiwillig war und in dem auch schulfremde Personen Mitglied werden konnten), also des rechtlichen Trägers der Schule, bestimmt wurde. Die Geschäftsführung wurde vom Vereinsvorstand kontrolliert und sollte mit der Kollegleitung eng zusammenarbeiten.
Dieses Modell, gewerkschaftlichen Mitbestimmungsmodellen abgeguckt, hielt nur einen Sommer. Es krankte an seiner zentralisierten Entscheidungsstruktur (den Überblick über die

täglich anfallenden Probleme hatte schließlich nur noch die Kollegleitung) und auch an der streng formalistischen Parität in den Gremien, die dem tatsächlichen Zahlenverhältnis (70 Lehrer gegenüber 600 Schülern) nicht gerecht wurde. Die Schüler hatten in diesem Modell zu wenig Möglichkeiten, ihre Interessen direkt einzubringen. Erschwerend war noch, daß die lebenswichtigen Finanzfragen nicht von der Schule, sondern über den Verein kontrolliert wurden.

Nach anstrengenden und munteren Diskussionen (Modellbasteln ist ja ein sehr deutsches Hobby) verabschiedeten wir ein halbes Jahr nach der Schulgründung ein neues Modell, das in seinen wesentlichen Merkmalen bis heute besteht.

Die wichtigste Änderung war die Abschaffung der Parität von Lehrern und Schülern. Es gab nur noch Schulmitglieder, die gleiche Stimmrechte hatten. Der Verein wurde enger an die Schule gekoppelt: jeder Schüler und Lehrer wird mit dem Abschließen des Schul- bzw. Arbeitsvertrags automatisch auch Vereinsmitglied.

Oberstes beschlußfassendes Gremium ist die *Vollversammlung*, die von einzelnen Klassen, Ausschüssen oder, wenn es um Vereinsangelegenheiten geht, auch vom Vorstand des Vereins einberufen werden kann. Der Vereinsvorstand hat allein eine repräsentative Funktion: er vertritt die Schule, zum Beispiel bei Verhandlungen mit Ämtern, nach außen, ist aber an die Beschlüsse der Schulgremien gebunden. Die Beschlüsse der Vollversammlungen sind bindend. Sie können nur durch einen neuen Vollversammlungsbeschluß aufgehoben werden. Die Vollversammlung ist beschlußfähig unabhängig von der Zahl der Anwesenden. In der Regel findet sie viermal jährlich statt. In hektischen Phasen unserer Schulgeschichte (Streiks, Finanzkrisen, Auseinandersetzungen ums Selbstverständnis) gab es ganze Serien von Vollversammlungen.

Die *Foren* sind die Versammlungen der Tages- bzw. Abendschule während der großen Pausen (30–45 Minuten). Sie dienen dazu, schnelle Informationen und Entscheidungen zu schulischen oder politischen Fragen möglich zu machen. Jedes Schulmitglied kann ein Forum einberufen. Wenn sich das Tages- und Abendforum in wichtigen Fragen gegensätzlich entscheiden, muß eine Vollversammlung einberufen werden. Die Foren finden nach Bedarf, manchmal täglich statt. Sie sind

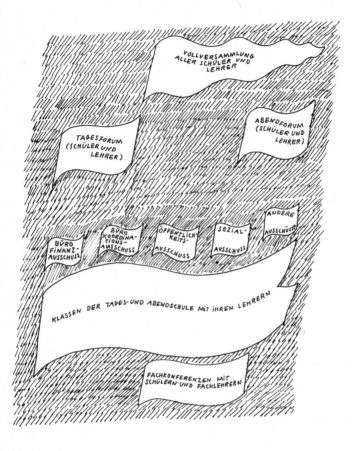

auch wichtig dafür, daß sich Schüler und Lehrer über die Klassengrenzen hinaus kennenlernen können (diese Funktion haben natürlich auch die anderen Gremien der Selbstverwaltung).
Für ständig anfallende Aufgaben haben wir Ausschüsse, die in der Regel (und fluktuierend) aus 10–15 Leuten bestehen.
Der *Finanzausschuß* kümmert sich um die Buchhaltung, die Überweisung der laufenden Kosten (wie Lehrergehälter, Mieten, Strom, Putz- und Büromaterial), die Schulgeldeingänge und die Mahnungen für nicht bezahlte Schulgelder. Mindestens einmal im Semester berichtet der Finanzausschuß der ganzen Schule über die Finanzlage (in Krisenzeiten manchmal täglich). Ihm zugeordnet sind unsere beiden bezahlten Buchhalter.
Der *Koordinationsausschuß* ist zuständig für die tägliche Büroarbeit (Schüler- und Lehrerverträge, Aufnahme neuer Schüler, Kontakte mit Sozial- und BAföG-Ämtern, Telefon- und Postdienst, Ausstellen von Schülerausweisen und sonstigen Formularen, ohne die in Deutschland und erst recht in Berlin-West nichts geht). Bei bestimmten Problemen (Anfragen von Behörden über einzelne Schüler etc.) nimmt der Koordinationsausschuß Kontakt auf zu den betroffenen Klassen oder Schülern oder läßt in kniffligen Fragen das Forum entscheiden. Ihm zugeordnet sind zwei bezahlte Sekretäre/Sekretärinnen, die hauptamtlich Bürodienst machen.
Finanz- und Koordinationsausschuß bilden das technische Rückgrat der Schule. Von ihrer Arbeit, ihrem Funktionieren hängt die formale Existenz der Schule ab.
Der *Planungsausschuß* bastelt den Stundenplan zusammen, wobei er Wünsche von Klassen und Lehrern berücksichtigen soll. Er stellt fest, wieviel neue Klassen aufgrund der Anmeldungen eingerichtet werden müssen, und verteilt die Räume je nach Schülerzahl der einzelnen Klassen.
Der *Sozialausschuß* ist die Anlaufstelle für die Schüler, die Schwierigkeiten mit den Sozialämtern und sonstigen Behörden haben; er kümmert sich um Härtefälle, also um Schüler, die nicht in der Lage sind, ihr Schulgeld zu zahlen. In den letzten Jahren hatte der Sozialausschuß verstärkt mit Drogenproblemen zu tun. Viele Entscheidungen (z. B. bei der Umsetzung unseres Beschlusses, Drogenabhängige nicht aufzunehmen, um diejenigen nicht zu gefährden, die mit großer Mühe

clean geworden waren oder bei dem Problem, wie wir auf inquisitorische Fragen der Sozialämter nach bestimmten Schülern reagieren sollen) waren so schwierig, daß die Foren beschließen mußten.

Der *Prüfungsausschuß* gibt den Prüflingen unserer Schule Informationen über den Ablauf der Prüfung. Er sammelt Erfahrungen mit der Prüfung und mit einzelnen Prüfern; zusammen mit unserem Rechtsanwalt bemüht er sich, Schülern, die sich gegen Vorfälle während der Prüfung zur Wehr setzen, zu helfen. Im übrigen machen wir nach jeder Prüfung eine Versammlung, auf der die Prüflinge den anderen Schülern über ihre Erfahrungen berichten.

Der *Öffentlichkeitsausschuß* soll die Schule in der Öffentlichkeit (Presse, Rundfunk, andere ZBW-Schulen) bekannt machen. Er gibt (manchmal) die Schülerzeitung heraus; er veranstaltet Informationsreisen in Westdeutschland über die SfE und hält Kontakt zu den anderen ZBW-Schulen in West-Berlin. Gleichzeitig ist er Anlaufstelle für politische Initiativen, an denen sich die Schule beteiligen soll (Aufrufe, Demos etc.).

Neben den ständigen Ausschüssen übernehmen andere zeitweilige Aufgaben. Der *Mahnausschuß* zum Beispiel unterstützt den Finanzausschuß immer wieder mal bei Mahnaktionen wegen nicht bezahlter Schulgelder. Drei Jahre lang gab es den *Gebäudeausschuß*, der sich um ein neues Schulgebäude bemühte; nach erfolgreicher Arbeit löste er sich auf. Gegründet wurde darauf der *Bauausschuß*, der die Umbauarbeiten in unserem neuen Gebäude plante und, zusammen mit den anderen Schülern und Lehrern, auch durchführte.

In den *Fachkonferenzen* (FKs) sitzen die Lehrer des jeweiligen Fachs und die Vertreter der einzelnen Klassen. Sie tagen monatlich, einige vierzehntägig; die Klassen und ihre Lehrer berichten über die laufende Unterrichtsarbeit. Gegen Ende des Semesters erklären die Klassen, warum oder ob sie ihre Lehrer behalten wollen (umgekehrt die Lehrer, ob sie die Klassen behalten wollen); wir diskutieren über Unterrichtsthemen und -formen. Die Fachkonferenzen beschließen, wieviele Stunden die einzelnen Lehrer für das kommende Semester erhalten; sie entscheiden auch über die Neueinstellung von Lehrern (Kündigungen durch die Schule oder die Fachkonferenzen gab es bisher nur ganz selten).

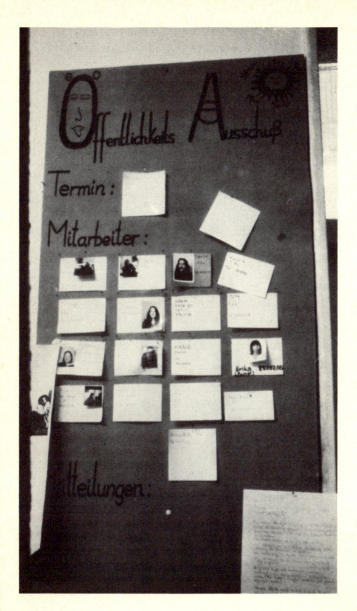

Wichtige Aufgaben in der Selbstverwaltung haben auch die einzelnen *Klassen*. Sie kontrollieren die Schulgeldzahlungen, führen Klassenbücher, bestimmen ihre Delegierten für die Gremien, diskutieren über die Stellung der Klasse zu aktuellen Schulproblemen; sie entscheiden über die Aufnahme oder Kündigung einzelner Schüler, über die Bestätigung oder Abwahl ihrer Lehrer. In bestimmten Abständen putzen sie auch die Schule oder kümmern sich um die Kantine.
In diesem Zusammenhang ist auch der *Schultag* wichtig. Einmal im Monat fällt für den ganzen Tag der Unterricht aus; die Klassen reden über interne Probleme, über Schwierigkeiten einzelner Schüler oder Lehrer und über Schulfragen. Die Diskussionen darüber werden dann auf einem Forum zusammengefaßt. Daß die Klassen in der Selbstverwaltung eine solche Rolle spielen, ist relativ neu in der SfE. Mit zentralisierten Entscheidungen und Gremien (z. B. bei der Schulgeldkontrolle) hatten wir schlechte Erfahrungen gemacht. Insgesamt kann die Selbstverwaltung nur funktionieren, wenn die Klassen »funktionieren«, das heißt, wenn sie in der Lage sind, ihre internen Probleme zu regeln und bestimmte Aufgaben in der Selbstverwaltung zu übernehmen.
Dieses System der Selbstverwaltung hat im wesentlichen bis heute Bestand. Immer wieder gab und gibt es Vorschläge zu seiner Veränderung, je nachdem, welche Schlüsse aus den Schwierigkeiten gezogen wurden. Mal wurde vorgeschlagen, die Selbstverwaltung mehr zu professionalisieren (das heißt, sie in den wichtigsten Bereichen von Angestellten oder für bestimmte Aufgaben von bezahlten Schülern »erledigen« zu lassen); mal sollten die Klassen stärker und verbindlicher in die Selbstverwaltung eingebunden werden, indem sie mindestens einen Delegierten in die einzelnen Ausschüsse schicken sollten; mal wurde ein Rotationsprinzip erwogen, nach dem die Aufgaben der einzelnen Ausschüsse von ganzen Klassen bzw. Semesterstufen übernommen werden sollten; mal sollte anstelle der Vollversammlungen und Foren ein auf Zeit gewähltes repräsentatives Gremium (Schulparlament) eingesetzt werden; mal sollte mehr zentralisiert werden, das heißt, die einzelnen Ausschüsse sollten eine Art Schulregierung bilden, die zwischen den Vollversammlungen Entscheidungsbefugnisse erhalten sollte. Alle diese Vorschläge wurden nicht

durchgesetzt. Das skizzierte Modell blieb erhalten und damit das Prinzip einer Schulverwaltung, das den Schulmitgliedern ein Höchstmaß an Selbstbestimmung sichert.
Unser Modell könnte man als eine kleine Rätedemokratie auf freiwilliger Basis bezeichnen – freiwillig deswegen, weil die Klassen und die einzelnen Schulmitglieder (von bestimmten Aufgaben der Lehrer abgesehen) nicht *gezwungen* sind, sich an der Gremienarbeit zu beteiligen. Die Aktivitäten in der Selbstverwaltung sind also abhängig vom Interesse der einzelnen Schulmitglieder bzw. der Klassen und von ihrer Einsicht, daß ohne solche Aktivitäten die Schule nicht existieren kann.
Insofern steckt in unserem Schulmodell eine große Portion Idealismus; daher ist es auch leicht verletzbar.

Klagemauer
Aus Protokollen, Klassenberichten, Schülerzeitungen

»Unser jetziger Schulaufbau geht von dem Grundgedanken der direkten Demokratie aus, das bedeutet:
- direkte Vertretung aller Betroffenen in den Gremien
- Kontrolle von unten nach oben, Verantwortlichkeit von oben nach unten
- sofortige Abwählbarkeit der Vertreter.

Das sind keine abstrakten Prinzipien, sondern Voraussetzung und Bedingung für eine sinnvolle Arbeit an unserer Schule. An jeder Stelle muß so gearbeitet werden, daß Kontrolle möglich ist, und die Bereitschaft, Kontrolle zu üben und Konsequenzen aus den gemachten Erfahrungen zu ziehen, muß auf allen Seiten da sein; das bezieht sich auf alle Gremien, auf Verwaltungs- und Unterrichtsarbeit.
Meine Erfahrung ist, daß weder die Schüler bereit waren, in ausreichendem Maße Kontrolle und praktische Kritik an ihren Vertretern, an Lehrern und Gremien zu üben, noch daß die Genannten Kontrolle und praktische Kritik in genügendem Maße möglich gemacht haben. Um es auf einen Nenner zu bringen: mir scheint, daß die Passivität von Schülern und Lehrern gegenüber Schulangelegenheiten und die gewisse Ver-

selbständigung der Gremien sich gegenseitig bedingen.« (1973)

»Wenige leisten die Arbeit für alle, d. h. wenige opfern ihre Zeit, die sie bestimmt zum Lernen *gebrauchen könnten*, damit die vielen Zeit zum Lernen *haben*. Die Arbeit, die *für* alle gemacht wird, wird nicht *von* allen gemacht. Es besteht also ein Widerspruch zwischen Aktivität und Produktivität der Einzelnen und der Passivität und Konsumhaltung der Vielen. Das gilt für die Ausschußarbeit wie für die Mitarbeit im Unterricht.« (1974)

»Reden, Reden, Reden an der SfE. Reden um des Redens willen? Geh ich falsch in der Annahme, daß Sprache ein Mittel zur Verständigung sein soll? Das, was ich hier erlebe, was mir täglich eingetrichtert wird und was ich deshalb auch als erstrebenswert ansehe, nämlich reden zu können... Doch bös bin ich aufgewacht. Reden wird als Waffe gegen andere eingesetzt. An der SfE wird scharf geschossen! Der Scharfschütze geht natürlich als Sieger hervor. Wer's bei uns noch nicht richtig kann, dem wird's aber sicher beigebracht. Er muß lernen zu schießen und nicht zuzuhören und dann zu reden, denn wer schneller schießt, ist im Vorteil.« (1975)

»Anstatt Probleme zu sehen und anzugehen, machen wir lieber einen großen Bogen oder kneifen die Augen zu. Die Probleme, die an der SfE sind, sind unsere Probleme, die wir in die Schule tragen, denn:

Nicht die Schule funktioniert nicht, sondern WIR als die Schule!

Wenn wir nicht bereit sind, das zu sehen, lügen wir uns in die eigene Tasche. Wie Lehrer und Schüler im üblichen Sinne sitzen wir unsere Zeit in der Schule ab, trennen Privat- und Schulbereich, ziehen uns in unsere Isolation zurück und konsumieren den Unterricht.« (1976)

»Die Foren könnte man inzwischen abschaffen. Zwar nehmen seit dem 2. Mai – für Leute, die es nicht wissen, da fängt ein neues Semester an – wieder mehr Leute daran teil, eben die Anfangssemester. Aber ältere Semester bleiben entweder in ihren Klassen oder gehen geschlossen samt Lehrer nach Hause bzw. in die Kneipe. An Diskussionen, die die Schule betreffen, scheint kaum Interesse zu sein, meist schleppt sich so eine Diskussion dahin, weil es Gott sei Dank noch immer ein paar

Unverdrossene gibt, die ein Gespräch in Gang bringen wollen. Geht es um politische Diskussionen (z. B. um die Frage, ob wir einen SfE-Block bei einer Demo bilden wollen, ob wir eine Bürgerinitiative unterstützen), leert sich das Forum blitzschnell bis auf 30 oder 50 Leute.« (1976)
»Wie sieht es mit der Selbstverwaltung aus? Gut, sie läuft irgendwie. Irgendwie (Modewort an der SfE) heißt: es fällt keinem auf, daß sie nicht klappt. Der Stundenplan hängt vorne im Forumsraum, die Klassen sind ausreichend mit Lehrern versorgt, die Gehälter der Lehrer werden pünktlich überwiesen, der Öffentlichkeitsausschuß denkt sich dann und wann ein Papier aus, der Sozialausschuß tagt.
Und bestimmte Leute, deren Namen jeder kennt, sind geschäftig unterwegs. Von den Fachkonferenzen hört man: sie sitzen regelmäßig. Und einige sind auch dabei, die Problematik mit der Oberstufenreform in den Griff zu bekommen.
Dieser Zustand ist deswegen so unheimlich, weil er *nicht* zum Zusammenbruch der SfE führt. Da muß sich also ein Trick aufgetan haben, wie man Selbstverwaltung praktiziert, ohne daß es einem auffällt. Das geht so weit, daß abends auf einem Forum vorgeschlagen werden kann, einen Direktor zu wählen. Und die Anwesenden ernsthafte Vorschläge machen, wer in diese Führungsposition hineingewählt werden sollte.
In einer Umfrage, die vor einiger Zeit unter Schülern der SfE gemacht wurde, ist festgestellt worden, daß die meisten die Selbstverwaltung gut fanden und daß es mehr solcher Schulen geben sollte. Dieses Ergebnis hört sich ganz schön an. Nur: Frager und Antworter saßen einem Irrtum auf. SfE und Selbstverwaltung haben soviel nicht mehr miteinander gemein. Was wir haben, ist vielmehr eine Karikatur auf Selbstverwaltung. Nämlich eine Selbstverwaltung, die zum reinen Selbstzweck verkümmert, die nicht mehr bestimmten Zielen dient, sondern nur noch ein Gerüst bildet, das gerade noch stabil genug ist, ein Auseinanderfallen unserer Schule zu verhindern.« (1976)
»Es hieß damals, wir wollen uns ohne Direktor, ja, ohne Chefs organisieren. Wir wollten unsere Schule ganz einfach selbst in die Hand nehmen. Wir wollten uns kollektiv verhalten und waren dazu bereit, unseren Freiraum zu beeinträchtigen, denn wir wußten, daß es sich lohnen würde.

Heute hört man, man hätte Angst, in die Ausschüsse zu gehen
– als ob die Ausschußmitglieder Menschenfresser seien! Und
allein die Feststellung, daß einige was leisten, daß einige sich in
der Schulöffentlichkeit und im Schulalltag engagieren, läßt die
anderen in die Hose machen. Wenn man schon *da* Angst hat,
wie soll es dann werden im Betrieb, in der Uni, sobald
man/frau in krassere Widersprüche und Konflikte geraten
wird? Oder ist dieses Argument mit der Angst nicht vielmehr
eine Ausrede davor, vor den anderen und vor allem *vor sich
selbst* zur Rechenschaft gezogen zu werden?
Sind unsere ›spezifischen Klassenbedürfnisse‹ doch nur klein-
bürgerliche Bedürfnisse, wie pennen, rumsitzen und sich als
Ausweg vor sich selbst schöne bunte dekadente Klamotten
anschaffen, glotzen und saufen, oder hatten wir uns nicht
darauf eingerichtet, uns besser und solidarischer auf den
Kampf für eine bessere, gerechtere Gesellschaft vorzubereiten?« (1976)
»Wir sehen uns ständig in FK's und auf Foren aufgefordert,
unsere Position schriftlich zu formulieren. Wir sind es leid,
uns immer wieder in eine Wettbewerbssituation (wer hat das
beste Alternativpapier?) drängen zu lassen.
Unsere Schule ist nie vollendet gewesen und wird es nie sein,
weil die Probleme, mit denen wir in unseren Klassen zu
kämpfen haben, sich jedes Semester neu stellen. Der Drang
nach festeren Strukturen resultiert daraus, daß Lehrer und
Schüler, die schon länger an der SfE sind, endlich ein Schulmodell schaffen wollen, das Funktionsfähigkeit garantiert.
Wir meinen jedoch, daß durch ständig neu hinzukommende
Schüler Selbstverwaltung immer wieder neu definiert und
praktiziert werden muß. Sie kann nie endgültig formuliert
sein.« (1977)
»Ich habe an unserer Schule beobachtet, daß sich bestimmte
Sachen immer wiederholen. Die Leute, die bereits vorher
gelernt haben, sich durchzusetzen (z. B. Arbeit in politischen
Gruppen), sich zu engagieren, sind auch fähig, in der Selbstverwaltung zu arbeiten. Ein weitaus größerer Teil der Schüler
kommt voller Hoffnung an die Schule und voller Energie,
wird mit den Umgangsformen bei uns in der Selbstverwaltung
konfrontiert, kann sich nicht durchsetzen, hat keine Erfolgs-
erlebnisse; auf Foren und Vollversammlungen reden sowieso

immer nur dieselben Leute, in der Klasse bestimmen immer dieselben Leute den Unterricht, die andern können sich nicht verwirklichen. An diesen psychischen Abläufen wird in allen Gremien geflissentlich vorbeigesehen, den meisten sind diese Sachen bekannt, aber wir arbeiten nicht an der Überwindung dieser Zustände. Die, die ihre Bedürfnisse formulieren können, wollen vorwärtskommen, sie tun sich zu Projekten oder Gruppen zusammen, der Rest kann sehen, wo er bleibt.«
(1977)
»Seit Bestehen der SfE versuchen wir zu verhindern, daß sich eine abgehobene Bürokratie herausbildet, in der einige Spezialisten über die Köpfe der Mehrheit hinweg vor sich hinwursteln. Daher ist die Selbstverwaltung so strukturiert, daß sie tatsächlich die Teilnahme aller Schulmitglieder an den Entscheidungsprozessen und die öffentliche Kontrolle gewährleisten kann.
Nun nützt es ja bekanntlich wenig, solche äußeren Bedingungen zu schaffen, wenn sie von den Beteiligten nicht wahrgenommen werden. Die eigenen Interessen zu erkennen und umzusetzen, ist schon schwer genug. Eigene Interessen als gemeinsame zu begreifen und gemeinsam was dafür zu tun, ist natürlich noch erheblich schwerer. Und sowas lernt man im allgemeinen nirgends, im Gegenteil.
Hier bietet die SfE neue Möglichkeiten. Denn wenn die Arbeit in den Selbstverwaltungsgremien auch zusätzlichen Zeit- und Energieaufwand erfordert (und nicht zu knapp), so kann man dabei immerhin zusätzlich was lernen: Man erwirbt nicht nur einige praktische Fähigkeiten, die unabhängig von der Prüfung nützlich sind, sondern man lernt vor allem, mit den vielen dringlichen Problemen aktiv und verantwortlich umzugehen.
Leider, leider beißt sich die Katze aber in den Schwanz. Denn was durch die Mitarbeit in der Selbstverwaltung an Verhaltensweisen und Fähigkeiten gelernt werden kann, ist selbst Voraussetzung für eine freiwillige Mitarbeit. Einsicht in Notwendigkeiten, Verantwortlichkeit gegenüber anderen, Initiative und Ideen sollten eigentlich an dieser Schule entwickelt und praktiziert werden, unter anderem eben in der Selbstverwaltung. Unsere Appelle erreichen aber zumeist nur diejenigen Schüler und Lehrer, die schon einige dieser Eigenschaften

mitbringen. Es ist sattsam bekannt, daß alle Versuche, mehr Leute an der Selbstverwaltung zu beteiligen, bisher wenig gefruchtet haben. Einige wenige Leute haben die Arbeit für die vielen anderen gemacht, waren nach kurzer Zeit entsprechend genervt und überfordert, hoben sich mangels Interesse an ihrer Arbeit zwangsläufig ab, was ihnen wiederum zum Vorwurf gemacht wurde usw. usw. usw. Das Ende vom Lied: Enttäuschung, Zynismus, völliges Zurückziehen auf die individuellen Bedürfnisse, kurz, das genaue Gegenteil von dem, was wir so großmächtig als Ziel verfolgen.« (1978)

»Es ist ein Horror, ich muß Forum machen. Ich renne durch alle Klassen und fordere die Leute auf, um 10 bzw. um 20 Uhr zum Forum zu kommen. Ich werde schon dabei teilweise angemacht oder aber dumm angeguckt.
Es ist soweit. Niemand kommt. Es wird 10 nach 10. Einige Leute sitzen rum und mosern, wann endlich angefangen wird. Ich renne nochmal durch alle Klassen und schreie: ›Forum!‹ Langsam trudeln nun die Leute an. Es braucht noch so seine Zeit, bis Ruhe ist. Nun kann ich anfangen. Toll, alles steht da und glotzt wie vorm Fernseher, typische Konsumhaltung. Von einigen, die wenigstens mitdenken, werde ich sofort bombardiert. Ich fühle mich dabei, als wenn ich vor einem Eisblock stünde, es wird kalt.
Härte zahlt sich aus, ist ja schließlich im Berufsleben auch so. Warum also anders auf der SfE (eine alternative Schule). Ich selbst werde in diesen unmenschlichen Sog hineingezogen und werde selbst hart. Frust, Frust . . .« (1979)

Unfähigkeit zu loben

Plötzlich fällt uns auf: wir loben uns nie. Daran gewöhnt, die Fähigkeit zur Kritik als wichtiges Mittel und Ziel der Emanzipation zu feiern, machen wir uns um das, was uns gefällt, keine Sorgen. Wir verschweigen es.
Wir fangen an nachzuzählen, wie oft im letzten halben Jahr jemand gelobt wurde. Die Angst vor Zensuren führt dazu, nur noch negative Zensuren zu geben.
Kein Wunder, daß die Bilanzen rote Zahlen aufweisen.

Und das nicht nur zur Sommerszeit
oder
Der Kampf ums Weihnachtsgeld

Die Zeit vor Weihnachten ist eigentlich eine ruhige Zeit. Die Schule wird von Tag zu Tag leerer und öder. Die einen treibt's in die alljährliche Regression unter die elterliche Edeltanne, die anderen setzen sich zeitig in Bewegung, um sich den zweiten oder dritten Sonnenbrand des Jahres zu holen. Von Selbstverwaltung ist in dieser Zeit kaum etwas zu spüren, Foren finden so gut wie nie statt.
Mitten in diese vorweihnachtlich-abgeschlaffte Atmosphäre der Aufruf zu einem Forum. 30 bis 40 Schüler trotten müde in den Forumsraum, dazu eine Handvoll Lehrer.
ABENDFORUM 7. 12. 1977
Einer der alten Hasen der Schule, seines Zeichens Mathematiklehrer und zur Zeit im Finanzausschuß, lächelt charmant, druckst ein bißchen herum, tritt von einem Bein auf das andere und fängt endlich an, etwa so: »Die Schule hat sich ein solides finanzielles Pölsterchen erwirtschaftet. Ausstehende Schulgelder wurden verschärft eingetrieben, die Zahlungsmoral ist gestiegen. Wir stehen erstmalig in der Geschichte der finanzkrisengeschüttelten SfE bestens da.
Also ist es möglich und auch sinnvoll – ebenso erstmalig in der Geschichte der SfE –, den Lehrern vergleichbar mit den Kollegen im öffentlichen Dienst ein bescheidenes Weihnachtsgeld in Höhe eines Monatsgehalts zu zahlen. Nicht als milde Gabe der großherzigen Schülerschaft an ihre darbenden Lehrer; nein, eher als längst überfälligen Ausgleich für die gestiegenen Lebenshaltungskosten. Schließlich haben wir seit drei Jahren keine Lohnerhöhung mehr bekommen.
Der bei Gründung der Schule beschlossene Stundenlohn von 18 DM war eh nur als vorübergehender Solidaritätspreis gedacht. Kurz und gut, es ist an der Zeit, endlich die finanzielle Besserstellung einzuleiten; im nächsten Jahr steht sowieso noch eine Lohnerhöhung von 10–15% an.«
Ein anderer Kollege zählt nochmal eifrig alle Vergünstigungen der Kollegen im öffentlichen Dienst auf, weist auf die schreiende Ungerechtigkeit hin. Dann melden sich die ersten Schüler zu Worte.

»Wieso Weihnachtsgeld für Lehrer? Wenn wir soviel Überschuß haben, muß logischerweise erst mal das Schulgeld gesenkt werden. 150 DM Schulgeld bei 600 DM BAföG!! Dabei war die letzte Schulgelderhöhung nur als vorübergehende Krisenmaßnahme beschlossen worden. Die Lehrer verdienen sowieso schon doppelt soviel wie die Schüler. Also: Für eine gerechte Einkommensverteilung! Weihnachtsgeld für alle!«
Empörung. »Kann man doch gar nicht vergleichen, Berufsarbeit und Ausbildungsphase! Ihr wollt ja nachher auch mehr Kohle verdienen. Außerdem kriegen Schüler 100 DM Weihnachtsgeld vom Bezirksamt.«
Der Ruf nach Vertagung des Problems wird laut. »So geht das doch nicht. Das ist doch Überrumplungstaktik hinterhältigster Art, was die Lehrer da machen. Die Klassen müssen doch erst mal in Ruhe darüber diskutieren.«
Antrag auf Abstimmung. Die Mehrheit der anwesenden Minderheit stimmt für Weihnachtsgeld. Ehe das Forum richtig begonnen hat, ist es auch schon vorbei. Jetzt muß nur noch morgen früh das Tagesforum zustimmen.
Ein paar Schüler, die sich von dieser Entscheidung überfahren fühlen, verfassen anschließend in der Kneipe ein wütendes Flugblatt:
»Weihnachtsgeld nur für Lehrer? Nein danke!
Wir sind für eine Gehaltserhöhung, aber gegen eine einseitige Ver(sch)wendung des Überschusses!«
Ein neuer Spruch wird kreiert:
»Mit den Löhnen sind sie fix,
für die Schule tun – die wenigsten etwas!«
(Der ursprünglich vorgesehene Reim konnte leider aus Gründen der Wahrheitsliebe nicht hergestellt werden).
TAGESFORUM 8. 12.
Der Raum ist gut gefüllt, an die 80 Schüler, jede Menge Lehrer. Höchste Aufmerksamkeit, als vom Abendforum berichtet wird: Die Schüler wurden von ein paar Lehrern total überrumpelt, ohne vorhergehende Klassendiskussion ... Ein Lehrer zieht nochmal alle Register: Inflationsrate, längst überfällige Angleichung, Existenzfrage der Berufsarbeit, die Privilegien der Kollegen im öffentlichen Dienst ...
Zwischenruf: »Geht doch erst mal richtig arbeiten! Ihr tut hier keinen Handschlag und wollt dick absahnen!«

»Warum eigentlich Weihnachtsgeld, warum keine Gehaltserhöhung? Wo ist der Finanzplan? Kann die Schule das überhaupt verkraften?«
Der Mathematiklehrer setzt wieder an: »Ein gesundes Polster...«
Das Weihnachtsgeld ist plötzlich vom Tisch, alle reden jetzt nur noch von Gehaltserhöhung. 10% oder 15%? Einige Lehrer schimpfen auf die selbstherrliche Arbeitgebermentalität der Schüler.
Ein neuer Gedanke: »Wir wollen doch ein Schulhaus kaufen! Wieviel Geld ist eigentlich auf dem Hauskonto?«
»Und überhaupt, was ist mit den Lehrmitteln, die uns so dringend fehlen, besonders in den naturwissenschaftlichen Fächern?«
»Immer kommen die Lehrer an letzter Stelle! Schließlich muß auch eine alternative Schule ihre Lehrer ernähren können!«
Also Gehaltserhöhung. »Wenn schon kein Weihnachtsgeld, dann 15%«, sagen die Lehrer. Einige Lehrer, nicht alle. Andere stehen weiter hinten und wissen selbst nicht so genau, was man fordern könnte, ob das überhaupt alles gut ist.
Verkehrte Welt. Die Lehrer spielen Gewerkschafter und fordern mehr Lohn von ihren Schülern, die Arbeitgeber spielen.
Antrag auf Abstimmung. Worüber? Abstimmung darüber, was abgestimmt werden soll. Die Mehrheit ist für 15% ab 1. 1. Kein Weihnachtsgeld? Und die Lehrer, die die Schule gerade im November verlassen haben, die die Schule zum Teil von Anfang an mit aufgebaut haben? Sollen die etwa bei dieser erstmaligen und wohl auch einmaligen Ausschüttung leer ausgehen? Also doch Weihnachtsgeld, ein kleines.
Vorschlag: bis 400 DM, gestaffelt nach der Stundenzahl. Genehmigt.
ABENDFORUM 8. 12.
Ca. 50 Schüler, einige Lehrer. Unmutsäußerungen. 15% sind zuviel, 10% tun's auch. Das würde aber ein neues Tagesforum bedeuten. Die Diskussion flackert noch einmal auf, man haut sich nochmal die inzwischen hinlänglich bekannten Argumente um die Ohren. Die Abstimmung ergibt eine knappe Mehrheit für 15% Gehaltserhöhung.
LEHRERPLENUM 9. 12.
$^2/_3$ der Lehrer, 20 Schüler sind da. Eigentlich sollte über

Kampfmaßnahmen gegen die Oberstufenreform geredet werden. Aber zunächst zum Weihnachtsgeld.
Die beschlossene Staffelung wird als kleinunternehmerisches Krämertum kritisiert. Vorschlag: 400 DM für alle. Ausnahmen: Lehrer mit weniger als acht Wochenstunden und ganz neue Lehrer kriegen 200 DM. Dies soll als Empfehlung an die Foren gehen.

TAGESFORUM 12. 12.

Nur noch wenig Leute; die Diskussion plätschert müde dahin. Die Empfehlung des Lehrerplenums wird zur Kenntnis genommen, mehr nicht. Keiner schafft es, eine Abstimmung darüber durchzusetzen. Die gestaffelte Regelung des Weihnachtsgeldes bleibt in Kraft.

ABENDFORUM 12. 12.

Nochmal bei Einigen Empörung über die 15%. Daran ist nun nicht mehr zu rütteln.
Die Lehrer sind stark vertreten; es hat sich herumgesprochen, daß das Tagesforum keine Abstimmung über den Vorschlag der Lehrer zustande gebracht hat. Also nochmals: 400 DM Weihnachtsgeld für alle – mit Ausnahmen.
Die allseits bekannten gewichtigen Argumente dagegen werden vorgetragen. Antrag auf Abstimmung. Abstimmung über die Frage, worüber abgestimmt werden soll.
Schließlich: der Vorschlag der Lehrer wird angenommen.
Viele Schüler sind sauer. Schon wieder ein neues Tagesforum. Ständig neue Anträge und Entscheidungen. Ein Ende ist nicht abzusehen.

TAGESFORUM 15. 12.

Vorschlag: Nach den Weihnachtsferien wird auf einer Vollversammlung über die Auszahlung des Weihnachtsgeldes entschieden. Also ein Ostergeld.
Protest einiger Lehrer: »Jetzt muß endlich mal Schluß sein. Kein weiteres Aufschieben mehr.« Ein paar Schüler regen an, die Lehrer sollen insgesamt eine bestimmte Summe Weihnachtsgeld bekommen und sich dann um die Verteilung schlagen. Heiterkeit, gemischt mit Freude am Chaos und Verbitterung. Nicht alle können lachen.
Abstimmung: die Vollversammlung im neuen Jahr entscheidet über das Weihnachtsgeld.
Die Weihnachtsferien beginnen.

VORLÄUFIG LETZTE STATION:
Die Buchhalter des Finanzausschusses zahlen noch vor Weihnachten das Weihnachtsgeld nach der gestaffelten Regelung aus, insgesamt 16 000 DM. Das war zwar nicht beschlossen, aber bei dem ganzen Hickhack war eine Kleinigkeit vergessen worden: das Weihnachtsgeld ist nur bei Auszahlung vor Weihnachten steuerfrei. So will es das bundesdeutsche Steuerwesen.
Ein demokratischer Prozeß und sein mickriges Ende.

NACHTRAG:
Auf der Vollversammlung im neuen Jahr konstatieren Mitglieder des Finanzausschusses, daß das angenommene finanzielle Polster entweder nie da war oder über die Weihnachtsferien auf mysteriöse Art und Weise verschwunden ist. Nach neuesten Berechnungen erwirtschaftet die Schule bereits seit längerem monatlich ein erhebliches Defizit.

Anleitung zum schwachen Trost

Das bei uns herrschende Chaos vergleichen mit offiziellen Konferenzen, wo Hunderte von hochbezahlten Funktionären wochenlang um die Tagesordnung einer folgenden Konferenz feilschen, von der im vornherein klar ist, daß dabei nichts wesentlich Neues herauskommen wird. Sich nicht blenden lassen von den Fassaden, die dieses Chaos verdecken: den kostbaren Teppichen, dem teuren Gestühl, den geschäftigen persönlichen Referenten, den Sekretärinnen, den Chauffeuren, der liebdienernden Presse.
Gemessen daran haben wir es schon ziemlich weit gebracht.

Verbindlichkeit

Die schwierigste Erkenntnis ist die, daß wir uns bestimmte Grenzen, bestimmte Regeln setzen müssen, um eine »freie« Schule betreiben zu können, und daß diese Grenzen einen anderen Charakter und einen anderen Sinn haben als die,

denen wir in fremdbestimmten Institutionen begegnen.
Zum Beispiel haben wir jahrelang über Anwesenheit diskutiert. Nach den ersten Semestern tauchten immer mehr Leute in der Schule auf, die unser Angebot (selbstbestimmter Unterricht, Selbstverwaltung) nicht aktiv annahmen, sondern die SfE eher als Rahmen verstanden, der ihnen die Möglichkeit gab, auszuspannen, Zeit für sich selber zu haben, auch die Freiheit, sich für eine längere Zeit mal nicht um unangenehme Sachen zu kümmern. Das Ergebnis waren dann Klassen, die infolge starker Fluktuation (mal fehlten die einen, mal die anderen) nicht mehr arbeitsfähig waren, und Selbstverwaltungsgremien, in denen wenige sich die Nerven aufrieben für diejenigen, die sich um Selbstverwaltung nicht kümmerten. In dieser Situation wurde das Anwesenheitsproblem *das* Thema von endlosen Klassen- und Schuldiskussionen.
Wir drehten uns wie so oft im Kreis. Natürlich war jedem klar, daß diejenigen, die nur selten oder gar nicht kamen, soziale oder psychische Probleme haben konnten, daß sie Schulden hatten und arbeiten gehen mußten, daß die Schule und der Unterricht eben nicht so attraktiv waren, um sie anzulocken etc. Auf der anderen Seite konnte unsere Schule eben nicht attraktiver werden ohne Leute, die regelmäßig mitmachten. Und wie sollten wir Leuten in ihren Schwierigkeiten helfen, wenn sie wegblieben, wenn sie nicht wenigstens ihre Lage den anderen klarmachten. Und hilft es ihnen wirklich, wenn wir ihre Schwierigkeiten einfach nur zur Kenntnis nehmen und sie als »Karteileichen« in der Klasse mitlaufen lassen?
Es wurden also Brief- und Telefonaktionen gestartet, fehlende Leute wurden besucht, Klassenfeten organisiert – aber letzten Endes blieben die meisten doch wieder zu Hause. Es wuchsen der Groll über die Fehlenden, über die sich ständig wiederholenden Debatten und Vorschläge, auch langsam die Erkenntnis, daß wir unsere Schule nur halbwegs erfolgreich weiterführen können mit Leuten, die wirklich in der Schule ansprechbar sind, die dort was machen wollen und die ihre Kritik nicht einfach durch Wegbleiben äußern. Kurz: wir waren und sind auf Schüler angewiesen, die sich in die Klassen ein*bringen* und nicht nur in die Klassenlisten ein*tragen*.
Der Witz bei manchen dieser Diskussionen (auf Klassen- oder

Schulebene) war dann, daß es die häufig Fehlenden teils recht pfiffig verstanden, den anderen, die Tag für Tag oder Abend für Abend in die Schule dackelten und für die Fehlenden alle möglichen Arbeiten miterledigen mußten, Schuldgefühle einzureden und jede Sanktion (z. B. Kündigung) als brutale Einmischung in ihre persönliche Freiheit zu geißeln.

Volker Volksmasse: Flip Rentenmeister

»Es hatte sich sogar bis nach Asien und Afrika herumgesprochen. Die Möwen pfiffen es von den gischtumsprühten Klippen: ›In jenem fernen Berlin‹, hieß es, ›in jener fernen SfE sprechen die schon von der Einführung einer 70%igen Anwesenheitspflicht.‹ Auch von einer Vollversammlung ist dort die Rede, von deren Abstimmungsergebnis die Einführung dieses zweifellos nicht auf dem Boden der freiheitlich-demoralisierenden Schulordnung stehenden Maßnahme abhinge, flüsterte man hinter jointverzierter Hand.
Flip Rentenmeister und die anderen happy freaks waren natürlich stocksauer. ›Was denen eigentlich einfällt an der SfE? So kurz vor den Ferien? Die scheiß Roten! Sollen uns doch in Ruhe lassen. Wir lassen die ja auch in Ruhe.‹
Doch als die Gerüchte immer noch nicht abließen, begannen sich Flip Rentenmeister und die anderen happy freaks zu fragen, ob sich da nicht ein sehr gefährliches Komplott gegen sie zusammenbraut und ob man da nicht energisch eingreifen müßte. Denn die Leute in Berlin konnten ja ihr Lebensglück und ihre Lebenserfüllung im südlichen Europa und nördlichen Afrika nicht kennen und in ihrer unverschämten Unwissenheit sie gar noch von der Schule schmeißen.
Daher beschlossen am Montagnachmittag bei aufziehender Bewölkung im südlichen Europa, im nördlichen Afrika und im westlichen Asien Flip Rentenmeister und alle ›happy SfE is okay freaks‹ auf dem übrigen Erdball, sich umgehend in Bewegung zu setzen, um rechtzeitig zur SfE-Vollversammlung in Berlin anzukommen und abzustimmen über die schulfeindliche Anwesenheitspflicht.
Der Erfolg war schlagend.

Und kaum war die Abstimmung gelaufen und andere Probleme waren an der Tagesordnung, stürzten Flip Rentenmeister und die übrigen happy freaks auf die Straße, in die nächste U-Bahn und wurden seitdem nie wieder gesehen.
Und ich Trottel hab auch gegen die Einführung der Anwesenheitspflicht plädiert und gestimmt. Wem ich damit gedient hab, wird mir langsam deutlicher: mir und der SfE jedenfalls nicht. Wieder was gelernt.« (Sommer 1977)

Beschluß zur Anwesenheit

Es ging schließlich nichts mehr. Ohne eine allgemein verbindliche Anwesenheitsregelung mit verbindlichen Konsequenzen drohte die Schule kaputtzugehen.
Gleichzeitig wehrten sich Schüler staatlicher ZBW-Schulen gegen eine zunehmende Kontrolle durch die Schulbürokratie, vor allem gegen die Einführung von Anwesenheitslisten (und wir unterstützten dies mit Flugblättern); gleichzeitig wurden die Lehrer dieser Staatsschulen disziplinarisch bedroht, die keine Anwesenheitslisten führen wollten.
Dieser Widerspruch war schwer zu ertragen. Mit aller Kraft wehrten sich viele Schüler und Lehrer unserer Schule gegen verbindliche Anwesenheitsregelungen, gegen Klassenbücher, natürlich auch gegen Anwesenheitslisten. Ihre Argumente waren einleuchtend: Wir würden mit solchen Methoden ins gleiche Fahrwasser geraten wie die staatlichen Schulen, würden unseren alternativen Anspruch aufgeben. Ironisch schlugen einige die Einrichtung von Stechuhren vor.
Die Gegenargumente: Wir können die neuen Möglichkeiten unserer Schule nur ausfüllen und sichern, wenn wir uns auf bestimmte Mindestanforderungen einigen. Wir können einen von den Schülern selbst bestimmten Unterricht nur praktizieren, wenn das Gros der Schüler ständig mitarbeitet. Wir können die Lehrerdominanz nur abbauen, wenn die Klassen nicht ständig fluktuieren; andernfalls ist nämlich der Lehrer bald der Einzige, der noch einen roten Faden ziehen kann. Wir können den staatlichen Schulen etwas Neues nur entgegensetzen, neue Unterrichtsinhalte und -formen nur auspro-

bieren, wenn die Klassen intakte Gruppen bleiben. Und wir können in der Selbstverwaltung einen Zentralisierungsprozeß nur verhindern, wenn ständig ein großer Teil an der Selbstverwaltung beteiligt ist, denn sonst würden die ständig Anwesenden unfreiwillig zu Funktionären für die Nicht-Anwesenden. Kurz: Produktivität und Phantasie lassen sich nur entfalten auf der Basis selbstbestimmter Verbindlichkeit.
Schließlich fällte die Vollversammlung im Juni 1977 einen Beschluß, der bis heute gilt (und immer wieder schwer in die Praxis umzusetzen ist):
»Ohne ausreichende Anwesenheit der Schüler können wir unser Schul-Konzept nicht verwirklichen. Denn ohne ausreichende Anwesenheit ist es weder möglich, alternatives Lernen zu versuchen und den Unterricht stärker von den Schülern tragen zu lassen, noch in dem notwendigen Maß sich an Arbeitsgruppen, an der Selbstverwaltung und Fachkonferenzen zu beteiligen.
Es ist deswegen Aufgabe der Klassen, im Interesse der Weiterexistenz der Schule die Frage der Anwesenheit verstärkt anzugehen.
Als Richtschnur für eine ausreichende Anwesenheit legen wir 70% fest. Wie das Problem der Anwesenheit einzelner Schüler geklärt wird (ob mit oder ohne Anwesenheitsliste), ist Angelegenheit der Klassen selbst.
Als *verbindlich* für alle Klassen legen wir jedoch fest:
Mindestens einmal im Monat findet eine Klassenkonferenz statt, von der alle Schüler informiert sein müssen.
Auf dieser Klassenkonferenz wird besprochen, warum einzelne Schüler häufig gefehlt haben.
Die Klassen werden aufgefordert, die Anwesenheitsfrage nicht bürokratisch zu behandeln, sondern die Ursachen der Nicht-Anwesenheit zu suchen (auch bei sich selbst) und Lösungen zu entwickeln.
Ebenso soll auf der Klassenkonferenz besprochen werden, welchen Beitrag die Klasse zur Selbstverwaltung (Ausschüsse, Foren, Fachkonferenzen usw.) geleistet hat, wie die Mitarbeit verbessert und mehr Schüler daran beteiligt werden können und wie der Unterricht verändert werden muß, damit die Schüler ihn aktiver tragen können. Dazu gehört auch die Kritik an den Lehrern, die nicht – wie bisher – nur einmal im

Semester bei der Bestätigung bzw. Abwahl geführt werden soll.
In Einzelfällen, wo weder Interesse an der Klasse noch an der Schule festgestellt werden kann, sind die Klassen verpflichtet, Kündigungen auch dann auszusprechen, wenn die betreffenden Schüler ihr Schulgeld bezahlt haben.
Über alle Klassenkonferenzen sind Protokolle zu führen, die allen Schülern und Lehrern der Klasse zugänglich gemacht werden.«

Freiwilligkeit

Auf der einen Seite betonen wir unser Ziel, ohne institutionellen Druck arbeiten zu wollen, auf der anderen Seite kommt immer wieder Druck von außen oder innen auf uns zu: von innen die Notwendigkeit, die Schule organisatorisch zu erhalten, Probleme in der Klasse und mit dem Unterricht zu lösen, von außen bürokratischer Druck durch BAföG- und Sozialämter, durch die Anforderungen der Prüfung. Diese Anforderungen können wir nur bewältigen, wenn sich immer wieder genug Leute finden, die Arbeit, Zeit und Nerven in die Schule, in die Klasse investieren. Aber immer wieder stehen wir vor dem Problem, daß bestimmte notwendige Arbeiten nicht oder nur schlampig gemacht werden. Das Prinzip Freiwilligkeit gefährdet sich so selbst: sind es zu wenige, die in der Selbstverwaltung mitmachen, kommen Pläne auf, die Selbstverwaltung zu reduzieren und mehr festangestellte »Selbstverwalter« einzusetzen. Oder es entstehen Situationen, in denen die Schule an den Rand ihrer Existenzmöglichkeit gerät, weil bestimmte lebenswichtige Sachen nicht gemacht werden. Und dann sind wir darauf angewiesen, daß einige Leute sich freiwilliger einsetzen als andere, um die Freiwilligkeit als Prinzip zu erhalten.

Kritikfähigkeit

Die populärsten Redebeiträge in kontroversen Diskussionen sind immer wieder diejenigen, die sich gegen scharf formulierte Forderungen und Kritik richten mit dem Argument: Wir wollen uns doch nicht zerstreiten, wir wollen keine Spaltung, wir wollen keine persönlichen Angriffe. Die Angst, aus einer als berechtigt erkannten Kritik auch Konsequenzen zu ziehen, ist groß. »Irgendwie wird sich schon alles regeln«: das scheint eine Grundhaltung zu sein, eine Art optimistischer Lethargie. Ein Beispiel: schon oft wurden bei uns Lehrer und Schüler kritisiert, die nicht nur die ihnen zustehenden ca. drei Monate jährlich Ferien machen, sondern sich im Anschluß an die Ferien noch einige Tage zusätzlichen Urlaub genehmigen. Anruf genügt ja in einer freien Schule. Da gibt es dann aber immer wieder einige, die gegen diese Bequemlichkeit und diesen Luxus angehen wollen mit Vorschlägen wie: Wer als Lehrer zu spät zurückkommt, kriegt für den zusätzlichen Urlaub auch kein Geld (immerhin werden die Lehrer ja von den Schulgeldern der Schüler bezahlt). Meist geht das so aus, daß allein der Vorschlag, solch ein Problem diskutieren zu wollen, als Anmaßung, als Druck, als Unverschämtheit zurückgewiesen wird. Die Kritiker erscheinen als Störenfriede eines harmonischen Zusammenlebens.
Die Folge: nach den nächsten Ferien diskutieren wir über dasselbe Problem, mit ähnlichem Ergebnis, das heißt, mit gar keinem. Dahinter steckt natürlich auch die Scheu, vor allem bei den Schülern, Sanktionen zu ergreifen, wie sie in »normalen« Betrieben üblich sind. Niemand will sich seine alternative Unschuld rauben lassen. Viele Leute lernen, Konflikten lieber aus dem Weg zu gehen, und daß diejenigen, die Kritik äußern, letzten Endes doch nur die Dummen sind.
Wir lernen so, Konflikte zu verschweigen – und das in einem Projekt, das Offenheit und gegenseitige Kritikfähigkeit fördern will. Fördern nicht wir unter dem Mantel alternativer Verkehrsformen eine neue Variante des von uns sonst so bekämpften Duckmäusertums, eine neue Variante angepaßten Verhaltens?

Geduld

Wenn es überhaupt eine Tugend gibt, die in offenen selbstverwalteten Projekten notwendig ist, dann die Geduld. Wie sollen denn Leute, die selbstverwaltete Praxis bisher nicht erfahren haben, damit zurechtkommen ohne die Geduld derjenigen, für die Selbstverwaltung schon selbstverständlich zu sein scheint? Wie sollen diejenigen, die es gewohnt sind, gleich alles an sich zu reißen, kollektives Arbeiten erlernen ohne die Geduld der anderen? Wie sollen wir Veränderungen, die dem entgegenlaufen, was den Menschen über Jahrzehnte als das angeblich Natürliche (»Der Mensch ist eben so, die einen sind oben, die andern sind unten, ohne Zwang läuft nichts, die Stärkeren setzen sich eben immer durch« etc.) eingebleut wurde, wie sollen wir solche Veränderungen erreichen innerhalb weniger Wochen oder Monate?
Dazu brauchen wir Geduld, vielleicht auch Wut. Wut auf das Grinsen derjenigen, die es immer schon gewußt haben, die »den« Menschen eben kennen, die unsere Versuche als Spielerei abtun. Wut auch auf diejenigen, die sich dann doch lieber auf ihre individuelle Stärke (oder auch Schwäche) zurückziehen und in den einschlägigen Kneipen von den alten Zeiten erzählen. Wut natürlich auch auf die eigenen Fehler, auf das zu schnelle Vorpreschen, auf das Ausnutzen rhetorischer Überlegenheit, auf mangelnde Ehrlichkeit, auf den hochziehenden Zynismus, auf die, die Geduld mit Bequemlichkeit verwechseln.
Geduld ist natürlich auch ein Luxus, den wir uns in der Schule leisten können, weil sich dort Stillstand in der Selbstverwaltung und Entscheidungsunfähigkeit nicht so verheerend auswirken wie z. B. in produzierenden Kollektiven, die ohne funktionierende Arbeitsprozesse entweder ökonomisch zusammenbrechen oder aber sich von einem Kollektiv in einen bürgerlichen Betrieb mit Chef und Angestellten verwandeln. Gerade in der Möglichkeit, Geduld haben zu können, besteht auch die Chance unserer Schule: gleichzeitig selbstverwaltetes Projekt und Schule für Selbstverwaltung zu sein.

Die seltsame Macht des Geldes

Aus vielen selbstverwalteten Projekten hören wir, daß es dort immer wieder Reibereien ums Geld gibt, vor allem auch mit den Leuten, die das Geld für die anderen verwalten.
Bei uns läuft das in der Regel unauffälliger. Obwohl wir relativ hohe Umsätze haben (ca. 100 000,- DM im Monat), spielen unsere Finanzen in den täglichen Diskussionen kaum eine Rolle. Das Finanzbüro, schon seit Jahren ausgestattet mit zwei fleißigen Buchhaltern, schluckt zwar immer wieder auch Schüler (meistens Schülerinnen!), die sich durch Zahlungsbelege, Klassenlisten, Lohnkonten und Mahnungen durchbeißen. Deren Arbeit geschieht aber nicht öffentlich. Weder Lehrer noch Schüler kümmern sich um Finanzfragen, solange alles bezahlt werden kann. Über Geld reden wir nicht, wir haben es. Kleinere Krisen werden intern durch den Finanzausschuß bereinigt; nur die größeren beschäftigen notgedrungen die ganze Schule.
Was dann passiert, ist atemberaubend. Das Geld, vorher kaum wahrgenommen, erscheint in der Krise fast in einem Heiligenschein. Und die Diener an diesem Heiligtum, die Mitglieder des Finanzausschusses, erscheinen uns wie unfehlbare Priester eines Mysteriums, deren Hinweisen und Zahlen wir andächtig lauschen. Wenn dann noch einer von ihnen (in der Regel ein Lehrer) Verbindungen herstellen kann zwischen den Zahlen und aktuellen Schulproblemen, kann er damit rechnen, seine Vorstellungen glatt durchzusetzen. Der Verdacht, daß Zahlen auf bestimmte schulpolitische Ziele hingetrimmt werden können, kommt nur wenigen (Kontrolle ist gut, Vertrauen ist bequemer). Geld verleiht Ansehen und Macht, das ist auch bei uns so. Unser Geld, aufgebracht durch die Schulgeldzahlungen der Schüler, erscheint so als Instrument des Finanzausschusses, als Produkt seines zähen Fleißes und seiner Übersicht, nicht mehr als unser Produkt.
Dabei ist es ziemlich einfach: jeder, der sich über den Stand der Finanzen informieren will, kann ins Finanzbüro laufen und innerhalb weniger Stunden herauskriegen, welche Ursache z. B. eine Finanzkrise hat, über welche Rücklagen wir verfügen etc. Weil das aber kaum jemand tut, weil sich alle auf die Leute im Finanzbüro verlassen, können immer wieder

informelle Machtzentren in der Schule entstehen, und zwar aus den Leuten, die uns die Sache mit dem Geld so schön erklären und Entscheidungen so vorbereiten, daß wir eigentlich nur zustimmen können.
Vermutlich hat das damit zu tun, daß in uns trotz wilder gegenteiliger Behauptungen ein naiver Respekt wohnt vor allem, was mit viel Geld zu tun hat. Vielleicht ahnen wir auch, daß eine Finanzplanung nicht nur mit gewissen Qualifikationen zu tun hat (die allerdings schnell erlernbar sind), sondern vor allem mit längerfristiger Verantwortlichkeit, mit Unbequemlichkeiten, mit dem Zwang zu lustfeindlicher ökonomischer Systematik. Das schlechte Gewissen darüber, daß wir dazu keine Lust haben und es auf paar Leute abschieben, kehrt in den Finanzdiskussionen wieder als untertänige Gläubigkeit und Vertrauensseligkeit, die nur selten von Störenfrieden gebrochen werden.
Umgekehrt ist die Tatsache, daß sich in größeren Krisen immer wieder dieselben als Krisenmanager betätigen, nicht nur aus ihrer größeren existentiellen Betroffenheit (z. B. der Lehrer, die auf ihre Gehälter angewiesen sind) zu erklären, sondern auch daraus, daß sie es den meisten in der Schule (ob Lehrer oder Schüler) nicht zutrauen, Lösungen auszudenken und Entscheidungen vorzubereiten. Wenn es ernst wird, hört die Selbstverwaltung tendenziell auf. Und dann, nach den Krisenversammlungen, stehen wir friedlich, in kleine Gruppen getrennt, nebeneinander in der Kneipe: die Krisenmanager freuen sich über den Ausweg aus der Krise, über ihre fast einstimmig gebilligten Vorschläge; die anderen sind sowieso fröhlich, weil sie das Ausmaß der Krise und der Krisenlösungen kaum wahrgenommen haben; und die dritten meckern leise über die Macher im Finanzbüro – bis zur nächsten Krise. Die Gefahr der Entmündigung, die gerade in unserer Form der freiwilligen Selbstverwaltung steckt, wird nur von wenigen registriert. Jedenfalls scheint diese Gefahr niemanden zu beunruhigen.

Dreck

Jeden Morgen derselbe Geruch: diese vertraute Mischung aus verschüttetem Kakao, Apfelsinenresten und Spirit-Karbon-Matrizen, turnusmäßig vorübergehend verdrängt durch Meister Propper. Jede Woche ist eine andere Klasse an der Reihe, Prüfungsklassen ausgenommen, Lehrer drücken sich. Die sonderbarsten Techniken sind da zu beobachten. »Wenn ihr aber auch immer wieder dadurchlauft!« Den Klassenräumen sieht man die angestrengten Diskussionen des Vorabends noch an.
»Wenn ihr in Zukunft abends nach dem Unterricht euern Dreck nicht wegräumt, schütten wir den Raum bis zur Decke mit Müll zu! Liebe Grüße, eure Tagesklasse.«
Im Kampf gegen die Verunreinigung unserer Umwelt eilen wir von Sieg zu Sieg. Dennoch sind auch Opfer zu beklagen:
»Liebe mitschüler!
Was ich euch mit diesen zeilen sagen möchte ist:
es hat mir nicht viel positives gebracht, an der sfe 900 märker losgeworden zu sein.
Gelaufen sind fast ausschließlich negative prozesse (dies ist eine subjektive feststellung und besitzt infolgedessen keine allgemeingültigkeit). *Gute* aktionen waren kaum durchzusetzen. Dies verwundert mich nicht mehr. Die meisten von euch leiden an der gefährlichsten krankheit der zivilisation: Schaut euch doch mal um! Überall dreck.
Dreck auf dem fußboden. Dreck auf den tischen. Dreck auch an den fenstern – von dem dreck an den wänden möchte ich hier gar nicht erst zu schreiben beginnen.
Wer von euch *fühlt* sich hier *wohl*?
Ich fühlte mich nicht wohl und versuchte das, was mich am wohlfühlen hinderte, abzuschaffen. Ich versuchte es gemeinsam mit anderen. Ich und wir scheiterten an der mehrheit, die die dinge, die das unwohlsein herbeiführen, für unabwendbar halten.
Da ich nun zugeben mußte, daß ich gegen eben jene dinge tatsächlich nichts ausrichten kann, da die mehrheit nicht bereit war, den kampf gegen diese dinge zu unterstützen, und statt dessen lieber zu vollversammlungen rannte (was sicherlich auch sein muß), blieb mir nur noch die mög-

lichkeit, alle auf mich negativ wirkenden eindrücke zu ignorieren.
So verschloß ich nach und nach alle meine sinne. Ich schloß die augen, um den dreck nicht mehr zu sehen. Ich schloß die ohren, um den dreck nicht mehr zu hören, und so weiter, und so fort.
Ein leben mit verschlossenen sinnen ist für mich reizlos. Es mag sein, daß der eine oder andere von euch an einer solchen existenz gefallen findet. Ich nehme mir die freiheit, für mich zu behaupten: ein solches leben ist krankhaft.
Da ich mich bemühe, nicht nur körperlich, sondern auch geistig gesund zu leben, und ich keine möglichkeit sehe, dies mit dem besuch der sfe zu verbinden, werde ich meinen ausbildungsvertrag mit dieser institution nicht mehr verlängern. Ich wünsche euch allzeit einen guten weg, love, peace & harmonies.« (1978)

Zeit und Ausbeutung

Unsere Schüler haben durchschnittlich 25 Wochenstunden Unterricht, abends oder tagsüber. Hinzu kommen unterrichtsvorbereitende Arbeitsgruppen, die Herstellung eines Referats oder eines Protokolls, die einzelnen Fachkonferenzen, Klassentreffen außerhalb der Schule, Vollversammlungen, Mitarbeit in Ausschüssen etc. Das heißt, ein Schüler kann bei uns mit Leichtigkeit auf eine 40-Stunden-Woche kommen.
Unsere Lehrer unterrichten in der Mehrzahl durchschnittlich 15 Wochenstunden. Dazu kommen die Unterrichtsvorbereitung, die Mitarbeit in Schülerarbeitsgruppen, Treffen zur Prüfungsvorbereitung, Fachkonferenzen, Lehrerplenen, Vollversammlungen und die Arbeit in Ausschüssen. Das heißt, ein Lehrer kann, trotz der relativ wenigen *bezahlten* Stunden, ebenfalls leicht auf eine 40-Stundenwoche kommen.
Bei dieser Rechnung sind sogenannte »private« Treffen im Café, in Kneipen, in Wohnungen noch nicht berücksichtigt. Die Schule frißt die, die sich auf sie einlassen, auf.
Natürlich sind solche Musterexemplare von Schülern und Lehrern ziemlich selten. In der Regel kommen die Schüler

nicht jeden Tag zur Schule, ist nur eine Minderheit der Schüler aktiv auf Fachkonferenzen, in Ausschüssen etc. zu sehen. Ebenso ist auch nur ein Teil der Lehrer in Ausschüssen etc. aktiv.
Für diejenigen, die sich dem Experiment SfE bewußt und ausdauernd stellen, bedeutet das, daß sie die Zeit in Ausschüssen, Arbeitsgruppen etc. nicht nur für sich und die Schule »opfern«, sondern vor allem auch für die anderen, die sich um Klassenangelegenheiten und Selbstverwaltungsprobleme nicht kümmern (oder kümmern können). Da fängt die Ausbeutung innerhalb der Schule an, die sich in einem Rechenexempel verdeutlichen läßt.
Nehmen wir an, pro Klasse sind im Durchschnitt 5 Schüler oder Lehrer in den Selbstverwaltungsarbeiten aktiv dabei. Das sind bei 30 Klassen 150 Personen. Die durchschnittliche wöchentliche Belastung pro Person beträgt 4 Stunden, das sind bei 150 Personen 600 Stunden in der Woche, macht monatlich 2500 Stunden. Selbst wenn wir nur einen Stundenlohn von DM 10,- ansetzen, würde das die Betriebskosten der Schule um monatlich 25 000,- DM erhöhen. Das wiederum bedeutet, daß die Nicht-Aktiven, ca. 500 Personen, entweder ein höheres Schulgeld (50,- DM im Monat zusätzlich!) bezahlen oder, im Fall der Lehrer, ein entsprechend niedrigeres Monatsgehalt erhalten müßten.
Natürlich wird diese Ausbeutung, ebenso wie in anderen, »normalen« gesellschaftlichen Bereichen, nur selten bewußt wahrgenommen, und natürlich kommt niemand auf die Idee, sich seine Extra-Arbeit von den anderen bezahlen zu lassen. Aber objektiv praktizieren wir diese Ausbeutung jeden Tag, indem die »Aktiven« für die anderen mitarbeiten, mitdiskutieren, putzen, tippen, Unterricht vorbereiten, abrechnen, sich für sie mitärgern. Unsere Selbstverwaltung, die die üblichen bürokratischen Institutionen ja gerade aufheben will, wird so selbst zu einer Institution. Ein bezeichnender Ausdruck: »Ich arbeite in der Selbstverwaltung.«
Mit viel gutem Willen kann man das Problem auch anders sehen. Die SfE hat so viele Schüler und Lehrer, daß ihre Selbstverwaltung auch dann funktioniert, wenn nur ein kleiner Teil sich an ihr beteiligt. Auf diese Weise geben wir auch solchen Leuten eine Chance, Schule anders zu erleben, die aus

persönlichen, familiären, finanziellen und psychischen Gründen nicht die Möglichkeit haben oder sehen, die SfE durch eigene zusätzliche Aktivitäten mitzutragen.

Die Kunst des Wartens

Langsam werden wir Profis. Manche können schon länger als dreißig Minuten dasitzen, ohne was zu tun und ohne von anderen zu erwarten, etwas zu tun. Andere, noch nicht so abgebrüht, und blutige Anfänger blättern nervös in irgendwelchen Papieren, bücken sich zu ihren Aktentaschen und tun so, als würden sie etwas suchen. Die Kontaktsüchtigen ziehen ihre Nachbarn ins Gespräch. Die Tagesordnung steht an der Tafel. Wir sitzen da. Bei uns gibt es keine Vorsitzenden, die Sitzungen einläuten, wir machen alles gemeinsam. Unsere Probleme sind so nebensächlich, daß das Prinzip, nicht gleich anzufangen, zur Hauptsache wird. Vorlaute überhören wir. Unverdrossen üben wir die Kunst des Wartens.

Eifersucht der Aktivisten

Unser Anspruch ist: möglichst viele sollen an wichtigen Entscheidungen beteiligt sein, sollen also auch an die Informationen rankommen können, die für eine Entscheidung notwendig sind. Gleichzeitig erkennen wir, daß nicht alle alles machen können. Also delegieren wir. Aber es ist sehr schwierig, Delegierte zu finden. Es sind immer wieder dieselben Leute, die sich delegieren lassen. Haben sie mehr Zeit, mehr Nerven, mehr Idealismus, sind sie einfach mehr drauf, haben mehr Energie, weniger private Probleme? Oder haben sie mehr private Probleme, die sie durch Ämter verdrängen können?
In vielen Gremien gibt es wenige Leute, die über längere Zeit mitarbeiten, die auch bereit sind, sich z. B. am Wochenende Zeit zu nehmen, Abende mit Freunden oder Freundinnen sausen zu lassen. Sie kennen sich aus, kennen sich untereinander, nehmen sich ernst und werden ernst genommen. In ihren

Gremien werden sie Autoritäten; das Gremium gewinnt durch ihre Arbeit ebenfalls an Autorität. Diejenigen, von denen sie delegiert wurden, danken es in der Regel mit Vertrauen und Schulterklopfen. Und mit Gleichgültigkeit: Die machen das schon, wir brauchen uns um die Sache nicht weiter zu kümmern.
Was passiert, wenn in ein so funktionierendes Gremium neue Leute dazukommen und an den Gesprächen teilnehmen wollen – so, wie wir es immer wieder fordern?
Meistens läuft es so, daß die Neuen sich als stille Gäste dazusetzen, zuhören, in den vor ihnen liegenden Papieren rumblättern. Meistens kommen sie nicht wieder. Schwieriger wird es, wenn sie anfangen zu fragen. Sie fallen den Eingeweihten leicht auf den Wecker, weil sie natürlich Fragen stellen, die schon längst geklärt sind. Wir sagen es ihnen vorsichtig in der Hoffnung, daß sie nicht noch einmal dazwischenfragen. Bleiben sie hartnäckig, sind sie bei uns bald untendurch. Wir bemühen uns gar nicht mehr, ihre Fragen zu beantworten. Wir hoffen, daß die Quälgeister nicht wiederkommen.
Noch schwieriger wird es, wenn jemand dazustößt, der es offenbar ernst meint, erst mal zuhört, sich unauffällig bemüht, an die notwendigen Informationen heranzukommen, nicht laut in die Runde fragt, sondern sich an den Nachbarn wendet und vielleicht nach dem Treffen mit ins Café oder in die Kneipe geht und sich dann nach dem nächsten Termin erkundigt.
Wenn so jemand das Glück hat, sofort auf Sympathie zu stoßen oder jemanden aus der Gruppe schon zu kennen, ist eine gute Chance da, in die Gruppe voll aufgenommen zu werden. Wenn so jemand jedoch niemanden aus der Gruppe kennt und nicht gleich auf Sympathien trifft, gleichwohl durch Fragen und Verhaltensweisen starkes Interessse an einer Mitarbeit andeutet, dann wird es haarig. Es setzt so etwas wie Eifersucht ein bei denjenigen, die schon länger in dem Gremium arbeiten, sich an einen bestimmten Diskussionsstil und persönlichen Bezug gewöhnt haben. Aus der Angst, diese vertraute Atmosphäre zu verlieren, entsteht die Eifersucht.
Sie äußert sich auf verschiedene Weise. Wir betonen, wie schwierig unser Arbeitsgebiet ist, wie viele Termine wir ha-

ben, wie wichtig es ist, gerade in unserem Gremium eine persönliche Kontinuität zu haben. Wir verschlüsseln unsere Diskussionen. Durch eine beiläufige Häufung von Abkürzungen, Namen und Daten machen wir klar, daß man Jahre braucht, um sich bei uns einzuarbeiten. Wir rücken zusammen. Wir zeigen mit Anspielungen und ironischen Bemerkungen, wie gut wir uns kennen. Klar, daß wir bei diesem ungleichen Kampf gewinnen: wir bleiben unter uns.
Wie immer ist die Kehrseite der Eifersucht das Selbstmitleid. Im Unterschied zur Eifersucht, die wir nie zugeben, präsentieren wir das Selbstmitleid offen, sozusagen als die vorzeigbare Seite des Problems. Wir beklagen uns. Das Selbstmitleid können wir mit Stolz vortragen (»Immer bleibt alles an mir hängen, wer soll es sonst auch machen?«), mit Wut (»Verdammt noch mal, für wen mach ich das eigentlich?«) oder auch mit Resignation (»Ich seh nicht ein, daß ich mich immer für andere abstrampeln soll, ich werf alles hin«). Dahinter steckt immer die Überzeugung, unersetzlich zu sein.
Wehe, wenn unser Selbstmitleid von den anderen mit Achselzucken oder vernünftigen Ratschlägen beantwortet wird. Es braucht Bestätigung; einen Ausweg aus der Misere will es nicht.

Positives, zur Abwechslung, und ein neues Haus

Der größte Erfolg, den wir neben den täglichen Reibereien übersehen, ist die Tatsache, daß unsere Schule überhaupt so lange bestehen konnte, daß sie bis jetzt noch jede Krise aus eigener Kraft überwunden hat.
Dieser Erfolg gab uns die Sicherheit, einen großen Sprung zu wagen, den Sprung aus einer teuer angemieteten Büroetage in ein eigenes Haus. Schon seit 1976 gab es immer wieder Leute unter uns, die allen Unkenrufen zum Trotz versuchten, für die Schule ein Haus zu kaufen. Die Gründe dafür waren einmal schlicht ökonomisch: wir schmissen unser Geld einem Berlin-Spekulanten in den Rachen (von 1973 bis 1980 ca. 750 000,– DM) für Räume, in denen wir von Anfang an nur begrenzt arbeiten konnten, in denen wir uns nie wohl fühlten,

Neuestes aus der SfE:

"Linke Schule saugt ihren Angehörigen das letzte Blut aus den Adern"

Wie in eingeweihten Kreisen bereits hinlänglich bekannt, gibt es in Berlin eine Schule, die von ihren Angehörigen viel persönlichen Einsatz abverlangt. Nun allerdings erreicht uns eine neue Meldung, die alles bisher Dagewesene derart in den Schatten stellt, daß man/frau die Hand vor Augen nicht mehr sieht:

Wie zu Kaisers Zeiten soll jedes Schulmitglied einen Teil seines kostbaren Lebenselexiers für die Ziegelsteine des neuen Schulgebäudes geben. Die ZBW-Zeitung enthüllt die Hintergründe dieser skandalösen Forderung.

Die VV der SfE beschloß am 17.12.1977 mit überwältigender Mehrheit, ein eigenes Schulgebäude zu kaufen. Um diesen Beschluß verwirklichen zu können, werden ca. DM 200.000,-- Barmittel als Grundkapital benötigt, die die ca. 700 Schüler und Lehrer der SfE gemeinsam innerhalb eines halben Jahres aufbringen müssen. Wie diese Summe im einzelnen aufgebracht werden soll, wird jetzt noch in den Klassen diskutiert. Neben Spenden und möglichen Zuschüssen von außerhalb, um die man sich natürlich auch kümmert, schlägt der zuständige Gebäudeausschuß der selbstverwalteten Schule unter anderem eine Blutspendeaktion vor. Blutplasmaspenden bringt pro Person DM 30,--. Es besteht bei dieser Methode kein Blutverlust, wie beim herkömmlichen Blutspenden. Nach gründlicher Voruntersuchung wird lediglich Plasma entzogen (Bio-Lehrer fragen) Der Gebäudeausschuß hats ausprobiert, gut überstanden, anschließend einen saufen gegangen und trotzdem DM 300,-- überwiesen auf Konto Nr. 46004-109 *Bln·W*

Das ist nur eine von vielen Möglichkeiten. Ansonsten: Altpapier, Schrott, Haare verkaufen, Autos und Fernsehapparate reparieren und verkaufen, Rauchen aufhören, Trödelmarkt, Basteln, Akt stehen; Geld locker machen bei anderen freudigen Gelegenheiten z.B. Bafögnachzahlung, Lohnsteuerjahresausgleich etc. etc.

Weg mit der Einfallslosigkeit! Vorwärts im Kampf um jeden Kubikzentimeter!!!!

umringt von einer Nachbarschaft, die unser Treiben mißtrauisch beäugte. Neben den ökonomischen und atmosphärischen gab es konzeptionelle Gründe: wir wollten Möglichkeiten schaffen, in den einzelnen Fächern und über die Fächer hinaus Verbindungen herzustellen zwischen theoretischem Lernen und praktischem Tun. Wir brauchten Labors, Werkstätten, Dunkelkammern; wir wollten Platz haben für Räume, in denen wir uns auch außerhalb der Schulzeit aufhalten (Café, Leseräume, Sportraum etc.) und in denen wir uns mit anderen Gruppen außerhalb der Schule treffen konnten, um so neue Aktivitäten in unseren eingefahrenen Schulalltag zu bringen.
Solche Vorstellungen stießen nicht immer auf Gegenliebe. Vor allem ein größerer Teil der Lehrer befürchtete, daß mit diesem Konzept die Schule aufhören würde, eine Schule zu sein, daß die Vorbereitung auf Abitur und Mittlere Reife darunter leiden würde. In den jahrelangen Auseinandersetzungen zerschlissen sich viele Leute und viele Phantasien.
Der Aufbruch zu energischem Suchen fiel zusammen mit der Phase der Projektklassen, also der Zeit, in der einzelne Klassen und Lehrer mehr oder weniger auf eigene Faust und gegen die zum Teil herbe Kritik der Schulmehrheit neue Unterrichtsformen ausprobierten (vgl. S. 106 f.). Diese Klassen brauchten Versuchsräume, Fotolabors, auch von einer Druckerei war die Rede.
Eine dieser Klassen, die im Mai 1978 angefangen hatte, ging geschlossen in den »Sonderausschuß Gebäudesuche« und begann damit, die nötigen Gelder aufzutreiben. Ein Gebäude in der für uns nötigen Größenordnung hätte ca. 700 000,- DM gekostet. Wir brauchten auf jeden Fall mindestens 20% Eigenmittel, also ungefähr 150 000,- DM; den Rest würden uns die Banken als Kredit oder Hypothek geben. Mit vielen kleinen Aktionen (Kleider-, Kuchen- und Bücherverkauf) und großen (z. B. Schulfeste, bei denen jeweils 6000,- DM Reingewinn rausprangen) fingen wir an zu sammeln. Der allgemeine Spendenbeschluß einer Vollversammlung (jeder Schüler sollte ein Jahr monatlich 20,- DM, die Lehrer im Laufe eines Jahres ein Monatsgehalt als Kredit geben) blieb ohne große Resonanz. Der Ausschuß forstete daraufhin die Schulfinanzen gründlich durch und fand heraus, daß wir Rücklagen in

beträchtlicher Höhe hatten, zu denen noch Außenstände ehemaliger Schüler kamen, die ihr Schulgeld nicht bezahlt hatten. Zusammen mit den Spenden- und Aktionsgeldern konnten wir so die Summe von 150 000,– DM auf das Haus-Sonderkonto überweisen und uns auf die Haussuche stürzen.
Makler, Hausverwalter, Spekulanten und Behörden wurden abgeklappert. Wir stiefelten durch alte aufregende Fabrikgebäude, aber das richtige fanden wir nicht. Ein Gebäude, das für unsere Zwecke geeignet gewesen wäre, wurde über Nacht von einer der beliebten »gemeinnützigen« Wohnungsbaugesellschaften abgerissen. Als wir beim Kreuzberger Stadtplanungsamt protestierten, waren die Damen und Herren plötzlich sehr höflich und gaben uns Hinweise auf verschiedene leerstehende Fabrikgebäude.
Eines davon wurde dann unser Haus – allerdings auch wieder nicht so ganz einfach. Denn diese Fabrik war zwar sehr schön und gut erhalten, aber viel zu groß und natürlich auch viel zu teuer (ca. 1,7 Millionen). In einer schnellen Aktion, die über das Netzwerk vermittelt wurde, fanden wir dann sechs weitere Projekte, die auch schon länger größere Räume suchten und bereit waren, beim Kauf mitzumachen.
Nach vielen anstrengenden Gesprächen und Vorarbeiten gründeten diese sieben Projekte dann eine GmbH, brachten neben dem Stammkapital von 100 000,– DM noch weitere 270 000,– DM Eigenkapital auf und sprachen verschiedene reichere Leute an (Ärzte, Rechtsanwälte, Schriftsteller, fröhliche Erben, Wissenschaftler), die uns noch mal ca. 300 000,– DM als Kredit zur Verfügung stellten. Mit diesen stolzen Eigenmitteln, mit Gutachten über das Haus etc. schafften wir es, Banken für unser Projekt zu interessieren und die fehlenden 1,4 Millionen (außer dem Kaufpreis mußten wir auch die Umbauten absichern) als Hypothek bzw. als Darlehen aufzunehmen. Der Kaufvertrag wurde am 7. Dezember 1979 unterschrieben, am 30. März 1980 konnten wir umziehen.
Für einige von uns, die vorher bestenfalls bis tausend zu zählen gewohnt waren, waren die Kaufverhandlungen natürlich erst mal eine gewaltige Umstellung. Auch ein gehöriges Maß an Schauspielerei (dezente Kleidung, Bankendeutsch, dynamisches Auftreten, kaufmännisches Taktieren) mußte

aufgebracht werden, machte allerdings auch manchmal Spaß. Natürlich gab's auch politische Querelen. Schließlich leben wir in Berlin, wo die Bürokraten in Ost und West im Wettbewerb um Sturheit und Blödheit nicht locker lassen. Tatsächlich versuchten einige SPD-Provinzgrößen der Vorbesitzerin unseres Gebäudes während der Verhandlungen klarzumachen, daß unsere Schule mit dem Terrorismus sympathisiere, daß wir unsere Gelder aus dem Osten bekämen und daß die SPD und staatliche Instanzen es der Vorbesitzerin nicht vergessen würden, falls sie tatsächlich an uns verkaufe.
In diesem Fall arbeitete das Kapital für uns. Weil wir die einzigen Käufer waren, die den von der Vorbesitzerin angepeilten Preis annähernd bezahlen konnten, wurde der Kauf perfekt. Irritierend aber war die Erfahrung, daß wir eher mit den Vertretern des Kapitals reden konnten als mit Sozialdemokraten.
In der Schule waren von dem Moment an, in dem ein Haus greifbar da war, alle Querelen und Zweifel vergessen: die Vollversammlung stimmte mit nur einer Gegenstimme den Vorschlägen des Gebäudeausschusses zu. Wir machten die Erfahrung, daß es falsch ist, bei neuen Initiativen immer darauf zu warten, daß *alle* mitmachen. Erst so wurden Energien und Phantasien freigesetzt, ohne die wir wahrscheinlich immer noch in unserer häßlichen Büroetage sitzen würden.
Die zweite gute Erfahrung war, daß nach dem Kauf und während der Umbauphase auch viele derjenigen aktiv dabei waren, die vorher dem Hauskauf skeptisch gegenüberstanden. Beim Umbau wurden die alten Grenzen zwischen Aktivisten und Passiven, zwischen Theoretikern und Praktikern, auch zwischen Lehrern und Schülern so verwischt wie nie zuvor. Neue Fähigkeiten, neue Gemeinsamkeiten wurden wahrgenommen.
Jetzt sitzen wir in einem Haus zusammen mit Verlagen, Druckereien, politischen Gruppen und Vereinen, mit Behinderten und Handwerksgruppen, mit einer freien Schule für Kinder, einer Sportgruppe, einem Kinderladen, Lehrlingsprojekten, Türkenvereinen, einem Steuerberatungsbüro und nicht zuletzt mit einer Kneipe, in der wir uns abends nach der Schule treffen können: alles zusammen im Mehringhof, wie wir unser neues Haus genannt haben.

Die Reize der Macker und Macher

Wir sind erheblich mehr Frauen als Männer. Die meisten Frauen vertreten selbstverständlich Forderungen der Frauenbewegung: Selbständigkeit der Frauen, Protest gegen männliche Unterdrückung, Abscheu vor Mackern und ihrem Männlichkeitswahn.
In der Selbstverwaltung und in den Klassen gehen die Aktivitäten oft von Männern aus. Sie bestimmen überproportional das Geschehen an der Schule. Es fällt kaum auf.
In den Pausen, auf Klassenfahrten oder auf Feten hocken Männer, die sich in ihrem Verhalten deutlich von den Mackern und Machern unterscheiden, einsam da. Die Frauen haben keine Zeit für sie.
Lachend, ernsthaft, ausdauernd und selbstverständlich versammeln sie sich um die Macker und Macher.

Elisabeth: Selbstverwaltung Männersache?

E., bis 1980 an der SfE. Mitglied im Vereinsvorstand, dann Geschäftsführerin vom Mehringhof.

Auffällig schien mir schon nach kurzer Zeit an der Schule das Mißverhältnis zwischen dem hohen Anteil von Schülerinnen und ihrer prozentual sehr niedrigen Beteiligung an der Selbstverwaltung. Das ist nichts Neues und wird in der linken Scene, wenn es sich nicht um ausgesprochene Frauenprojekte handelt, hingenommen wie eine naturgegebene Erscheinung.
Der Anteil der Frauen im Sozialausschuß und Koordinationsausschuß ist höher als im Finanz- und Öffentlichkeitsausschuß. Traurig stimmt es einen, wenn man mitbekommt, mit wieviel Fleiß und Energie im Finanzausschuß Einzugsformulare und Mahnungen von Frauen geschrieben werden, aber kaum eine von ihnen die finanzielle Situation der Schule genau kennt. Im jährlich wechselnden Vorstand sind von fünf Vorstandsmitgliedern mindestens drei Männer (oft genug auch vier).
Die Beteiligung an den Forumsdiskussionen: immer sind mehr Männer da als Frauen – in einer Vollversammlung auch.

Und es gibt nicht viele Frauen, die sich in einer Vollversammlung überhaupt etwas zu sagen trauen. Die Frau, die es bringt, vorne an der Diskussionsleitung teilzunehmen, ist entweder im Vorstand, oder sie wird beim nächsten Mal reingewählt.
Auch in den Fachkonferenzen haben die Männer das Wort. Nur bei den Fremdsprachen sieht es ein bißchen anders aus, dort gibt es auch viele Lehrerinnen.
Kleiner Tip für Fachkonferenzen: alle Männer um dreißig mit kürzeren Haaren, ordentlichen Jeans oder Cordhosen und ernsthaften Gesichtern sind Lehrer. Alle Frauen, vor allem die in den zweiten Reihen, und die, die stricken und tuscheln, sind Schülerinnen.
Es hat mich schon immer gestört
daß ich kein Admiral werden kann (mein Kindheitstraum)
daß (außer Ntoscho-Ntschi, die stirbt) keine vernünftige Frau bei Karl May auftaucht
daß mich beim Tanzen die Typen auffordern mußten (und immer die blödesten)
daß meine Vorgesetzten alle Männer waren
daß meine erste Wohngemeinschaft nur aus Typen bestand
daß in allen politischen Gruppen immer die Männer am Zuge waren
daß es an der SfE so viele Männer gibt, die mir was beibringen wollen.
Für mich gibt es da eigentlich nur zwei Möglichkeiten: entweder ich gestehe mir meine Minderwertigkeit als Frau ein, das kann ich dann noch mit der Tatsache der Benachteiligung der Frau in unserer Gesellschaft versüßen, oder ich beweise mir, daß ich auch kann, was Männer machen.
Meine am häufigsten angewandte Taktik ist die vom Hagen bei der Ermordung Siegfrieds: durch lange Beobachtung des starken Mannes wird die schwache Stelle ausgemacht, und dann immer drauf.
Ist man sich der Schwäche des anderen bewußt, wächst auch das Selbstvertrauen und die eigene Stärke.
Für Nachahmerinnen: die stärksten Männer haben die schwächsten Stellen.
Als Frau hat man auch noch einen kleinen Vorsprung: Selbstbewußtsein wird von unserem Geschlecht nicht erwartet.
Die tollste Sache an der SfE ist: hier kann frau so gut wie alles

machen. Man suche sich nur ein paar Leute (drei, vier reichen schon), mache ein Forum (ich habe nie erlebt, daß Foren gegen irgend etwas waren, was ein bißchen Aktivität versprach), und dann los: Feste veranstalten, Filme zeigen, Ausstellungen machen. Selten ist ein Ausschuß so festgefahren, daß man sich nicht mehr einbringen könnte.
Wenn er doch festgefahren ist: einfach einen neuen gründen. Stimmt das erste Forum nicht zu, einfach eine Woche später mit neuen Argumenten noch mal probieren.
Um in den Vorstand gewählt zu werden, muß man sich vor die Vollversammlung stellen. Ich habe nie große Schwierigkeiten gehabt, vor größeren Gruppen zu reden, im Gegenteil, ich habe oft Schwierigkeiten, jemanden zu verstehen, der Angst hat, vor mehreren zu sprechen.
Nachdem ich zum ersten Mal vorne gestanden habe, machte sich immer mehr ein Riß zu den anderen bemerkbar. Selten habe ich erlebt, daß etwas, was ich gesagt habe, inhaltlich kritisiert wurde. Kritik und Zustimmung waren emotional; entweder du bist ein Spinner oder unheimlich toll und mutig. Auf dem Weg zur Schule und im Flur sprachen mich dann plötzlich Leute an, die ich nicht näher kannte. Ich hatte oft ein ungutes Gefühl. Ablehnung oder Kritik kamen nur über Gerüchte oder Dritte. Auch die pauschale Zustimmung war mir unangenehm.
Am stärksten traf und trifft mich ein besonders hartnäckiges Gerücht, es sei doch alles nur Idee und Sache unseres Lehrers gewesen. Er hätte die Schule in diesen finanziell kaum vertretbaren Hauskauf getrieben, um sich den Geschäftsführerposten unter den Nagel zu reißen und uns andere, also auch mich, dazu nur benutzt und ausgenutzt.
Mein Vater hat auch immer den Typ gesucht, der mich auf den politischen Weg gebracht hat.
Durch die Arbeit im Vorstand war ich über die Schulprobleme immer gut informiert. Ich glaube, daß ich deshalb für meine Klassenkameraden oft ihr schlechtes Gewissen in puncto Selbstverwaltung verkörperte. Ob es Anwesenheit, Schulgeldzahlung, Mitarbeit in der Selbstverwaltung war, mir war die Notwendigkeit immer vor Augen, den anderen oft erst dann, wenn ich die Klasse betrat. Ich hatte Schwierigkeiten, mit ihnen über private Sachen zu sprechen. Nach der Schule oder

in den Pausen war ich oft mit Schulsachen beschäftigt; ich habe mich in der Klasse nicht mehr sehr wohl gefühlt. Ich kam mir wie ein Außenseiter vor.

Ich bin mir oft unsicher, ob meine Arbeit im Mehringhof und in der Schule richtig war und ist. Mir fehlt die Zusammenarbeit mit anderen Frauen.

Ist es überhaupt richtig, fast ausschließlich mit Männern zusammenzuarbeiten? Habe ich mich nicht vielleicht zu stark an männliche Verhaltensweisen und männliches Denken angepaßt? Ist diese Art von Selbstverwaltung, wie sie an der Schule und im Mehringhof praktiziert wird, vielleicht eine ausschließlich männliche, der ich mich nur angepaßt habe? Zeigt das nicht gerade die geringe Zahl der Frauen, die dort mitmacht? Aber in welcher linken Gruppe sieht es nicht genauso aus?

Eine Politik, die Männer ausschließt, halte ich nicht für richtig. Aber ist es nicht fast schon umgekehrt?

Ich will kein Feigenblatt sein für die Gleichberechtigung in der linken Scene, keine Annemarie Renger des Mehringhofs. Aber wo sind die Frauen, die mitmischen, oder die Gründe, die sie daran hindern, mitzumischen?

II
SCHÜLER UND LEHRER

Unsere Schüler

Der Zweite Bildungsweg hat eine neue Funktion bekommen. In den 50er Jahren wurden die Ansätze aus der Weimarer Republik aufgegriffen, einen anderen, zweiten Bildungsweg vom Beruf her einzurichten. Die Vielzahl neuer Abendgymnasien und Kollegs war in erster Linie für Erwachsene gedacht, die sich innerhalb ihres Berufsfeldes weiterqualifizieren und so beruflich und sozial aufsteigen wollten (vom Maschinenbauer zum Ingenieur, von der Krankenschwester zur Ärztin). »Statuserwerber« sollten die Möglichkeit bekommen, durch das Erklettern der Hierarchie des Ausbildungsangebotes ihre Aufstiegswünsche zu befriedigen. »Statuserhalter« sollten einen Riß in ihrer Bildungsbiografie (Abbruch der Schulausbildung) nachträglich korrigieren können.
Die Begründungen für einen solchen zweiten Weg waren ebenso vielschichtig wie hochtrabend.
Pädagogen sahen die Möglichkeit einer Annäherung von allgemeiner und beruflicher Bildung. Psychologen glaubten, bisher vernachlässigte, vom ersten Bildungsweg nicht erfaßte Begabungstypen fördern zu können. Vertreter der Industrie forderten eine vollständige Ausschöpfung der Begabungsreserven zur Rekrutierung mittlerer Führungskräfte, um der vermeintlichen ökonomischen Herausforderung des Ostens entgegentreten zu können. Schließlich wurde dem ZBW auch noch der Anspruch mit auf den Weg gegeben, für Chancengleichheit zu sorgen, also das Bildungsgefälle aufzuheben.
Im Gefolge der Studenten-, später der Frauenbewegung wird der ZBW verstärkt von Leuten besucht, die eigentlich gar nicht gemeint waren: von »Statussuchern«, das heißt, von Leuten, die wegen mangelnder Identifikationsmöglichkeiten aus dem Beschäftigungssystem ausgestiegen sind. Ihre Berufsunzufriedenheit ist nicht mehr schlicht die Folge einer verfehlten Berufswahl: sie sitzt tiefer, hat politische Qualität, ist ein Ausdruck der wachsenden Legitimationskrise des politischen und ökonomischen Systems.

Die Entscheidung für den ZBW ist dabei oftmals relativ beliebig. Andere Möglichkeiten wären Drogenszene, Indientrip, Landleben: der ZBW ist auch ein Sammelbecken für (potentielle) Aussteiger, für Leute, die die Schnauze von ihrem Job voll haben und nach neuen sinnvollen und befriedigenden Arbeits- und Lebensmöglichkeiten – innerhalb oder außerhalb vorgegebener Strukturen – suchen. Insofern haben die ursprünglich für besonders Eifrige und besonders Begabte gedachten Institute des ZBW und das Lager der Alternativbewegung viel gemeinsam.

Wie sieht es nun konkret an der SfE aus?

Die Schülerschaft (ca. 70% Frauen, Durchschnittsalter etwa 24 Jahre) kommt in der Mehrzahl aus sozialen, kaufmännischen, medizinischen und technischen Angestelltenberufen. Der größte Teil gibt bei Eintritt in die Schule keine konkreten Berufsziele an. Die Entscheidungsgründe für die SfE sind nicht einheitlich. Ein Teil will bewußt die Möglichkeiten einer alternativen, selbstverwalteten Schule nutzen; für einen anderen Teil ist die SfE zweite Wahl. Staatliche Einrichtungen wie etwa das Berlin-Kolleg haben lange Wartezeiten, andere Privatschulen sind erheblich teurer als die SfE. Der Ausstieg aus unbefriedigenden Arbeits- und/oder Lebensverhältnissen wird unterschiedlich verarbeitet und hat daher unterschiedliche Haltungen der Schule gegenüber zur Folge.

Wie stehen die Schüler zum Abitur, zum Unterricht, zur Selbstverwaltung?

Stark vereinfacht kann man fünf Typen unterscheiden.

Die Aufstiegswütigen

Trotz Akademikerarbeitslosigkeit und Numerus clausus, trotz externer Prüfungen und hoher Durchfallquote: die Prüfung und nichts als die Prüfung, der unerläßliche Baustein des Karriereentwurfs, die Voraussetzung zur Realisierung des Studienwunsches, zählt. Selbstverwaltung wird eher als lästig empfunden, besonders, wenn sie nicht richtig funktioniert. Mitarbeit bei Schulproblemen wird verweigert, Fachwissen- und Fachlehrerfixiertheit, individualistischer Arbeitsstil sind häufig. Wenn die Aufstiegswütigen so könnten, wie sie wollen, wären sie eh längst woanders. Nicht alle wagen es, diese Haltung öffentlich zur Schau zu tragen. Das Repertoire der Anpassungsleistungen ist reichhaltig.

Heute werden die Aufstiegswütigen seltener. Einerseits hat bei vielen die relative Häufigkeit der Qualifikation Abitur zur Entkrampfung der Karrierephantasien beigetragen; andererseits leisten schon die gesellschaftlichen Verhältnisse außerhalb des Schulsystems eine handfeste Desillusionierung von übersteigerten Aufstiegserwartungen – eine Aufgabe, die in den ersten Jahren der SfE noch als Hauptziel des politischen Unterrichts begriffen wurde.

Die moderaten Kollegiaten
Abitur machen und persönliche Weiterentwicklung (whatever that may be) stehen als Ziele nebeneinander. Gruppenprozessen wird ein reges Interesse entgegengebracht; die moderaten Kollegiaten arbeiten in Arbeitsgruppen mit, beteiligen sich an der Gestaltung des Unterrichts und sind durch Appelle und Beschwörungen dazu zu bewegen, die Selbstverwaltung nicht ganz zu übersehen. Beschwörungen (»Das Ende der Schule naht, wenn ihr euch nicht aufrafft!«) und Appelle (»Es geht nicht an, daß wenige die Arbeit für viele machen!«) bringen trotz aller Abnutzungserscheinungen immer wieder kurzfristige Erfolge, Selbstverwaltung wird als eine durchaus angenehme Form der Schulorganisation empfunden.
Diese Gruppe ist gewissermaßen der solide Stamm der Schule.

Die Funktionäre
Das Abitur und Fragen des Unterrichts werden nicht so wichtig genommen; das Engagement in der täglichen Selbstverwaltungsarbeit überschattet alles. Das relativ geringe Interesse am Unterricht kann aber zur Isolierung in der Klasse führen. In diesem Fall drohen Märtyrertum und Zynismus. Trägt die Klasse dagegen den schulpolitischen Tatendrang ihrer Aktivisten mit, kann eine stabile Gruppe zustande kommen.
Aus diesem Schülertyp rekrutiert sich ein Teil der »Verwaltung« der SfE. Er wird jedoch zunehmend abgelöst durch die Gruppe der heftigen Alternativler.

Die heftigen Alternativler
Die Frage Prüfung/keine Prüfung ist ganz offen. Nach dem bewußten Ausstieg aus dem Bisherigen soll die Schulzeit genutzt werden zur persönlichen Entwicklung und zur Erarbeitung einer neuen sinnstiftenden Perspektive. An Unterricht und Selbstverwaltung werden deshalb hohe Ansprüche ge-

stellt. Oft werden sie nach ersten Schlüsselerlebnissen auf die Klasse oder eine noch kleinere Gruppe reduziert. Man will sich nicht reinreden lassen; der Lehrer wird nur als punktuelle Unterstützung der Eigentätigkeit akzeptiert.

Die müden Aussteiger
Die Prüfung ist ihnen gleichgültig; weder mit der Klasse noch mit der Schule können sie sich identifizieren. Entsprechend sieht ihre Mitarbeit aus. Sie kultivieren ein starkes individuelles Freiheitsbedürfnis und hegen den sehnlichen Wunsch, in Ruhe gelassen zu werden, wenigstens diese zweieinhalb Jahre. Die Schule steht hier als Legitimation für – lebensgeschichtlich gesehen – eine Pause. In Sternstunden blitzen sporadisch weitergehende Ansprüche auf; sie werden höchstens zufällig eingelöst.

Daneben gibt es noch eine Reihe von Schülern, deren gemeinsames Merkmal die geringe Anwesenheit ist. Selbst für die betroffene Klasse ist es oft schwierig, festzustellen, ob schwerwiegende persönliche Probleme (etwa die berühmte Beziehungskiste) oder der ökonomische Zwang zur Lohnarbeit (Wer hat keine Schulden?) oder schlicht eine grundsätzlich parasitäre Haltung die Ursache der Abwesenheit ist.

Gerade die Abwesenden haben die Anwesenden in der Geschichte der Schule ständig beschäftigt. Gehören auch Leute, die zumindest zeitweise nicht in der Lage sind, regelmäßig zum Unterricht zu kommen, zur Zielgruppe der Schule? Die beiden Pole in der Diskussion waren: Ist die SfE eine elitäre Kaderschule, die rücksichtslos alle von sich stößt, denen es dreckig geht, die mit sich und der Welt zu kämpfen haben? Oder ist die SfE eine Stätte therapeutischer Zuflucht, die alles und jeden toleriert und jedem helfen will, auch wenn sie es nicht kann?

Erst langsam hat sich die Erkenntnis durchgesetzt, daß die einfache physische Anwesenheit Grundvoraussetzung einer selbstverwalteten Schule ist.

Soweit die Schubladen. Überflüssig zu sagen, daß derartige Typologien die Vielfalt der SfE nur annähernd erreichen.

Wie sieht nun die nächste biografische Station der SfE-Schüler nach Verlassen der Schule aus? Auf welche Lebenssituationen bereitet die Schule vor?

Die Uni steht nur einer Minderheit offen. Der vergleichsweise

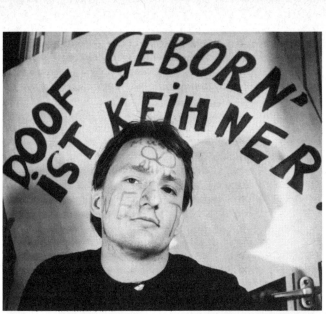

miserable Notendurchschnitt bei der externen Prüfung verhindert in vielen Fällen die Realisierung gezielter Studienwünsche. Das Studium wird daher meist nicht mit genauen Berufsvorstellungen verbunden, sondern als Verlängerung des bisher gelebten Freiraums gesehen. Der scheußliche Begriff des »Parkstudiums« bekommt hier eine neue Bedeutung.
Sowohl für Abbrecher als auch für erfolgreiche Absolventen gibt es die Möglichkeit einer neuen fachspezifischen Ausbildung. Meistens hat sie mit dem Startberuf nichts zu tun. Vielmehr hinterläßt das Leben in der Szene hier bisweilen seine Spuren (Heilpraktiker, Therapeuten aller Arten oder was auch immer angesagt ist).
Für andere steht die neue Berufswahl unter dem Zeichen einer Notlösung im Sinne einer letzten Chance, da es im Anschluß an die SfE keine Strukturen gibt, die die anhaltende Perspektivlosigkeit auffangen könnten.
Ein Teil der Ex-Schüler bleibt dem alternativen Lager treu: entweder an der Front der städtischen Infrastruktur (Kneipenkollektiv, Buchladen, Café, Zeitungsprojekt etc.) oder eingereiht in den Strom derer, die abseits die Idylle pflegen (Kinderkleinstheim, Bauernhof etc.). Zum Teil kann dabei auf früher erworbene Qualifikationen zurückgegriffen werden, teils wird's aus dem Stand versucht. Hier hat die SfE Gleichgesinnte zusammengeführt, Ideen verdichtet.
Für Abbrecher und Schüler, die an der Prüfung gescheitert sind, bleibt die Rückkehr in den alten Job oft die einzige Möglichkeit. Nur ein kleiner Teil trifft diese Wahl freiwillig und arbeitet bewußt und mit Engagement am alten/neuen Arbeitsplatz. Die Regel ist häufiger Arbeitsplatzwechsel und ständiges Mal-hier-mal-da-Jobben.

Unsere Lehrer

Zur Gründerzeit waren es fast achtzig. Eingestellt wurden sie in den ersten Monaten nach ausführlicher Anhörung durch den aus Schülern bestehenden Lehrerauswahlausschuß. In der Zeit danach geriet die Auswahl relativ beliebig. Die Explosion der Schülerzahlen im ersten Semester schuf einen großen

Bedarf an Fachlehrern; da wurde dann bei der Einstellung nicht immer so ganz genau hingeguckt. So kam ein merkwürdig buntes Gemisch zustande: fortgeschrittene fortschrittliche Studenten, die neben ihrem Studium was Sinnvolles machen wollten; übriggebliebene 68er, die sich immer noch nicht so recht mit dem Marsch durch die Institutionen anfreunden konnten; zweifelnde Akademiker, die in den gängigen Laufbahnangeboten keine sinnvolle Berufspraxis entdecken konnten; Lehrer mit erstem Staatsexamen, die beschlossen hatten, den Kelch des Referendariats – erst mal – an sich vorübergehen zu lassen; Leute, die das Experiment SfE schlicht spannend fanden.

Die meisten begriffen ihre Arbeit zunächst als Durchgangsstadium. Sie finanzierten damit ihr Studium, überbrückten Wartezeiten. An der SfE alt werden wollten die wenigsten. Viele betrieben es als nette Nebenbeschäftigung: mit wenigen Wochenstunden in angenehmer Atmosphäre ein paar Mark dazuverdienen; das rechte Standbein in den Institutionen, das linke Spielbein an der SfE – eine vielkritisierte, aber durchaus typische Lehrerhaltung während der ersten Jahre.

Diese Ansammlung unterschiedlichster Lehrerfiguren wirkte sich natürlich auch auf die Unterrichtsarbeit aus. Die jeweiligen Studien- und Interessenschwerpunkte der Lehrer bestimmten die Unterrichtsinhalte, mehr oder weniger gebräuchliche Varianten universitären Arbeitsstils prägten die Unterrichtsformen. Erst nach und nach brachten die Fachkonferenzen inhaltliche Konzeptionen zustande, die den urwüchsig wuchernden Individualismen einen einigermaßen plausiblen Rahmen gaben.

In der Selbstverwaltung spielten die meisten Lehrer – bis auf einige personifizierte Gründergeister – zunächst eher eine bescheidene Rolle. Sie waren einfach nicht oft genug in der Schule, kriegten die hektischen Diskussionsprozesse in Tages- und Abendschule nur bruchstückhaft mit, mußten sich oft erst von ihren Schülern über den Stand der Dinge informieren lassen.

In der Folgezeit gab es heftige Versuche, den Zweitjobstatus der Schule und die entsprechende Lehrermentalität zu überwinden. Eine feste Kerngruppe hauptberuflich tätiger Lehrer sollte entstehen. Langwierige Diskussionen über arbeitsrecht-

liche Fragen und Vertragsentwürfe zogen sich ergebnislos dahin, bis sich eine Zentralisierung und Verringerung der Lehrerzahl fast von selbst ergaben. Eine ganze Reihe von Lehrern beantragte nach Abschluß ihrer Ausbildung eine Aufstockung ihrer Stundenzahl, um sich an der Schule eine Reproduktionsbasis zu schaffen; andere wanderten nach Beendigung ihres Studiums ab. Lehrerbewerber sollten die Bereitschaft äußern, an der SfE länger und – sofern genug Stunden zu vergeben waren – hauptberuflich arbeiten zu wollen. Andere spezifische Einstellungskriterien gab es nicht. Als Mitte der 70er Jahre die Berufsverbotspraxis spürbar wurde und mehr und mehr Lehrer im staatlichen Bereich keine Arbeitsmöglichkeiten fanden, wurde zusätzlich der Beschluß gefaßt, politisch disziplinierte Lehrer anderen Bewerbern bei der Einstellung vorzuziehen.
Die Prozedur der Einstellung ist bei allen Fachkonferenzen ähnlich. Aus der Liste der Wartenden werden die gerade Erreichbaren herbeitelefoniert. Je nach Dringlichkeit und Zeitdruck folgen dann ein bis zwei Fachkonferenzen, auf denen mit den Bewerbern diskutiert wird, und, falls nötig, ein Gespräch mit einer direkt vom Neuzugang betroffenen Klasse – das Ganze mit den üblichen Selbstzweifeln, ob man denn eine solche Anhörungs- und Ausfragesituation den Bewerbern überhaupt zumuten darf.
Im Gegensatz zu früher leisten heute die meisten SfE-Lehrer Berufsarbeit, mit welchem Selbstverständnis auch immer. Es sind jetzt knapp fünfzig, die große Mehrheit Männer. Erst Anfang 1981 beschloß die Vollversammlung, bei Neueinstellungen so lange Frauen vorzuziehen, bis mindestens die Hälfte unserer Lehrerschaft Frauen sind. Die Fluktuation ist zwar nicht gerade niedrig; berücksichtigt man aber den unvermeidlichen Verschleiß im alternativen Bildungstreiben, hält sie sich doch in Grenzen. Eine ganze Reihe alter Hasen ist jedenfalls immer noch da.
Einige sind, da sie irgendwann ihr Studium vergessen haben, auf Gedeih und Verderb mit dem Schicksal der SfE verbunden: Arbeitsplatzsicherung – ein neuer, nicht immer offen ausgesprochener Aspekt in der schulpolitischen Diskussion. Zum Glück ist die Schule nicht totzukriegen.

Lehrerrollen
Ein Gespräch mit zwei Lehrern, die in derselben Klasse unterrichten

RAINER: Was unterscheidet dich von anderen Lehrern?
RÜDIGER: Der Unterschied ist einmal, daß ich von den Schülern in wohltuend anderer Weise wahrgenommen werde als in einer staatlichen Schule, einfach deswegen, weil ich nicht als Träger staatlicher Macht auftrete. Das ist aber der Normalfall an staatlichen Schulen und das größte Problem, daß die Lehrer den Schülern gegenübertreten als geballte Macht, hinter der die staatliche Institution steht. Das haben wir bei uns nicht. Das Verhältnis zu den Schülern ist schon mal grundlegend entspannt, denn wir haben auch keinen Einfluß auf die Prüfungen. Wir sind nicht in der Situation, Schicksal spielen zu müssen gegenüber den Schülern. Das ist der größte Unterschied. Wir haben eine viel größere Möglichkeit, auf Bedürfnisse thematischer Art einzugehen. Da können wir flexibel sein, wobei ich aber die Erfahrung gemacht habe, daß von den Schülern einfach zu wenig kommt und daß es schließlich doch dabei bleibt, was ich vorschlage. Trotzdem entsteht aufgrund der Freiraumsituation an unserer Schule ein kameradschaftliches, partnerschaftliches Lehrer-Schüler-Verhältnis.
Von meiner Lehrerrolle bleiben die Pädagogik der Erwachsenenbildung, der Informationsvorsprung, die größere Fachkompetenz, Überlegungen anzustellen, Lernprozesse auszulösen, zu organisieren und Impulsgeber zu sein. Einen durch Schüler getragenen Unterricht habe ich noch nicht erlebt, habe ihn allerdings auch nicht initiiert – diese Art sich selbst regulierender Klasse, in der der Lehrer nur Informationen ausschüttet und ansonsten gleichberechtigter Diskutant ist. Ich seh nicht, daß wir das jemals geschafft hätten, und ich glaube, daß es auch dem widerspricht, was die Schüler von der Schule verlangen, die sie selber organisieren: nämlich doch einen Rahmen, der in einer für sie günstigen Weise gewährleistet, daß sie einen bestimmten Bildungsprozeß durchlaufen. Und sie erwarten von den Lehrern, insgeheim oder offen, daß die Lehrer aufgrund ihrer spezifischen Kompetenzen ihnen dabei helfen. Ich habe auch schon die Klage gehört, daß die Lehrer zuwenig didaktisch rangehen.

WALTER: Genauso kannst du das Gegenteil sagen. Ich hab schon gehört, daß die Lehrer zu pädagogisch sind, zuviel didaktische Vorschläge machen oder zuviel in der Trickkiste kramen. Ganz charakteristisch: mir wurde einmal gesagt in einer Lehrerbestätigung – wir unterrichten in einer Klasse, der Rüdiger Deutsch, ich Gesellschaftslehre (GL) – der Rüdiger ist immer gut vorbereitet, der bringt immer Kopien mit, und du bringst keine mit. Also stillschweigend gesagt, ich sei schlecht vorbereitet. Und genau an diesem Punkt seh ich den Unterschied zwischen uns. Du beanspruchst für dich, Motor, Impulsgeber zu sein, Lernprozesse zu organisieren, auch aufzunehmen und dann weiterzuführen. Den Anspruch habe ich auch, aber ich seh das defensiver. Ich meine, der Lernprozeß muß von denen organisiert werden, die interessiert sind an diesem Lernprozeß. Ich bin nur ein Teil in dieser Kette, die am Lernprozeß teilnimmt, aber ich bin nicht der steuernde Teil.
RAINER: Habt ihr nicht das Gefühl, wenn ihr mit dieser unterschiedlichen Konzeption in derselben Klasse arbeitet, daß ihr dann gegeneinander arbeitet?
WALTER: Diese Diskussion ist seit einem Jahr nicht mehr geführt worden. Wir sprechen auch über diese grundsätzlich anderen Meinungen nicht, und ich kann auch gar nicht beurteilen, wie das jetzt in der Klasse wirkt.
RAINER: Hast du denn den Eindruck, daß die Art, in der du vorgehst, allgemein richtig ist und von der Klasse auch als richtig empfunden wird?
WALTER: Ja, würde ich sagen. Es werden Themen aufgegriffen, die nicht von mir angesprochen wurden. Das sind Vorschläge, die kommen aus der Arbeitsgruppe heraus. Die wenigen, die in den Arbeitsgruppen arbeiten, die gestalten dann auch den Unterricht. Insofern ist er auch nicht von mir vorher bestimmbar, ich will ihn auch nicht vorherbestimmen. Darin werde ich von der Klasse bestätigt.
ULLI: Ist das bei dir auch so, Rüdiger? Das wäre ja mal spannend, ob sich jeder von euch in derselben Klasse bestätigt fühlt. Da müßte man ja nachdenken, wie so was zustande kommt.
RÜDIGER: Mir sagt die Klasse immer, daß sie meinen Unterricht gut findet, da es einerseits bei mir stärker vorgeplant läuft und

sie auch immer das Gefühl hat, es ist was da und hat ein bestimmtes Ziel. Kurzum, sie nehmen meinen Unterrichtsstil genau wahr und finden gleichzeitig gut, daß es auch einen Unterricht gibt wie bei Walter. Gerade diese unterschiedliche Art des Lehrerverhaltens empfinden sie als etwas Positives. Ich würde daraus die Folge ziehen, bloß nicht ein bestimmtes Lehrerverhaltenskonzept zu verallgemeinern, sondern tatsächlich eine Vielfalt zu realisieren. Ich glaube eben, der Unterricht ist gerade dann immer am besten, wenn auch der Lehrer sich dabei halbwegs glücklich fühlt. Die Lehrer zu einem bestimmten Unterrichtsstil aufgrund eines Konzeptes zu verdonnern, das kann nur in die Hosen gehen. Also glückliche Lehrer sind gute Lehrer.

ULLI: Aber die andere Frage ist doch, fühlst du dich denn nicht verarscht. Wenn ich davon ausgehe, daß es auch ein Suchen geben sollte nach guten oder schlechten, nützlichen oder weniger nützlichen Möglichkeiten, würde mich das doch skeptisch machen. Also, ich würde mir vorkommen wie ein Clown. Euer Unterhaltungsprogramm, das ihr bietet, der müde Walter, der alles geschehen läßt, und der forsche Rüdiger mit den Kopien, das ist zwar in der Kombination erträglich für die Klasse, aber jeder von euch würde einzeln für sich dick Kritik kriegen. Nur weil es immer den anderen gibt, wie bei Pat und Patachon, geht alles in Ordnung.

RAINER: Wenn Klassen neue Lehrer suchen, hast du oft das Gefühl, es geht nicht grundsätzlich um Konzepte, sondern was paßt im Moment. Je nach dem momentanen Bedürfnis der Klasse wird mal ein Lehrer gewählt, der mehr Frontalunterricht macht, mal einer, der weniger macht, wie im Kaufmannsladen. Rüdiger hat gesagt: Pluralismus – im Grund genommen ist das aber gar keiner. Das, was unsere Schule von anderen unterscheidet, ist ja gerade, daß der Unterricht möglichst weitgehend von den Schülern selbst bestimmt wird, genauso wie die Verwaltung. Wenn aber der Ansatz, möglichst alles selber zu machen, in Frage gestellt wird, haben es diejenigen Lehrer schwer, die einigermaßen konsequent am Konzept des selbstorganisierten Unterrichts festhalten. Ein Konzept, das für die Schüler natürlich auch manchmal sehr unbequem sein kann. Es ist ja für die Klassen viel einfacher, sich etwas vornudeln zu lassen oder sich sozusagen ein Fernsehprogramm wählen zu können. Alles, was sie selber machen müssen, ist natürlich viel schwieriger. Deswegen ist das Nebeneinander von ganz verschiedenen Konzepten an der Schule kein Pluralismus, sondern ein Aufgeben von Veränderungen, die man eigentlich anstreben sollte.

ULLI: Die Frage heißt also: Wo ist eine Entwicklung, wo ist die Bewegung, wo ist eine Auseinandersetzung in eine bestimmte Richtung?

RÜDIGER: Wir können die Schule nicht frontal vom Lehrerverhalten her verändern. Das würde auf eine Überforderung der Schüler hinauslaufen. Selbstbestimmter Unterricht ist nur einer Elite von Schülern möglich, die ichstark und motiviert genug sind, um solche Prozesse selbsttätig in Gang zu bringen. Wenn wir diese Art von Unterricht verallgemeinern würden, würden wir einem scheußlichen Darwinismus Vorschub leisten: starke, motivierte Leute hätten bei uns eine große Chance, und ein großer anderer Teil wäre überfordert.

RAINER: Ich seh das Problem woanders. Du, Rüdiger, hast vorhin gesagt: Wir Lehrer haben keine Macht. Das ist richtig. Als Institution repräsentieren wir keinen Machtapparat. Aber faktisch haben die Lehrer bei uns eine größere Macht als an anderen Schulen. Das kommt nicht nur aus einem Wissensvorsprung, sondern eben aus einem rhetorischen und taktischen Vorsprung, den man als Lehrer hat. Der zeigt sich in allen Bereichen, nicht nur im Unterricht. Dazu kommt dann eine Reihe von Schülern, die sich in ihrer Sozialisation auch mehr Fähigkeiten angeeignet haben und deshalb wie die Lehrer die Klasse ziemlich stark bestimmen. Darunter leiden die, die sich nicht so einfach durchsetzen können. Wie willst du denen helfen, oder wie sollen die etwas verändern, wenn nicht ein Rahmen da ist – nicht nur in der Selbstverwaltung, sondern auch im Unterricht.

RÜDIGER: Also man müßte noch mal untersuchen, was Ermunterung zur Selbsttätigkeit eigentlich bedeutet. Ich meine, der Lehrer müßte Fragen stellen können, die eine Neugier und eine Bereitschaft wecken, sich mit einer Sache auseinanderzusetzen. Der Stoff allein ist für die Schüler zunächst etwas ganz Sperriges, wo man erst mal verstummt, wo man gar keinen Anhaltspunkt findet. Dann ist es die Aufgabe des Lehrers, sich zu überlegen, mit welchen Fragestellungen er in die Klasse geht, damit Lücken und Nischen deutlich werden, durch die man überhaupt reinkommt in eine Sache. Also, ich arbeite mit diesen berühmten unterrichtslenkenden Fragen, die genau darauf gezielt sind, Leute zum Mitdiskutieren zu bringen. Dieses Verfahren ist ein pädagogisches Verfahren. Wenn die Fragen gut sind, werden sich die Schüler auch ermuntert fühlen, mitzumachen.

ULLI: Aber da muß eine zweite Ebene dazukommen, nämlich die, daß nicht nur Inhalte gelernt werden, sondern auch Verhaltensweisen, und zwar wesentlich stärker und leider Gottes unbewußter, als man es annimmt. Das heißt: es dreht sich bei uns ja nicht nur darum, sich Inhalte anzueignen für eine Prüfung. Wenn man aus einem fremdbestimmten Arbeitsleben kommt, das man hingeschmissen hat, weil es einen angestunken hat, versucht man auch, sich Verhaltensweisen und Problemlösungsmöglichkeiten anzueignen, die einem nach der Schule weiterhelfen. Und das ist jetzt die Frage: Wird das bei uns genügend berücksichtigt? Ist es nicht wichtiger, auch mal inhaltlich nicht so gezielt, nicht so abgestuft zu arbeiten, aber Situationen durchzumachen, die jemanden bestimmte Fähigkeiten, Verhaltensweisen, Handlungsmöglichkeiten erwerben lassen, die langfristig nutzbar sind? Denn die Inhalte sind bald vergessen. Die Etappen der Französischen Revolution hat jemand, der ein Jahr nach dem Abitur wieder im Job steckt, sowieso nicht mehr drauf. Deshalb ist es doch viel wichtiger, ob er für sich aus einem begrenzten Thema einen umfassenderen Inhalt erschließen, eine Problemsituation erfassen und mit anderen zusammen selbständig lösen kann. Oder soll er immer auf deine Vorgaben angewiesen sein? Kann er nur gut lernen, wenn ein bestimmtes Muster vorgegeben ist?

WALTER: Mir fehlt bei dem, was Rüdiger gesagt hat, das Besondere unserer Schule: der Anspruch auf Selbstbestimmung, der uns z. B. von Universitäten oder Volkshochschulen unterscheidet. Von diesem Anspruch her werden Bereiche, Themen ausgewählt von den Schülern selbst, und das ist erst mal ein langer Prozeß. Der Stoff wird nicht an sie herangetragen, sondern sie stecken in dem Thema drin – nicht in allen Einzelheiten, aber sie wählen sich ein Thema aus, das sie beschäftigt. Deine vorbereiteten Fragestellungen nehmen den

Schülern die Möglichkeit, selber Fragen zu entwickeln. Du läßt ihnen keine Luft mehr. Wenn in der Klasse zwei oder fünf Minuten Stille ist, stellst du wieder eine Frage, um sie anzutörnen. Wenn du nichts sagen würdest, würden vielleicht andere Fragen kommen. Darauf spekulier ich.

RAINER: Wenn so etwas wie unsere Schule Sinn haben soll mit Selbstverwaltung und eigenem Unterricht, dann müssen die Leute dazu kommen, selbständig zu denken, zu entdecken, daß sie eine eigene Kraft haben und weiterentwickeln können. Das wichtigste politische Ziel ist doch, langfristig gesehen, daß die Manipulierbarkeit aufgrund von eingebildeter Schwäche und der Anerkennung von Überlegenheit anderer überwunden wird. Unsere Schule ist eine Art »soziales Abenteuer«, und das kann nur funktionieren, wenn Lehrer dabei sind, die auch die Schule selbst als »soziales Abenteuer« sehen. Nicht als Experimentierfeld, das meine ich nicht. Ich meine die Bereitschaft, selbst neue Erfahrungen zu machen und diese Erfahrungen weiterzugeben.

RÜDIGER: Warum kann es nicht nüchterner und bescheidener zugehen? Daß man zum Beispiel sagt: Die Schule ist ein Zweckverband, der aber verschiedene Vorteile hat.

RAINER: Es kommt mir oft so vor, als seien viele Lehrer zu geschlossen, schon »totale« Personen. Sie haben sich abgefunden mit einer bestimmten Arbeitsweise, mit einem bestimmten Verhältnis zur Schule. Wenn aber was Neues herauskommen soll, kannst du als Lehrer nur mitmachen, wenn du nicht von vornherein ein geschlossenes Konzept, ein geschlossenes Verhalten hast.

... und die Stellungnahme der Klasse dazu

GINA: Ich stelle an Rüdigers Unterricht nicht so viele Erwartungen. In GL schon, auch wenn wir wissen, wie wir uns die Krätze geärgert haben. Walter dagegen sitzt da und sagt nichts, und wir kommen uns immer mieser und hilfloser vor. Das ist eine Provokation, die dich unheimlich herausfordert, dir selber klarzumachen, was du willst. Trotzdem sind wir immer noch auf die Bestätigung von Walter – sein Kopfnicken – angewiesen.

DORIS: Was Rüdigers Unterricht betrifft, mir geht das alles zu schnell, und zu viel geht von ihm aus. Man kommt gar nicht dazu, richtig zu überlegen. Es ist auch immer so viel Stoff da, und da traut man sich nicht zu sagen: Halt! Stopp mal! Grundsätzlich finde ich, daß von beiden Lehrern keine Hilfe kommt, selbständiges Arbeiten zu lernen. Das sollte vielleicht vor allem in den ersten Semestern gelernt werden.

CLAUDIA: Ich hab festgestellt, daß bei mir und auch bei anderen Leuten, die Schwierigkeiten mit dem Stoff haben, daß wir schon ganz gut auf Rüdigers Stil abfahren. Daß es eine große Hilfe ist, etwas zu haben, wo man sich dran festhalten kann. So ein Papier kannst du immer mal wieder nachlesen, und da hast du was in der Hand.

Bei Walter aber sitzen ganz viele Leute da in einem unheimlichen Wust und blicken überhaupt nicht mehr durch. Die wissen nicht mehr, was sie können, und sie wissen nicht, wie sie anfangen sollen. Und das geht nicht nur Leuten so, die sowieso Schwierigkeiten mit dem Arbeiten haben. Ich weiß immer noch nicht, wenn ich da fünf Bücher liegen habe, was soll ich anstreichen und wie soll ich das alles überhaupt zusammenfassen.

DORIS: Das Problem sehe ich auch. Trotzdem finde ich es im Unterricht gut, daß Walter sich nicht so einmischt.

ANNI: Wenn du wirklich selber Unterricht machen willst, dann dürfen eigentlich keine Lehrer dasitzen. Das ist so, als ob du hungern willst, und vor dir steht 'ne Torte.

ERIKA: Also ich nehm Walter auch nicht ab, daß er will, daß die Fragen nur von uns kommen. Ich glaube, daß er das total lenkt und seine Interessen verwirklicht haben will. Er trifft die Auswahl der Bücher für die Arbeitsgruppen, und es ist eben unsere Hilflosigkeit, nicht zu sagen: o. k., steck deine Bücher in die Tasche, geh nach Hause, ich such mir meinen Krempel selber zusammen. Deshalb haben wir uns lieber immer auf Walter verlassen. Du brauchst dir dann halt nicht selber zu überlegen, welche Arbeitsgruppen gebildet werden könnten und welche Bücher gut sind.

BERND: Also mir geht es bei Walters Unterricht oft so, daß ich das Gefühl habe, hinter seiner Konzeption steht, uns zu selbständigem Lernen zu zwingen. Er sagt: Ich mach hier nicht den Alleinunterhalter, und ihr müßt von euch aus

lernen, selbständig zu arbeiten. Aber das ist ein Schlag ins Wasser, weil vorher in der Schule niemand eben das gelernt hat.
GINA: Ich finde es auch falsch, nur mit so einem Konzept an eine Klasse heranzugehen. Der Anspruch, was in der Schule passieren soll, hat sich von seiten der Lehrer und Schüler seit der Entstehung der Schule bestimmt verändert. Und dann finde ich's auch nicht machbar, immer diesen Anspruch, von dem viele bestimmt nicht wissen, woher der gekommen ist, mit sich rumzuschleppen, vor allem dann nicht, wenn man gar nicht in der Lage ist, den zu verwirklichen, oder das vielleicht nicht mal will.
BERND: Ich meine, daß zwischen beiden Konzepten ein Mittelweg richtig wäre. Ich finde, daß Rüdiger uns zu schnell über jede Klippe hilft. Bei Walter finde ich, daß zu oft unproduktive Stille herrscht. Beides finde ich nicht gut.
DORIS: So ein Problem von uns ist auch, daß, wenn wir über ein Thema diskutieren, jeder seinen Standpunkt erzählt, ohne auf die anderen Beiträge einzugehen. Das heißt, die Diskussion ist nicht fortlaufend, und es gibt selten ein Ergebnis, das zumindest einen Teil der Leute befriedigt.
Ich weiß auch nicht genau, wie man das ändern könnte. Vielleicht sollte jeder, der das Gefühl hat, wir reden aneinander vorbei, die Diskussion unterbrechen und sagen: Halt, stop, so nicht.
CLAUDIA: Ich finde, daß wir in Deutsch einen Ansatz gemacht haben, als wir Rüdigers Papier – Linguistik – auseinandergenommen haben. Jeder war nur genervt, eine Stunde lang haben wir alles über uns ergehen lassen und jeden Absatz durchgekaut, um den überhaupt zu verstehen. In der nächsten Stunde haben wir uns dann gewehrt, und da entstand eine grundsätzliche Diskussion über Form und Inhalt des Papiers, und das ist doch unheimlich selten.
GINA: Na ja, das ist ja auch klar. Der Rüdiger ist angreifbarer und setzt sich auch damit auseinander.
ERIKA: Da ist aber ein Unterschied. Du kannst den Rüdiger angreifen wegen seiner Art, Unterricht zu machen, aber ihn persönlich kannst du nicht angreifen. Der ist ja nie da, so als Rüdiger. Und wenn du ihn angreifst, dann hört er dir vielleicht mal so ganz nett zu und geht auch ein bißchen drauf ein,

aber im Unterricht ist es so, daß seine Meinung zu dem Thema am Ende rauskommt.
Und Walter kannst du persönlich gut angreifen. Das haut ihn teilweise um, aber nicht vom Unterricht her, weil er immer so tut, als ob wir den Unterricht machen.
BERND: Ich glaube, daß man das nicht alles nur den Lehrern zuschieben kann. Unsere eigene Haltung ist ja dabei auch wichtig. Wir empfinden beide Lehrer nicht als wohltuenden Ausgleich, wie es der Rüdiger gesagt hat, konsumieren aber beide. Vielleicht, weil das die bequemste Art ist.

Reinhard und Barbara: Besser ohne Lehrer

BARBARA: Das Beste, was der Schule passieren könnte, wäre, daß es keine Lehrer mehr gäbe und die Schüler alles selber organisieren. Immer wieder tauchen die gleichen Schwierigkeiten auf, eine Weiterentwicklung hat die SfE nicht, und das kommt daher, weil die Schüler 2½ Jahre an der Schule sind, und wenn sie Glück haben, lernen sie was, und dann kommen sie an den Punkt, wo sie runter müssen. Die SfE ist praktisch ein Karussell für Schüler, während die Lehrer ein Jahr nach dem anderen in der Schule hocken. Die kennen von vornherein die Probleme jeder neuen Schülergeneration, die reden die Schüler dann total voll und stehen wirklich über den Dingen, denn das sind ja alles Probleme, die hatten sie wirklich jedes Semester schon einmal in den verschiedensten Stufen, das ist für sie nichts Neues, und sie lernen dabei nichts mehr. Ich finde, wenn Lehrer überhaupt, dann nur 2½ Jahre, und dann mit der Bagage wieder runter.
Auf der anderen Seite meine ich aber auch, man kann gut und gerne alleine lernen. Da kommen Leute aus den verschiedensten Berufen an die Schule, die haben alle 'ne Ecke Wissen drauf, das man ausschöpfen kann, wo man weiter dran arbeiten kann. Ich finde, die Pauker behindern dabei eher. Das läuft dann so wie an jeder stinknormalen Schule, das kennen wir alle: es klingelt, und dann kommt der Lehrer, von dem kriegste schön was vorgesetzt, dann hast du das zu kauen oder nicht.

Das wird natürlich auch von den meisten Schülern erwartet, wenn sie an die Schule kommen. Aber wenn es von vornherein keine Lehrer gäbe, könnten so 'ne Erwartungen gar nicht erst entstehen.
REINHARD: Viele Lehrer sind nicht flexibel genug, eine andere Lehrerrolle einzunehmen. Es gab leider nur wenige Lehrer, die sich verweigert haben, als sie praktisch lediglich als »Stoffvermittler« und Pauker funktionieren sollten. Die meisten Lehrer sagen: Okay, dann knall ich denen den Stoff eben vor. Und ich glaub, die müßten versuchen, die Schule weiterzubringen, Veränderungen zu ermöglichen. Damit nicht immer die gleichen Fehler gemacht werden, müßten sie ihre Erfahrungen auch weitergeben. Das Schlimme ist ja, daß viele Lehrer, die noch was wollten an der SfE, inzwischen abgehauen sind, weil es eben für die ziemlich unbefriedigend ist, wenn sich alles im Kreis dreht.
BARBARA: Wenn du in Berlin noch mal zur Schule gehen willst, dann weiß jeder, es gibt die SfE. Die SfE ist selbstverwaltet, Gleichberechtigung von allen Leuten, alles toll, alles easy. Vorher hast du gearbeitet. Gehst du jetzt hin, kommst du in eine Situation, die total neu ist. Der Typ, der der Pauker sein soll, sieht genauso aus wie die anderen, der verhält sich auch genauso. Das findste schon mal toll. Bis du merkst, daß der Lehrer doch 'ne ganz bestimmte Rolle, 'ne ganz bestimmende Rolle hat, bist du schon mal zwei bis drei Semester an der Schule gewesen. Da kriegste dann vielleicht so langsam die Wut und fängst an, dich zu wehren. Dann machst du die Schule zu Ende.
REINHARD: Wenn man sich die Lehrer wegdenkt, dann ist die Schule immer noch so gut oder so schlecht wie die Schüler. Wir hatten ja einmal versucht, Lehrer zu ersetzen. Also Schüler, die schon länger an der Schule waren, oder Klassen übernahmen eine Patenklasse. Mit denen haben wir uns zusammengesetzt und diskutiert. Dabei kam heraus, daß sich neue Schüler viel mehr gegen alte Schüler wehren als gegen die Lehrer. Das ging nicht nur uns so. Bei Schülern nehmen die Neuen an, sie sollen in eine bestimmte Richtung gedrängt werden, während sie in den Lehrern immer noch so 'ne Art Neutrum sehen.
Ein anderer wichtiger Punkt: einige Lehrer stehen auf dem

Standpunkt, sie sind hier an die Schule gekommen, werden hier auch weiterhin ihren Beruf ausüben und wollen ihren Lebensstandard nicht senken. Das heißt, sie versuchen, möglichst viele Stunden zu geben, um auf ein Gehalt um 1500,- oder 1600,- netto zu kommen. Das ist einer der vielen Widersprüche. Die Lehrer, die an die SfE gehen, müßten sich bewußt sein, das ist eine selbstverwaltete Schule, die Schüler haben 600,- DM BAföG, und davon werden die Lehrer bezahlt.

Auf der anderen Seite gibt es ein paar wenige Lehrer, die sagen: Lieber ein paar weniger Stunden und dafür mehr in der Selbstverwaltung arbeiten. Andere reißen ihre 22 Stunden runter, dann haben sie ihre Knete rüber. Daß sie sich mal um die Selbstverwaltung oder andere Aktivitäten gekümmert hätten, das hast du nie gesehen. Es ist wirklich so, daß es an der Schule ganz unterschiedliche Lehrertypen gibt.

Ich weiß noch, als die ersten Diskussionen um ein eigenes Haus aufkamen, da hieß es: Mensch, da können wir Werkstätten einrichten, Autowerkstatt, Tischlerei, Theater usw. Ganz kurze Zeit gab es eine Diskussion, die SfE mal ein bißchen mit Praxis zu verbinden. Das ist gescheitert, weil viele Lehrer das nicht wollten. Die wollten ihren Schulbetrieb und kamen dann mit den fadenscheinigsten Argumentationen. Da hätte mehr so ein Praxisbezug hergestellt werden können.

BARBARA: Ich glaub, man würde mehr von der SfE haben, wenn die Möglichkeit da wäre, in Projekten, in Werkstätten zu arbeiten. Ich glaub, daß dann die Ängste nicht mehr so da wären, sondern eher der Mut, ein Projekt auf die Beine zu stellen. Und die Schüler, mit ihren praktischen Kenntnissen, würden dann gegenüber den Lehrern ganz anders dastehen. Ich glaub auch, es ist wichtig, daß die Lehrer nicht die ganze Zeit am Schreibtisch sitzen.

Lehrerbestätigung

Am Ende eines jeden Semesters werden auf den Fachkonferenzen die Berichte der Klassen über ihre Arbeit im vergangenen Semester diskutiert. Diese Berichte enthalten eine Ent-

scheidung der Klassen für oder gegen eine weitere Zusammenarbeit mit ihrem Lehrer. Ebenso kann der Lehrer seine Klasse abwählen.
Die Möglichkeit der Lehrerabwahl ist gedacht als strukturelles Mittel für Schüler, sich gegen die immer wieder nachwachsende Dominanz der Lehrer zu wehren, als ein Hebel zur Herstellung annähernd gleichberechtigter Beziehungen zwischen Lehrern und Schülern. Die Möglichkeit für Schüler, ihre Lehrer abzuwählen, gehört zu den wichtigsten Merkmalen unserer Schule. Überall in der Pädagogik wird von der Selbstbestimmung, von der Subjektrolle, der didaktischen Selbstwahl des Lernenden geredet und geschrieben, besonders, wenn es sich bei den Schülern um erwachsene Menschen handelt. Die Person des Lehrers dabei mitzudenken, nicht nur ein wenig an ihm herumzukritisieren, sondern sein Dasein in der Gruppe in Frage zu stellen, das findet man schon seltener. Es scheint auf potentiell Betroffene nicht nur eindrucksvoll, sondern auch äußerst bedrohlich zu wirken. Einige junge Pädagogen, die sich an der SfE bewerben wollten, überlegten es sich dann doch noch mal anders. Der Kindheitstraum aller Schüler, sich wehren zu können gegen mißliebige Lehrer, bei uns könnte er Wirklichkeit werden.
Aber wie gehen wir mit dieser Möglichkeit um?
In den ersten Jahren waren die Diskussionen am Semesterende über die Lehrerabwahl oder -bestätigung in ihren Inhalten und Strukturen allein durch die jeweilige Klasse bestimmt. Erst Ende 1976 wurde von der Fachkonferenz Gesellschaftslehre der zaghafte Versuch unternommen, durch Vorlage eines Katalogs von Lehrerbestätigungskriterien die Diskussionen zu intensivieren und auch schulöffentlich nachvollziehbar zu machen.
Folgende Kriterien sollten Berücksichtigung finden:
  Kooperationsbereitschaft und -fähigkeit (in der Klasse, in Arbeitsgruppen, bei der Unterrichtsvorbereitung)
  Fähigkeit zur Selbstkritik und Lernbereitschaft
  Bereitschaft, neue Fachgebiete (insbesondere von Schülern angeregte) aufzuarbeiten
  fachliches Wissen
  Vermittlungsfähigkeit
  Interesse an und Mitarbeit in der Selbstverwaltung

Mitarbeit in den Fachkonferenzen, bei der Unterrichtsplanung

Motivation und Fähigkeit, auf Konflikte in der Klasse einzugehen und zu ihrer Lösung beizutragen

Qualität der Prüfungsvorbereitung

Verhältnis zur Lehrerrolle

bei außerschulischer Arbeit: wirkt sie sich positiv oder negativ auf die SfE-Arbeit aus?

(politische) Stellung zur Schule.

Bei der Anwendung dieser Kriterien sollten allein Erfahrungen, nicht Absichtserklärungen eine Rolle spielen.

Das Echo war unterschiedlich. Obwohl in den meisten Kriterien lediglich Problemkreise angesprochen sind, ohne eine klare inhaltliche Position vorzugeben, wurde der Katalog in einigen Klassen als unzumutbare Festlegung abgelehnt. Andere wollten nur die Kriterien gelten lassen, die sich unmittelbar und ausschließlich auf die Unterrichtsarbeit beziehen.

Dennoch hatte der Kriterienkatalog einige Wirkung. In den Auseinandersetzungen auf den Fachkonferenzen, beim Zusammentragen der Diskussionsergebnisse der Klassen traten die unterschiedlichen Positionen in der Frage eines wünschenswerten Lehrerverhaltens klar hervor. Einige Fälle, in denen Lehrer in trauter Einheit mit ihren Schülern sturen Frontalunterricht machten, kamen an die Öffentlichkeit. In den Klassen, die die Kriterien zu Hilfe nahmen, verlor die Lehrerbestätigung den Charakter von diffusen Sympathieerklärungen; die Komplexität von Unterricht und Lehrer-Schüler-Beziehungen wurde wenigstens geahnt.

Ansonsten ist alles beim Alten geblieben. Die eine Klasse nimmt die Lehrerbestätigung ernst; sie beschäftigt sich ausgiebig mit den Schwierigkeiten und Problemen des letzten Semesters. In der anderen herrscht ein derartiges Desinteresse, daß die Fachkonferenzen sich gezwungen sehen, die Zuteilung von Lehrern zu verweigern, da kein Votum der Klasse für oder gegen einen Lehrer vorliegt. Man hat den Eindruck, daß die Lehrerbestätigung für einen Teil der Klassen ein lästiges Ritual ist. Es bleibt aufgesetzt, weil ein das ganze Semester durchlaufender Prozeß offener Kritik und Selbstkritik nicht existiert bzw. unterentwickelt ist. So kann die Diskussion am Semesterende in den Klassen und auf den FKs keine selbstver-

ständliche Zusammenfassung sein, sondern bleibt eine auf alle Beteiligten merkwürdig beklemmend wirkende Veranstaltung.
Fälle von Lehrerabwahl kommen sehr selten vor; in der Geschichte der Schule kann man sie an den Fingern abzählen. Nur in extremen Konflikten zwischen Klasse und Lehrer machen die Schüler von der Abwahlmöglichkeit Gebrauch. Also Zufriedenheit aller mit allen?
Zu vieles spricht dagegen.
Schon der zeitliche Rahmen verhindert mögliche und vielleicht nützliche Abwahlen. Nach dem ersten Semester ist es selbst für eine Klasse, die intensiv über den Klassenprozeß nachdenkt, unmöglich, einen Lehrer abzuwählen. Das Einleben in die Schule, die Bildung einer Lerngruppe, das ganze Umfeld kosten zu viel Kraft, als daß man klare, öffentlich vor der Fachkonferenz vertretbare Kritik am Lehrer üben könnte, die seine Abwahl rechtfertigen würde. Nach dem zweiten Semester siegt meistens das Motto: Wir versuchen's gemeinsam noch mal! Nach dem dritten und vierten Semester läßt der nahende Prüfungstermin eine Trennung von Lehrern zu einem potentiellen Kamikaze-Akt werden.
Da Lehrerabwahlen so selten sind, haftet ihnen auch etwas Aufsehenerregendes an. Eben das läßt sie weiterhin selten bleiben. Im Zweifelsfall schrecken die Klassen vor einem derart spektakulären Schritt zurück; schon die vorhandenen Widersprüche in den Erwartungshaltungen und Lernvorstellungen sorgen dafür, daß klare Voten gegen einen Lehrer nicht zustande kommen.
Ein grundsätzliches Übel, von dem mehr oder weniger die ganze Schule wie von einer Seuche befallen wird, ist die sogenannte »Kritik auf Gevatternart«, die halbherzige, inkonsequente Kritik, deren Hintergrund die Angst vor Gegenkritik ist. Gerade eine derart anspruchsbeladene Schule wie die SfE, in der es eben keinen gibt, der nicht Dreck am Stecken hat, keinen, der nicht gerade irgend etwas schleifen läßt, bildet einen hervorragenden Nährboden für unehrliches, halbherziges Kritikverhalten, denn jeder muß jederzeit damit rechnen, daß der Spieß der Kritik umgedreht und auf ihn selbst gerichtet wird. Dieses Verhalten wird dann oft mit solidarischer Kritik verwechselt.

Andererseits wird die vorhandene Kritik immer wieder durch das freundschaftliche Verhältnis überlagert, das zwischen vielen Schülern und ihren Lehrern besteht. Eine Trennung von Funktion und Person des Lehrers vorzunehmen, ist so gut wie unmöglich. Weil in der Unterrichtsarbeit an der SfE weitgehend auf die Anwendung perfekter didaktischer Systeme und methodischer Muster verzichtet wird, ist eine fachliche Kritik am Unterrichtsverhalten eines Lehrers immer zugleich eine Kritik an seinem persönlichen Alltagsverhalten, an seiner Art, mit Menschen umzugehen. Das Fehlen der trainierten pädagogisch-didaktischen Maske läßt jede Kritik am Lehrverhalten zu einem persönlichen Angriff werden, der gleich ans Eingemachte geht.
Das macht das Kritikverhalten so schwierig, das produziert eine Vorsichtigkeit, die den Umgang miteinander erleichtert, aber auch verarmen läßt. Das Kunststück, Grundsätzliches zu kritisieren, ohne grundsätzlich zu werden, treibt eigenartige Verhaltensblüten.
Das wohlmeinende Kritikverhalten wird nur in Einzelfällen durchbrochen: wenn es wirklich nicht mehr anders geht, wenn sich Lehrer und Klasse schon zu sehr aufeinander eingeschossen haben. Dann knallt's auch auf der Fachkonferenz: Psychodrama. Derartigen Ausbrüchen kommt ein nicht zu unterschätzender Entlastungseffekt zu. Dennoch, das mulmige Gefühl bleibt. Wer weiß, wen es das nächste Mal trifft.
Politische Fraktionierungen bringen zusätzliche Komplikationen: unausgesprochene Schutz- und Trutzbündnisse für den Fall eines ernsten Angriffs auf ein Mitglied des eigenen Lagers. Wir tun uns also sehr schwer.
Was geschieht nun mit einem Lehrer, der häufig abgewählt wird? Soll er ökonomisch darunter leiden, keine neuen Klassen als Ersatz bekommen, oder erhält er postwendend eine Anfängerklasse, so daß sein Stundenvolumen – und damit sein Einkommen – erhalten bleiben? Sollen bei dieser von der Fachkonferenz zu fällenden Entscheidung die Gründe für seine Abwahlen berücksichtigt werden? Wird durch die Vergabe neuer Stunden an abgewählte Lehrer die Abwahlmöglichkeit ausgehöhlt?
Bislang hat jeder abgewählte Lehrer von seiner Fachkonferenz neue Klassen bekommen. Versuche, dieses – nirgendwo be-

schlossene – Verfahren anzuzweifeln, lösen regelmäßig
Stürme der Entrüstung aus. So etwa der Vorschlag der FK
Gesellschaftslehre, ein häufig abgewählter Lehrer solle ein
Semester lang eine Klasse im team-teaching mit einem Kollegen seiner Wahl unterrichten, um aus dieser Zusammenarbeit
zu lernen. Welch eine Zumutung!
Lediglich zusätzlichen Stundenwünschen von abgewählten
Lehrern wurde im einen oder anderen Fall nicht entsprochen.
Ein allgemeingültiges, von der Schulmehrheit getragenes Verfahren existiert bis heute nicht.

Ansprache eines Lehrers an sich selbst während einer Fachkonferenz

Du rechnest nach, wieviele Lehrerbestätigungs- bzw. Abwahldiskussionen du schon miterlebt hast. Sieben oder acht
werden es gewesen sein. Du bist ziemlich gelassen. Du weißt,
daß dir in »deinen« Klassen wenig passieren kann. Trotzdem
hast du dich vor einer Woche vorsichtig erkundigt, ob sie über
die anstehende Bestätigung oder Abwahl schon gesprochen
haben. Du hast die Klassen gemahnt wegen des Termins. Du
hast verlangt, daß »deine« Klassen auch einen Vertreter zur
Fachkonferenz schicken, um das Klassenvotum zu begründen.
Es macht schließlich keinen guten Eindruck, wenn es einfach
heißt: Wir bestätigen ihn, alles klar. Ein paar Probleme sollten
schon benannt werden, bißchen Kritik, bißchen Lob vielleicht, von dir auf der Fachkonferenz dann witzig aufgefangen
und zurückgegeben, das sollte schon sein.
Die Gerüchteküche hat gut gekocht. Du weißt von drei
Klassen, daß sie mit ihren Lehrern Schwierigkeiten haben. In
einer hat sich's kurz vor der Fachkonferenz gerade noch
eingerenkt (eigentlich schade), in den beiden anderen Klassen
brodelt es weiter. Also wird die Fachkonferenz doch noch
spannend.
Der Raum füllt sich langsam. Mit halbstündiger Verspätung
fangen wir an. Zunächst eine Flut von unproblematischen
Fällen. Dich ärgert, daß es mit bestimmten Lehrern, die du für
ausgekochte Routiniers (und deswegen für ungeeignet) hältst,

nie Probleme gibt. Die Klassenvertreter leiern ihre Berichte runter, eine höfliche Pflichtübung. Offenbar finden sie ihre Routiniers toll, du ärgerst dich noch mehr. Dann einer der beiden kritischen Fälle.
Endlich hat es mal jemanden getroffen, der dir schon lange ein Dorn im Auge ist, einer, der sich um Selbstverwaltung nicht kümmert, seine Stunden abreißt und sich immer so durchlaviert. Natürlich zeigst du deine Schadenfreude nicht, guckst fast unbeteiligt in die Runde, zwinkerst höchstens mal dieser, mal jenem zu, die die Schadenfreude offensichtlich teilen. Der Bericht der Klasse wird verlesen, weniger scharf als erhofft, aber immerhin eine saftige Kritik nicht nur am Unterricht, sondern auch wegen mangelnder Beteiligung an der Selbstverwaltung.
Sofort melden andere Lehrer Bedenken an, ob eine so umfassende Kritik überhaupt zulässig sei. Einige fühlen sich mal wieder unwohl wegen der Schärfe der Kritik, einige finden Diskussionen dieser Art überhaupt peinlich, sehen sich wie auf einem Markt verhandelt (»die halbjährliche Lehrerbörse«). Energisch verteidigst du das Recht auf Kritik, auch auf Schärfe. Du betonst, daß das Recht auf Lehrerabwahl eine der wichtigen Säulen unseres Schulmodells sei und daß wir Lehrer auf Kritik der Klassen nicht so zimperlich reagieren sollten. Das sitzt.
Du erinnerst dich, mit welcher Panik du selbst reagiert hast, als du vor einigen Semestern von einer Klasse abgewählt werden solltest. Die Klasse hatte sich außerhalb der Schule ohne dich getroffen. Viele hatten sich von dir unter Druck gesetzt gefühlt. Du hattest nach ihrer Meinung zu oft über Schulprobleme im Unterricht gesprochen, hast sie zu Diskussionen über aktuelle politische Fragen, die dich interessierten, gedrängt, hast ihren Widerstand dagegen nicht registriert bzw. nicht ernst genommen, hast im Gegenteil oft zynisch auf ihr Desinteresse reagiert und deine Monologe weitergehalten.
Als du über eine Schülerin von der bevorstehenden Abwahl erfuhrst, warst du stocksauer, bekamst Schweißausbrüche, hast wild rumtelefoniert und mit allen Mitteln versucht, die Abwahl zu verhindern. In der nächsten Unterrichtsstunde hast du der Klasse vorgeworfen, daß sie dich nicht offen kritisiert, sondern sich außerhalb der Schule getroffen habe,

hast das Schulmodell betont und die Ziele des politischen Unterrichts, hast kleinere Fehler zugegeben und sie in ihrer Kritik schließlich so verunsichert, daß es zur Abwahl nicht kam. Auf der anschließenden Fachkonferenz hast du dann die Probleme mit der Klasse, ihre Vorwürfe und deine Gegenkritik breit dargestellt und dabei mal wieder das Bild eines souveränen Krisenmanagers vermittelt. Diese Klasse hat bald danach Abitur gemacht. Über ihre Kritik an dir hast du nie wieder mit ihnen gesprochen.
Jetzt sitzt du da und redest über Lehrerabwahl, als ob es sich um das Selbstverständlichste von der Welt handelt. Du hörst dir die Version des angegriffenen Lehrers an, hakst bei einigen schwachen Punkten nach in der Hoffnung, daß so die Kritik noch verschärft werden könnte. Du ärgerst dich über die zahmen Fragen anderer Lehrer und merkst gar nicht, wie zahm du selber bist. Als eine Schülerin fragt, ob so ein Lehrer für die Schule überhaupt tragbar sei, wird die Fachkonferenz unruhig. Auch dir ist die Frage peinlich, sie zwingt zu Offenheit und persönlicher Konsequenz. Gott sei Dank werfen sich zwei Lehrerinnen in die Bresche, fordern mehr Solidarität, kritisieren die feindliche Atmosphäre in der Fachkonferenz. Die Schülerin schreckt zurück und verstummt. Einige Klassenvertreter wollen ihr Problem mit dem Lehrer nochmal besprechen und sich bis zur nächsten Sitzung entscheiden.
Dann der nächste kritische Fall. Es geht um einen Lehrer, den du gut leiden kannst, weil er einer der wenigen Extremisten ist, der nicht das bei uns übliche gemäßigte Lehrerverhalten kultiviert, sondern in den Klassen auf Eigeninitiative pocht, auch mal stur dasitzt, ohne Lücken im Unterrichtsprogramm zu überbrücken, der damit die Schüler in ihrem gemäßigten Verhalten angreift und bei vielen eben deshalb nicht beliebt ist, auch bei anderen Lehrern nicht (auch du kriegst manchmal ein schlechtes Gewissen, wenn von seinen Unterrichtsversuchen die Rede ist). Du setzt dich in Lauerstellung, paßt auf wie ein Schießhund: jeder Angriff auf diesen Lehrer ist auch ein Angriff auf »deine« Fraktion, auf eine Gruppe von Lehrern in der Fachkonferenz, die eher für Experimente ist, das Projektlernen unterstützt und mit der SfE-Routine nicht zufrieden ist.
Einige Schüler dieses Lehrers fühlen sich von seinem Verhal-

ten überfordert. Sie werfen ihm mangelnde Unterrichtsvorbereitung vor (nur selten bringt er eigene Papiere mit) und bezweifeln, daß sein Unterricht ausreichend auf die Prüfung bezogen sei. Auch persönlich hätten sie mit seiner Art Schwierigkeiten. Andere Schüler hingegen, ebenfalls auf der Fachkonferenz anwesend, finden seinen Unterrichtsstil richtig, gerade weil er mehr von ihnen selbst fordere, Arbeitsgruppen voraussetze. Die Klasse ist sich also nicht einig.
Du meldest dich zu Wort, verdrehst die kritischen Äußerungen der Schüler so geschickt, daß sie schließlich als prüfungsgeile und konsumwütige Vogelscheuchen dastehen. Gegen deine Rhetorik kommen sie nicht an. Du hebst das Problem schnell auf eine prinzipielle Ebene, kehrst den Anspruch der Schule hervor, verteidigst den Unterrichtsstil dieses Lehrers als einzig richtigen und konsequenten und erklärst so jeden Angriff auf ihn zum Angriff auf das Schulmodell. Lehrer der anderen Fraktion greifen dich an, Lehrer deiner Fraktion verteidigen dich, Schüler kommen kaum noch zu Wort. Über die Probleme der Klasse redet sowieso keiner mehr.
Die Fachkonferenz ist zu Ende. An der Tafel stehen fein säuberlich die Namen der einzelnen Lehrer, verteilt auf die einzelnen Klassen. Die Reviere sind verteidigt, der kurze Schlagabtausch zwischen den Lehrern hat den Status quo nicht verändert, eher bestätigt. Konkurrenz und Mißtrauen haben sich wieder behaupten können.
Nach der Fachkonferenz gehst du zu dem Lehrer hin, den du auf der Fachkonferenz als vorbildlich hingestellt hast. Du haust ihm auf die Schulter und forderst ihm Lob ab dafür, daß du ihm aus der Patsche geholfen hast. Du kritisierst seine Sturheit, die sich in diesem Fall mal wieder gezeigt habe, bezweifelst seine Fähigkeit, die Probleme einer Klasse mit der plötzlich geforderten Selbständigkeit richtig einschätzen zu können, wirfst ihm mangelnde Sensibilität vor. Du kritisierst ihn härter, als es die Klassenvertreter vorher in der Fachkonferenz getan haben. Du regst ein Gespräch an mit weiteren sympathisierenden Schülern und Lehrern, in dem über unsere Schwierigkeiten mit neuen Unterrichtsformen geredet werden soll. Natürlich weißt du, daß es zu diesem Gespräch in der allgemeinen Teminflut wahrscheinlich nicht kommen wird.
Früher, als du noch studiert hast, hingen in der Küche deiner

Wohngemeinschaft Maos Sätze über den Liberalismus: »Wenn man genau weiß, daß jemand im Unrecht ist, und sich doch nicht mit ihm prinzipiell auseinandersetzt, weil es sich um einen Bekannten, einen intimen Freund, einen, den man lieb hat, einen alten Arbeitskollegen handelt, oder wenn man, um das gute Einvernehmen mit ihm zu wahren, die Frage nur flüchtig streift, ohne ihre gründliche Lösung anzustreben – und aus all dem ergibt sich dann ein Schaden sowohl für das Kollektiv wie für den einzelnen –, so ist das eine der Erscheinungsformen des Liberalismus.«

Elisabeth: Die Lehrer sind überlegen

Kaum ein Schüler hat das Gefühl: das ist meine Schule, ich stell die Lehrer an und bezahle sie von meinem Geld, ich kann einen vernünftigen Unterricht verlangen.
Die meisten Lehrer sind den Schülern überlegen. Sie haben mehr Erfahrungen in verbalen Auseinandersetzungen und wissen besser, wie der Laden läuft. Für einen Schüler ist es schwierig, den Lehrer irgendwie zu packen. Stellt man an einen Lehrer Anforderungen, heißt es: »Ihr seid doch selbstverwaltet, ihr müßt doch wissen, was ihr wollt und wie ihr es wollt.« Wird der Lehrinhalt kritisiert, heißt es: »Ihr wollt doch die Prüfung machen, wißt ihr denn, was im Plan steht?« Wird gerade in naturwissenschaftlichen Fächern Kritik laut an zu schnellem Vorangehen und unverständlicher Vermittlung, so ist die Antwort oft: »Wenn du jedesmal da wärst und zu Hause arbeiten würdest, wüßtest du Bescheid.«
Der Schüler, der weiß, was er will, keine Schwierigkeiten hat, selbstbestimmt zu lernen, genau im Kopf hat, was er für die Prüfung braucht, und jeden Tag pünktlich zum Unterricht erscheint, ist bis heute an der SfE noch nicht gefunden worden. Deshalb haben die meisten SfE-Schüler ein schlechtes Gewissen. Dieses schlechte Gewissen und das Gefühl von Unzulänglichkeit lähmen dann oft eine kritische Auseinandersetzung mit der Schule und den Lehrern. Da auch keine sichtbaren Autoritäten da sind, werden die Aggressionen, die durch schleppenden Unterricht, Mängel in der Selbstverwal-

tung und geringe Unterrichtsbeteiligung entstehen, in zermürbenden Klassendiskussionen und an sich selbst ausgelassen.

Gedanken eines Lehrers zu seiner zweiten Schulzeit

Die Entscheidung für die Arbeit an der SfE war nicht bewußt, nicht durchdacht. Ein Kopfsprung ins warme Wasser. Der K-Gruppen-geprägten Hochschulpolitik war ich gerade entlaufen. In meinem Terminkalender waren wieder weiße Seiten zu sehen. Es hatte eben alles seinen Platz beansprucht: der angestrengte Versuch, dem Volk eine komische Zeitung zu verkaufen, die ich selbst nicht gelesen hatte; die Sitzungen, in denen wir das Treiben der 68er Assistenten am Institut für Soziologie als raffinierte Variante bürgerlicher Wissenschaft entlarvten; der von Büchertisch zu Büchertisch geführte Disput mit dem Genossen von der Gruppe Rote Fahne über die Frage, ob sich die Volksmassen gegenwärtig in der Defensive oder in der Offensive befinden. Aber ich wollte mich in der Endphase meines Studiums nicht darauf reduzieren, in Seminaren zu meckern und dann wieder nach Hause zu gehen. Dazu hatte ich zu lange als Provinzstudent in den Startlöchern gesessen und über die Möglichkeiten in Berlin phantasiert.
Und dann diese Schule.
Auf häßlichen Kneipenplakaten suchte sie noch Schüler und Lehrer. »Neue Schule« nannte sie sich nichtssagend. Ich hatte mich nie mit dem ZBW beschäftigt, ZBWler waren mir auf der Uni wegen ihrer kleinkarierten Verbiestertheit und ihrer penetranten hochschulpolitischen Ignoranz eher unangenehm aufgefallen. Und mein Studienschwerpunkt Erwachsenenbildung war in erster Linie das Produkt einer spontanen Selbstrettung vor den nervenden Bälgern aus bekannten Kinderläden gewesen. Von alternativen Schulen war sowieso noch nicht die Rede.
Ein paar Monate später versuchte ich, meiner ersten Klasse in der SfE die Vermögensverteilung in der BRD klarzumachen. Mit wechselndem Erfolg.
Ich war Pädagoge, hatte mein Handwerk gelernt. Das war das Problem. Im Lehrverhalten durchaus verbraucherfreundlich,

die Berliner Schule der Didaktik im Kopf, ein umfangreiches didaktisches und methodisches Repertoire in der Tasche. Gut ausgerüstet für Situationen, in denen gelehrt wird, in denen man Leuten Inhalte vermittelt, die sie entweder überhaupt nicht oder nicht in der Form interessieren. Stets bemüht, fehlende intrinsische Motivation durch ständig neue Impulse und pfiffige methodische Varianten auszugleichen. Die latente Angst vor den Lücken im eigenen pädagogischen Entertainment zementierte Distanzen. Die ersten Klassen wurden vorsichtig über den Kurs gebracht: der Lehrer und die Schüler – trotz der langen Kneipengespräche nach der Abendschule. Die Demontage der überschüssigen pädagogischen Maskerade hat Zeit gebraucht.

Die Schule wurde täglich spannender, von Tag zu Tag taten sich neue Lernmöglichkeiten auf. Der Sprung über den eigenen Lehrerschatten gelang häufiger. Ausschlaggebend war die Arbeit in der Selbstverwaltung, die die alte Lehreridentität zumindest zeitweise durch eine Projektidentität ersetzte. Die Zusammenarbeit mit Lehrern und Schülern, die mit Energie, Willen, Wünschen, Phantasien und Träumen an die Schule gekommen waren, die die Schule ein Stück weit und eine Zeitlang ausmachten, entkrampfte die alte Polarisierung Lehrer – Schüler.

Politische Ideen nicht nur zu diskutieren, sondern sie mit all ihren Konsequenzen im Rahmen der Schule leben zu können und leben zu müssen, das war für mich die entscheidende neue Erfahrung.

Wir kümmern uns um unsere Belange, ohne dazu verurteilt zu sein, dauernd im Stadium der Forderungen steckenzubleiben. Ein ständiger Lernprozeß, bei dem man die Fehler des eigenen Kopfes postwendend am eigenen Leibe spüren kann. Die Möglichkeit von Gegenerfahrungen, das Zuendedenken und Ausprobieren, die damit verbundenen neuen Anforderungen und Aufgaben lassen die Zeit in der Schule sehr dicht werden. Die Tür ist einen Spalt weit geöffnet; man ahnt, was alles möglich wäre.

Entsprechend hoch sind die Reibungsverluste, ist der Verschleiß. Einerseits der geschärfte Blick für das prinzipiell Mögliche, andererseits der reduzierte Alltag. Das Stadium akuter Ungeduld. Man möchte allen ständig in den Arsch

treten, sie schütteln. Überall sieht man nur noch Stagnation, Schlamperei, Gedankenlosigkeit. Die halbe Schüler- und Lehrerschaft müßte rausgeschmissen bzw. ausgewechselt werden. Nur keinen Frieden schließen. Nicht aufhören, den Kopf aus dem Sumpf zu stecken.
Mit dem Gefühl, auf der Stelle zu treten, werden die Bewegungen allmählich langsamer. Man verlegt häufiger seinen Arbeitsschwerpunkt. Klassen und Selbstverwaltung fungieren als wechselseitige Rückzugspotentiale. Das Stadium der Langeweile kündigt sich an.
Während des Unterrichts fange ich an zu zählen: achtmal Französische Revolution, zwölfmal Geldpolitik der Deutschen Bundesbank. Ich habe keine Fragen mehr, alles wiederholt sich nur noch. Das viele Warten und die unzähligen überflüssigen Diskussionen. Überall nur noch Halbherzigkeit und Mittelmäßigkeit. Wieviel sinnvoller könnte man seine Zeit verbringen. Vereinzelte eigene Vorstöße und Initiativen werden den anderen lästig, mir selbst schließlich auch. Es gibt keinen Erfolg und keinen Mißerfolg mehr. Siebenhundert Leute produzieren Durchschnitt und langweilen sich.
Selbst die Erwartungen der neuen Semester, der frische Wind kann nichts bewegen. Ich sitze unter den Erstsemestern. Die Schüler sind auch nicht mehr das, was sie mal waren. Bisher kam mit jedem Anfangssemester die Lust auf neue Leute, auf neue Erfahrungen. Ich sah spannende Gesichter, konnte mir vorstellen, daß wir zusammen uns und die Schule weiterbringen.
Jetzt funkt nichts mehr. Schon nach einer halben Stunde sehe ich auf die Uhr. Mit denen jetzt alles noch einmal, von Anfang an? Ich bin mir sicher, die nächsten zweieinhalb Jahre zu kennen, all ihre Probleme. Ich kann die Erfolgsaussichten der Lösungsversuche prognostizieren. Ein neuer Aufbruch hat keinen Reiz mehr, er kann nur noch zu alten Ufern führen. Wir sind ins Alter gekommen, die Schule und ich.
Vielleicht hilft ein pragmatisch reduziertes Selbstverständnis als Lehrer, als Lohnarbeiter. Aber allein der Gedanke, sich von Ferien zu Ferien zu hangeln und dazwischen vom dicken Fell und vom eigenen Stumpfsinn zu leben ...

Über das Altern

Der Blick aus dem Fenster wird dir wichtiger als der Blick in die Gesichter der Schüler. Nicht nur der Stoff, auch die Zweifel sind Routine. Die vertrauten Treppen werden höher. An neuen Klassen fallen dir die alten Probleme auf. Durch Distanz wirst du unangreifbar. Es kostet Mühe, dich an die Gegenwart zu erinnern. Zeit, daß du gehst.

Beitrag zu einem ausgefallenen Beitrag
Die Beziehungen zwischen Lehrern und Schülerinnen

Es gibt sie also: Beziehungen, denen etwas Besonderes anhaftet, gelebte, aber auch ungelebte. Ihre Probleme potenzieren sich durch den Rahmen, in dem sie sich entwickeln: Schule, Unterricht.
Anfangs wurde kräftig tabuisiert. Alle waren Kampfgefährten, Freunde, Genossen. Grenzen blieben, zumindest in der Schulöffentlichkeit. Es hat lange gedauert, bis ein Lehrer zusammen mit einer Schülerin, die doch in einem ganz anderen Bezirk wohnte, frühmorgens vor der Schule aus dem Auto stieg, die Treppe rauf über den langen, dreckigen Flur in die Klasse ging, wo die ersten schon saßen und warteten. Dabei liegen solche Konstellationen eigentlich nahe, geht man einmal von der Geschlechterverteilung an der Schule aus.
Beziehungen zwischen Lehrerinnen und Schülern sind dagegen in der Minderheit. Daß zwischen ihnen was läuft, hört man seltener. Gleichgeschlechtliche Beziehungen zwischen »Lehrkörper« und »Schülerschaft« gibt's so gut wie gar nicht, jedenfalls nicht öffentlich. Betroffen von den Problemen der Beziehungen sind jedenfalls alle, auch die, die nicht selbst aktiv im Beziehungszirkus der SfE auftreten. Eine Beziehungskrise zwischen einem Lehrer und einer Schülerin in der Klasse kann den ganzen Arbeitsprozeß lahmlegen. Das gilt natürlich auch für Beziehungen zwischen Klassenmitgliedern überhaupt. Aber ein Lehrer als »öffentliche Person« macht die Sache doch erheblich komplizierter. In der Klasse bilden sich Fraktionen; entweder der Lehrer oder die Schülerin fehlen

möglichst oft. Beide agieren vor einem Zwangspublikum, das seinerseits die Höhen und Tiefen der Darbietung mit durchleben muß.
Versuche, diese Beziehungen zu diskutieren, ihre Probleme schulöffentlich zu bearbeiten, kamen erst spät. Eine Mischung aus Wut, Angst, allgemeiner Hilflosigkeit, Ignoranz und Voyeurismus beherrschte die erste Schulveranstaltung zum Thema. Ein Schlag ins Wasser. Es folgten ungezählte kontroverse Diskussionen auf ungezählten Klassenfeten.
Daran anknüpfend sollte an dieser Stelle ein Beitrag stehen, der das Problem und den Umgang damit dokumentieren und analysieren sollte. Dazu ist es nicht gekommen. Ein Diskussionsansatz mehr oder weniger betroffener Schülerinnen, Lehrerinnen und Lehrer, die mit Hilfe von Tonbandmitschnitten und Protokollen einen Beitrag verfassen wollten, mündete in wüste Anmache. Wir konnten uns nicht einigen. Wütende Betroffenheit von Schülerinnen gegen cooles analytisches Interesse von Lehrern?
Eine Verständigung war nicht möglich. Eine positionslose »pluralistische« Loseblattsammlung kam nicht in Frage. Dann wollte eine Lehrerin einen Artikel schreiben, und dann wollte sie doch wieder nicht.
Also kein Beitrag, statt dessen Zitate von Schülerinnen aus der Schulzeitung der SfE 1980.

Nie fallen sie auf die Schnauze

»Die meisten Lehrer gestehen sich das nicht ein, daß sie ihre Attraktivität daher haben, weil sie Lehrer sind – und dann noch anders als Lehrer sonst; schön lässig. Die können sich gar nicht eingestehen, daß sie nur wichtig sind, weil sie eben andere Lehrer sind. Das ist ja auch hart. Aber sie müssen ja auch nicht drüber nachdenken, sie stürzen sich einfach in die Nächste ... Wird ihnen ja auch einfach gemacht. Das ist wie ein Rad, das läuft; nie fallen sie auf die Schnauze. Da muß man dann auch nicht nachdenken.«
»Da ist diese Passivität, die die Typen draufhaben, die bei uns mit Schülerinnen rummachen; sie brauchen nichts zu tun. Die

LEHRER SCHÜLERIN-BEZIEHUNGEN AN DER sfe ------

EIN HEISSES EISEN?

Wahrscheinlich habt ihr in euren eigenen Klassen alle schon mal mitgekriegt, wenn sich da mehr oder weniger offen zwischen einem Lehrer und einer Schülerin etwas "anbahnte" - vielleicht wart ihr als Klasse auch schon in Mitleidenschaft gezogen und gezwungen, Partei zu ergreifen, wenn solch eine Beziehung "platzte", oder ihr habt vielleicht als selbst Betroffene erfahren, was es heißt, ständig zwischen der Solidarität mit der Klasse und der Beziehung zu dem Lehrer zu schwanken.
Die Problematik der Lehrer - Schülerin - Beziehung ist an der SFE anders als an öffentlichen Schulen, wo die Grenzen zwischen Lehrern und Schülern durch Gesetze und Sanktionen klar abgesteckt sind. Aus der besonderen Position der Lehrer und Schüler an unserer Schule (scheinbare, formale "Gleichberechtigung"), ergeben sich folgende Fragestellungen:
- Ist die Beziehung einer Schülerin zu einem Lehrer seiner "persönlichen Attraktivität" oder seiner Rolle als Lehrer zuzuschreiben?
- Nutzen Lehrer ihre intellektuelle und rhetorische Überlegenheit dazu aus, um Abhängigkeitsverhältnisse zu schaffen und um Schülerinnen als "Sprachrohr" zu mißbrauchen?
- Welche Auswirkungen haben diese Beziehungen auf die Atmosphäre in den Klassen?
- Warum gibt es kaum Beziehungen zwischen Lehrerinnen und Schülern?
- Sind die auftretenden Beziehungsprobleme individuell oder spiegeln sie gesellschaftliche Strukturen wieder (Männerrolle/Frauenrolle)?

Wir sind eine Gruppe von zwei Schülerinnen, einer Lehrerin und zwei Lehrern und haben uns aufgerafft, dieses "heiße Eisen" endlich mal anzupacken:
<u>Am Dienstag, den 20. März um 20 Uhr</u> findet zu diesem Thema in der SFE eine Diskussionsveranstaltung statt.
Kommt und bringt eure Erfahrungen und den daraus entstandenen Frust mit! Auch Nichtbetroffene sind herzlich aufgefordert, mitzumachen!

Dienstag, 20.3.79 20⁰⁰   R 1/2

lassen das alles locker auf sich zukommen. Und dann sagen sie, ich weiß gar nicht, was ich tun soll, dauernd diese Briefe und Anrufe von Frauen. Aber auf die Idee, nein zu sagen, kommen die nicht. Wollen die auch gar nicht. So haben sie immer irgendwas laufen und können dann bei Gelegenheit mal zugreifen. Gäben die mal klare Antworten, wäre das auch für die Frauen leichter.«

»Als ich ihn anmachte, war der erst zwei oder drei Monate an der Schule. Er sagte zu mir, er hätte von Lehrern, von Kollegen gehört, daß man sich auf solche Geschichten besser nicht einließe. Weißt du, das ist so wie diese Faustregel für leitende Angestellte: Nicht im Betrieb! Aber das zeigt eigentlich auch, wie wichtig das im Grunde ist, diese Bettgeschichten für die Lehrer. Und dann hat ihm das halb geschmeichelt, halb hat es ihm Angst gemacht, daß er schon nach zwei Monaten . . .«

»Daß der in der Schule nie zärtlich zu mir war, diese Trennung von Bett und Schule, das hatte in erster Linie damit zu tun, daß der gleich mehrere Frauen an der SfE hatte. Das wäre natürlich für ihn zu kompliziert geworden. Der wollte nicht in den Ruf des routinierten Aufreißers kommen, da hätte doch dann keine mehr gewollt. Das ist ein wichtiger Grund, warum viele Lehrer ihre Beziehungen mit Schülerinnen versteckt halten . . .

Aber auch weil die im Grunde noch voll auf ihrer Lehrerrolle drauf sind. Die glauben, sie dürfen Sympathien nicht für einzelne zeigen, müßten das gerecht verteilen. Die bilden sich auch noch ein, das wären pädagogische Bedenken.«

III
DER DORNIGE WEG ZUM PROJEKTLERNEN –
HIN UND ZURÜCK

Aus zwei mach eins

Acht Fächer, sechs bis acht Lehrer. Alles im 45-Minuten-Rhythmus. Der Mathematiklehrer, der die selbstgestrichene Tafel voller Formeln schreibt, die Biolehrerin, die manchmal häßlich-farbige Dias mitbringt, der GL-Lehrer, in dessen Stunden neben dem Kapp-Putsch auch noch Platz für aktuelle schulpolitische Diskussion ist: sie geben sich die Klinke in die Hand. Der alberne Monsieur Dubois und die legendären english short stories. Alles an einem Morgen. Nur das Klingeln dazwischen fehlt.
»Was, so spät schon? Na denn tschüs bis nächsten Dienstag!«
Die Schulgründer waren keine geübten Alternativpädagogen. Daß die vorgegebene Zerstückelung von Sinnzusammenhängen und die Segmentierung von inhaltlichen Ganzheiten Lernprozesse behindern und Erkenntnisse verstellen können, hat damals mancher vielleicht dumpf geahnt; das Bewußtsein für eine programmatische Forderung fehlte jedenfalls. So ist nun mal Schule. Deutsch, Mathe, Englisch. Letzter Block frei.
Im Rahmen der Gesamtschule werden Versuche fächerübergreifenden Arbeitens gemacht, in den gängigen pädagogischen Fachzeitschriften ist Projektunterricht längst zum Medienereignis hochgeschrieben. In der SfE dagegen herrscht pädagogischer Konservativismus. Man hat es sich zwischen basisdemokratischer Schulorganisation und – soweit es geht – fortschrittlichen Inhalten bequem gemacht. Die Umgangsformen sind locker, es wird historisch-materialistische Wissenschaft »behandelt«, und das Ganze auch noch selbstverwaltet. Als richtige Schule! Wenn das keine Legitimation fortschrittlicher Pädagogik ist. Das soll uns erst mal einer nachmachen.
Zum Semesterende tritt jeweils der Planungsausschuß zusammen – bestehend aus einem einzigen Englischlehrer. (»So eine komplizierte Arbeit macht man am besten allein.«) Mit Hilfe bunter Schildchen wird für alle Klassen ein Stundenplan gebastelt. Entscheidendes Kriterium bei dieser Fummelei: die von

den Lehrern zeitig eingereichten Arbeitszeitwünsche (»montags und freitags bitte nicht, ich muß am Wochenende häufig nach Westdeutschland!«). Klassen und Lehrer schreiben sich diesen Stundenplan schließlich nach einigen mehr oder weniger erfolgreichen nachträglichen Tauschversuchen ab.
Der erste zaghafte Versuch, die fachspezifische Zerstückelung von Lerninhalten und den Kanon fachborniert Fragestellungen zu überwinden, wurde schon 1974 gemacht. Er ging von einigen Lehrern der Fächer Sozialwissenschaften und Politische Weltkunde aus. Der Impuls dazu kam von außen. Überhaupt ist festzustellen, daß in den ersten Jahren der SfE bildungspolitische und pädagogische Auseinandersetzungen stärker beachtet wurden. Die Eigendynamik der kleinen Welt SfE war zwar schon entwickelt, jedoch arbeiteten viele Lehrer noch in anderen Zusammenhängen, so daß durchaus z. B. pädagogische Fachtermini – im Gegensatz zu heute – gelegentlich auf den Fachkonferenzen zu hören waren. Nicht selten wurden unaufgefordert von Kollegen Papiere vorgelegt, in denen grundsätzliche Positionen theoretisch begründet oder widerlegt wurden.
In einem derartigen Papier von nicht unbeträchtlichem Umfang wurde nun von einigen Kollegen unter Berufung auf die Natur der Sache der Vorschlag unterbreitet, die Fächer Politische Weltkunde und Sozialwissenschaften zum Fach Gesellschaftslehre (GL) zusammenzulegen. In den Diskussionen der Fachkonferenz wurde immer wieder auf den untrennbaren Zusammenhang von historisch-politischen, wirtschaftlichen, rechtlichen, sozialen und ideologischen Aspekten hingewiesen und die bürgerliche Gesellschaft als gemeinsames Erkenntnisobjekt beider Fächer herausgestellt.
Nach kurzer, aber gehaltvoller inhaltlicher Diskussion wurde das neue Fach geboren.

Reviere

Die Forderung nach Zusammenarbeit in den Fächern GL und Deutsch gehört in die Rubrik der meistbeschworenen und nicht eingelösten Ansprüche. Subjektive und intern-strukturelle Gründe sind dafür ausschlaggebend.

Zusammenarbeit in Form von systematischem teamteaching, Gruppenunterricht oder wie immer man es nennen mag, war in der Vergangenheit nur selten möglich. Die Fachkonferenzen GL und Deutsch standen sich meistens als zwei politische Lager gegenüber, deren handfeste Differenzen zum Teil bis in die 68er Zeit zurückzuverfolgen sind. Die Ausdrucksformen dieser allgemein- und schulpolitischen Gegnerschaft reichten von ausgesprochenem Meideverhalten bis zu spektakulären Verbalkämpfen. Eine personenunabhängige inhaltliche Abstimmung der Unterrichtspläne scheiterte an wechselseitigen Funktionalisierungen: die GL-Lehrer sahen im Deutschunterricht eine willkommene Zulieferung illustrativen Materials zum jeweiligen Unterrichtsgegenstand, die Deutschlehrer forderten dagegen vom GL-Unterricht die Ausrichtung an den jeweiligen literatur-historischen Themenstellungen im Fach Deutsch. Wenn überhaupt, klappte die Zusammenarbeit immer nur phasenweise. Ansätze, die über die eingefahrenen fachspezifischen Bahnen hinausgingen und auch mal neue Themen im Zusammenhang mit Inhalten des anderen Faches aufgriffen, brachen regelmäßig nach einiger Zeit zusammen. Mangelnde Zuverlässigkeit und an einzelnen Fachthemen festgemachte Prüfungsängste ließen eine konsequente inhaltliche Abstimmung immer wieder scheitern.

Und wenn nun eine Klasse ihren GL-Lehrer auch im Fach Deutsch wollte oder umgekehrt? Angesichts latent vorhandener entsprechender Qualifikation und/oder Ambitionen bei vielen Kollegen wurde hier ein strukturelles Problem deutlich: jeder FK steht ein durch die jeweilige Anzahl der Klassen begrenztes Stundenvolumen zur Verfügung. Werden nun Anträge auf Stundenübernahme aus anderen Fachkonferenzen gestellt, so stoßen sie auf heftigen Widerstand, da sie potentiell Einkommensverluste für die Kollegen der betroffenen Fachkonferenz mit sich bringen.

Natürlich werden derartige Konflikte häufig nicht auf der materiellen Ebene diskutiert, sondern als pädagogisches oder Qualifikations- oder didaktisches Problem. Jeder der Beteiligten weiß aber, worum es eigentlich geht. Die Integration der Fächer Sozialwissenschaften und Politische Weltkunde war reibungslos vonstatten gegangen, da sie im Rahmen *einer* Fachkonferenz stattfand und daher keine personalpolitischen

Probleme aufwarf. Das System der Stundenbezahlung der Lehrer, im Schulmodell verankert als wichtiges Mittel gegen Beamtenmentalität und pädagogische Selbstzufriedenheit, notwendig, um die Möglichkeit der Lehrerabwahl nicht zur Farce werden zu lassen, hatte also auch folgenschwere Nachteile für die Unterrichtsarbeit, verstärkte Revierdenken und begünstigte Trennungen.
Wichtiger noch waren die Lehrer selbst. Allen Unwägbarkeiten zum Trotz, die das Leben an der SfE so mit sich bringt, hat sich bei vielen Lehrern eine Haltung herausgebildet, die man als SfE-spezifische Variante traditionellen Lehrerbeamtentums bezeichnen kann: der Wunsch nach Absicherung, die Angst vor Experimenten, vor dem Überschreiten von Grenzen. Es kostet Überwindung, durch Verlassen vertrauter Inhalte und Fragestellungen das eigene Lernen öffentlich zu machen, das Image des Fast-alles-Wissenden zu riskieren. Das Unterrichtsfach hat für den Fachlehrer auch eine Schutzfunktion.
Unterrichtsvorhaben, die Fächergrenzen überschreiten, stellten und stellen deshalb Ausnahmen dar. Es bleibt alles beim Alten, in jeder Beziehung.

Fehlstart

Im großen Winterstreik 1976/77 gegen die Übertragung der Oberstufenreform auf den Zweiten Bildungsweg entstand eine Initiative von Schülern, die einen Versuch interner Reformpädagogik einleitete. In einem Flugblatt hieß es:
»Projektgruppe alternatives Abitur
Wir, einige Schüler aus den 6er Klassen, hatten während des Streiks einen Infostand am Hermannplatz organisiert. Die damit verbundene Arbeit war groß.
Mit wenigen Leuten fingen wir an, Flugblätter zu entwerfen und zu drucken, holten uns Standgenehmigungen von den Bullen, malten Plakate und organisierten alle weiter anfallenden Arbeiten.
Trotz − 3 Grad hatte uns der erste Tag am Hermannplatz großen Spaß gemacht. Am nächsten Tag stellte sich jedoch

schon das große Dilemma ein: außer denen, die schon den organisatorischen Teil übernommen hatten, hielt es kaum einer für nötig, sich am Infostand zu beteiligen, obwohl sich ca. 30 Leute für eine aktive Mitarbeit gemeldet hatten.
Am Mittwoch vormittag gaben wir unserem Frust freien Lauf und sprachen die Leute auf dem Forum an. Es kamen dann wirklich ein paar mehr Leute, die uns halfen, so daß man sich ablösen und aufwärmen konnte. Abends gingen uns dann die Flugblätter aus, worauf wir in die Schule fuhren, um uns neue Flugblätter zu besorgen.
An diesem Abend fand ein Treffen der Abi-Leute statt, die ihre Mitschüler über die vergangene Prüfung informieren wollten. Zufällig gerieten wir in diese Veranstaltung und mußten voll Schrecken feststellen, daß ca. 100 Leute wie die Ölsardinen gedrängt in einem Raum standen und an den Lippen derjenigen hingen, die über den Prüfungsstreß berichteten. Da waren auch alle die, die wir während des Streiks so sehr vermißt hatten.
Die Situation war so pervers, daß wir ausrasteten. Da ackert man nun und informiert die Leute auf der Straße über die beschissene Situation beim ZBW, über Oberstufenreform, Schulverfassungsgesetz und Leistungsdruck, und was machen die Betroffenen? Sie versuchen, sich der zu bekämpfenden Situation anzupassen.
Uns kam die Idee, erst einmal unsere eigenen Mitschüler zu informieren, damit sie sich endlich ihrer beschissenen Lage bewußt werden. Schnellstens machten wir eine Wandzeitung, die wir in den überfüllten Klassenraum stellten, und verteilten Flugblätter, die über den ZBW informierten.
Den Ernst dieser Aktion begriffen die meisten Anwesenden nicht, sie faßten die ganze Sache als Gag auf. Unsere Enttäuschung war so groß, daß wir uns spontan entschlossen, eine neue alternative Klasse zu gründen, die sich ohne diesen Prüfungsstreß aufs Abi vorbereiten will. Wir wollen uns nicht mehr von Lehrern und Schülern verrückt machen lassen.
Interessierte Leute trafen sich am Montag in der Schule, um erstmals über ein Konzept zu reden. Wir standen vor dem Dilemma: Wie fangen wir die Sache an?
Über die Leute, die wir nicht haben wollen, waren wir uns

einig, die haben sich in den letzten Semestern zu erkennen gegeben. Unsere Schulsituation ist uns auch klar:
Frustrierte Klassen, nicht funktionierende Arbeitsgruppen, Vereinzelung, lehrerfixiertes Verhalten, striktes Festhalten am Rahmenplan! Aus diesen Gründen ist die Anwesenheit auch unheimlich niedrig.
Prüfungsstreß setzt schon im 5er Semester ein.
Das alles ist Ausdruck der bei uns vorherrschenden Unverbindlichkeit. Den Freiraum, den wir haben, füllen wir mit Lethargie. Keiner fühlt sich verantwortlich für Zusammenarbeit und das Funktionieren unserer Schule.
Die Mehrheit von uns will das Abi machen, aber auf menschliche Art und Weise und endlich auf der schon lange beschworenen alternativen Ebene. Als Gruppe haben wir im Streik sehr viel voneinander gelernt, vor allem, daß man sich aufeinander verlassen kann. Deshalb wollen wir Unterricht in Projektgruppen ausführen. Schüler, die sich mit alternativen gesellschaftspolitischen Inhalten beschäftigen, lernen dabei den Abbau des Schüler-Lehrer-Verhaltens. Diese Schüler leiten somit den Unterricht.
Bedürfnisse und Hemmungen der weniger Aktiven zu erkennen und eine Basis zu schaffen, bei der sich keiner zurückgesetzt fühlt, ist auch ein Lernziel.
Um nicht Gefahr zu laufen, eine abgehobene isolierte Gruppe an der Schule zu werden, wollen wir die Ergebnisse dieser Projektarbeit an interessierte Klassen weitergeben.
Es bleibt dem einzelnen freigestellt, wann er das Abi machen will. Wir sind der Meinung, daß es ausreicht, mit den in unserem Interesse liegenden Spezialgebieten und einem guten Allgemeinwissen die Prüfung zu schaffen. Die dazu notwendige Selbstsicherheit können wir nicht in zerrissenen oder schlecht funktionierenden Klassenverbänden erlernen, sondern nur in einer gut funktionierenden Gruppe, die in sich kritikfähig ist.«
Entscheidendes Kriterium bei der Beurteilung von Lehrern, die in Zukunft mit ihnen zusammenarbeiten wollten, war die ausdrückliche Bereitschaft zu fächerübergreifendem Unterricht.
Argwöhnisch von der Mehrheit der Schulöffentlichkeit beobachtet, baute sich die Gruppe – da sie aus unterschiedlichen Klassen stammte – als erstes einen eigenen Klassenraum und

begann zunächst ohne Lehrer die Arbeit an einem alle Fächer integrierenden »Projekt Kernkraftwerke«.
Diese Themenwahl ist nicht zufällig. Die Auseinandersetzung mit der Kernkrafttechnologie und der staatlichen Atomenergiepolitik nahm in der Mitte der 70er Jahre auch in der SfE großen Raum ein. Gerade ökologische Themen legten eine Zusammenarbeit zwischen geisteswissenschaftlichen und naturwissenschaftlichen Fächern nahe; ohne Kenntnisse aus den Bereichen Biologie, Chemie, Physik und Gesellschaftslehre waren derartige Phänomene in ihrer Komplexität und ihren Auswirkungen nicht zu begreifen.
Der Reformversuch der Projektgruppe, die mit ihrem Elan die Schulöffentlichkeit überrannt hatte, scheiterte. Er war zu halbherzig; wichtige strukturelle Bedingungen, die dem Willensakt eine dauerhafte Form hätten geben können, fehlten. Zudem erwies sich das aktive Interesse aller an allem auch in diesem verkleinerten Rahmen als Fiktion.
Nach einigen Wochen der Arbeit ohne Lehrer (es standen keine zur Verfügung, da sich die Klasse mitten im Semester gegründet hatte) nahmen in intensiven Vorgesprächen ausgewählte Lehrer die Arbeit in der neu gegründeten Klasse auf. Der gerade angelaufene, an einigen Stellen schon stockende Lernprozeß, bei dem oft kundige Schüler als Ersatzlehrer aufgetreten waren, veränderte sich. Die Lehrer übernahmen trotz guten Willens und entgegen besseren Wissens Stück für Stück wieder die Verantwortung für den Unterricht, gaben Impulse, dominierten die Planung. Sie waren dabei nicht unwillkommen. Andererseits waren sie wegen ihrer Verpflichtungen in anderen Klassen nur zu den im Stundenplan angesetzten Terminen in den Klassenprozeß eingebunden.
Den Rest besorgten »Sachzwänge«. Da die Gründer der Projektklasse aus unterschiedlichen Semesterstufen zusammengekommen waren, mußten sie sich angesichts der begrenzten BAföG-Förderungsdauer zu unterschiedlichen Prüfungsterminen melden. Der gemeinsame Klassenverband zerfiel; der Anspruch, etwas Besonderes zu sein, wurde feierlich aufgegeben. Die Klasse war wieder eine von vielen Klassen der SfE – wenn auch eine mit einer besonderen Geschichte.

Die erste Projektklasse und die Folgen

Der Begriff »Projekt« wurde trotz aller vagen Verwendung zu einem Schlüsselreizwort, an dem sich die Geister schieden. Bald sah sich die Schule mit einem auf allen Ebenen konsequenten Versuch des projektorientierten Unterrichts konfrontiert, wohlüberlegt, mit klaren Zielen und basierend auf einer eindeutigen Position zur Schule. Zwanzig Schülerinnen und Schüler aus zwei Anfängerklassen legten im Herbst 1977 ein Arbeitspapier vor, in dem es u. a. hieß:
»Mit jedem neuen Semester kommen Leute an die SfE, die trotz unterschiedlichster Motivation zwei gemeinsame Ziele haben. Einmal kommt Mann/Frau zur SfE, um Abitur zu machen. Dieses Ziel ist klar formuliert und durch staatliche Schulpolitik vorgegeben. Darüber hinaus erwartet Mann/Frau allerdings von einer selbstverwalteten Schule wie der SfE die Möglichkeit, aus der fremdbestimmten Lernsituation der staatlichen Schulen auszubrechen und sein Lernen selbst bestimmen zu können. Das heißt, Mann/Frau rechnet bei einer selbstverwalteten Schule damit, den Weg zum Abitur hin selbst zu gestalten. Dieses Ziel ist von außen nicht vorgegeben, und wie wir alle bisher an staatlichen Schulen oder im Betrieb keine Gelegenheit hatten, unser Lernen und Arbeiten selbst zu bestimmen, fehlen allen auch die nötigen Erfahrungen. Hinzu kommt noch, daß sich die SfE nicht mit anderen alternativen Schulen auseinandersetzt, um aus ihren Erfahrungen zu lernen.
Darin sehen wir – die Projektklasse – die Ursache dafür, daß sich viele Schüler unserer Schule mit der bloßen Veränderung der äußeren Aufmachung des Lernens zufrieden geben. Gegenüber staatlichen Schulen wirkt es natürlich ganz schön fortschrittlich, wenn es kein Notensystem gibt, man bei uns im Unterricht rauchen darf und die Lehrer beim Vornamen genannt werden. Für uns bedeutet das aber nur eine Veränderung der Umgangsform des bürgerlichen Lernbetriebes und keine tatsächliche Veränderung des Lernens. Unser einziger Berührungspunkt mit dem staatlichen Bildungssystem soll aber lediglich das Abitur sein, auf das auch wir, jedoch für uns effektiver, hinarbeiten wollen.
Wir wollen der Zerfaserung des Lernens durch das bisher

praktizierte Stundensystem mit dem konzentrierten Arbeiten an einer für alle Beteiligten gültigen Problemstellung über einen längeren Zeitraum hinweg entgegnen. ›Kopfarbeit‹ soll verbunden werden mit praktischer Arbeit, damit wir die Realität nicht aus den Augen verlieren und die SfE für uns keine Insel der ideologischen Träumerei wird. Unser Lernobjekt soll die Verwertung unserer Arbeitserfahrungen gewährleisten. Bisher hatten die Lehrer an der SfE durch die einseitige Lehrer-Schüler Lernsituation die Möglichkeit, ihre Persönlichkeit aus allen Konflikten weitgehend rauszuhalten. Das war für sie eine recht angenehme Situation. Durch gegenseitiges Lernen, aus dem die Lehrer nicht ausgeschlossen sind, werden wir mehr Gleichberechtigung praktizieren. Die Arbeit an einer gemeinsamen umfassenden Problemstellung – einem Projekt – ermöglicht durch konkreteres Zusammenarbeiten ein tieferes Eingehen auf die Bedürfnisse des einzelnen. Wir wollen Konkurrenzverhalten abbauen und hin zu mehr Solidarität gelangen. Über das Abitur hinaus erheben wir den Anspruch auf eine intensive Vorbereitung auf das, was danach kommt: Arbeit oder Studium.

Wir, 20 Schüler/innen, haben uns aus 2 bestehenden Anfängerklassen zusammengefunden, um die genannten Lernvorstellungen zu verwirklichen. Bisher haben sich die Schüler nach Stadtteilen zu Klassen zusammengefunden, was sich als wenig sinnvoll erwiesen hat. Wir meinen, daß es erforderlich ist, sich über seine Interessen im klaren zu sein, um auf gemeinsamer Interessenebene zusammen arbeiten zu können. Uns stehen 24 Lehrerstunden zu, die wir in unserm Projekt unter 3 Lehrern aufteilen. Ein Lehrer soll das Projekt den ganzen Zeitraum begleiten. Er erhält 14 Wochenstunden bezahlt. Die restlichen 8 Stunden werden unter 2 Lehrern aufgeteilt. Sprachen werden wir selbst erlernen, da die Praxis des Sprachunterrichts an der SfE gezeigt hat, daß selbständiges Lernen von Sprachen mindestens so effektiv sein kann.

Ursprünglich sollte das neue Schulgebäude unser Projekt sein. Da der Hauskauf sich jedoch noch etwas verzögern wird, mußten wir uns ein anderes Projekt überlegen. Bei den Diskussionen arbeiteten wir folgende Themen fächerübergreifend aus: Freizeitverhalten, Medium Zeitung, Sexualität.

Obwohl einige Schüler/innen Bedenken äußerten bezüglich

Vertrauen und Offenheit, da wir uns noch nicht lange kannten, haben wir uns für das Thema Sexualität entschieden. Ausschlaggebend war hauptsächlich die Betroffenheit von Abtreibung und Sterilisation der Frauen in unserem Bekanntenkreis und auch in unserer Klasse.
Das Thema »Sexualität. Mann und Frau in der heutigen Gesellschaft« haben wir folgendermaßen gegliedert:

Biologie: Anatomie der Geschlechtsorgane, hormonelle Steuerung des Nervensystems und des Stoffwechsels, Geschlechtskrankheiten, alternative Verhütungsmittel, Pille für den Mann, psychisch gesteuerte Verhütung, Sterilisation.

Chemie: Hormone, Nährstoffe, Fette, Kohlenhydrate, chem. Verhütungsmittel und ihre Wirkung auf den Körper, Untersuchung des Scheidenmilieus usw.

Physik: Optik des Mikroskops und des Fotoapparates, Technik des Absaugapparates.

Sprachen: Übersetzung von Texten aus der Frauen- und Männerbewegung in den USA, England und Frankreich, Texte der Pharmaindustrie zur Geburtenregelung in der 3. Welt.

GL: Geburtenregelung in der 3. Welt, Rolle der Pharmaindustrie, Funktion der Sexualfeindlichkeit (u. a. Klitorisbeschneidung), Rolle der Frau und des Mannes im Produktionsprozeß, geschlechtsspezifische Sozialisation, geschlechtsspezifische Psychiatrie, § 218 Klassenparagraph oder Frauenparagraph?, Stellung der Frau in den einzelnen Gesellschaftsformen.

Deutsch: Medienanalyse (Zeitung, Fernsehen, Film) bezüglich Männer- und Frauenprobleme, geschlechtsspezifischer Sprachstil, Textanalyse von Aufklärungsbüchern, von Werbeplakaten und Texten.

Kunst: Entwurf eines Plakats für eine Schulveranstaltung zum Problemkreis.

Verbindung von Theorie und Praxis:
Selbstuntersuchung, Mikroskopieren, Herstellung einer Diaserie über den Monatszyklus für die Schule, Herstellung von Kartenmaterial für den Biounterricht, Vorbereitung einer In-

formationsveranstaltung für die SfE (Theaterstück), Durchführung einer Fragebogenaktion an der SfE zum Problem Verhütung.

Mathe: 4 Stunden Theorie, da Mathe in dem Projekt nicht unterzubringen ist. Für das nächste Projekt, das Mathe und Physik als Schwerpunkt haben soll, wollen wir einen gleichen Wissensstand herstellen.«

Das war zuviel. Die Projektgegner mobilisierten Ängste: Der Senat spielt da nicht mit, so kann man keine Prüfung machen, und das BAföG-Amt! Die Diskussion über alternative Lernformen geriet vollends zum Dschungel- und Grabenkampf.

Lehrer, die das Vorhaben der Projektklasse unterstützten, schrieben schnell ein besänftigendes Papier.

»Folgende Punkte sind wichtige Prinzipien von Projektlernen:

1. Das Lernen wird von den Interessen und Bedürfnissen der Schüler her organisiert, die Themen und Lerngegenstände leiten sich unmittelbar aus diesen Interessen ab.

Dem liegt die Erkenntnis zugrunde, daß Lernen nur dann effektiv und langfristig wirksam sein kann, wenn man/frau sich in dem, was man/frau lernt, selbst wiederfindet und ihm nicht fremd gegenübersteht.

Unserer Meinung nach hat die Erfahrung an unserer Schule dies bestätigt; die mangelnde Anwesenheit, die Schlaffheit und Unverbindlichkeit sind Zeichen dafür, daß das Lernen nicht *unser* Lernen ist, daß wir in einer durch und durch entfremdeten Lernsituation stecken. Wir sollten uns nicht mit dieser Entfremdung abfinden: der Versuch, sie ein Stück weit abzubauen, könnte das Lernen an der SfE wieder spannender und kraftvoller machen und damit auch letztlich die Prüfungsvorbereitung effektiver gestalten.

2. Was wie mit welchem Ziel gelernt wird, wird in eigener Entscheidung selbst organisiert. Es dreht sich also nicht um *Mit*vorbereitung, *Mit*bestimmung und *Mit*verantwortung, sondern um weitestgehende *Selbstbestimmung*.

Die Lerngruppe ist also nicht mehr *Objekt* der Planung (von Lehrern und FKs), sondern *Subjekt* des eigenen Lernens.

Das bedeutet natürlich einiges für den Lehrer. Er ist nicht mehr derjenige, der – ausgerüstet mit allerlei pädagogischen

Tricks – den Unterricht lenkt und steuert und oftmals einen Prozeß durch geschickte Impulse gewissermaßen künstlich am Leben hält, der ansonsten längst zusammengebrochen wäre. Vielmehr geht er jetzt weitgehend als Lernender in der Gruppe auf und bringt sich aufgrund seines Informations- und Erfahrungsvorsprungs in bestimmten Bereichen (Fachwissen, Prüfungserfahrung) in den gemeinsamen Prozeß ein – soweit dies erforderlich ist.

Ein solches ›Lernen in eigener Regie‹ erscheint uns wesentlich erfolgversprechender als die bisher praktizierten Lernformen. Zur Zeit findet zu oft Unterricht statt, der kein gemeinsamer Lernprozeß ist. (Der Lehrer macht's möglich!) Dementsprechend schnell zerbröckeln die ›Lernergebnisse‹ und werden vergessen. Projektlernen dagegen funktioniert nur, wenn die gesamte Gruppe *gemeinsam jeden* Lernschritt aktiv vollzogen hat. Die so erreichten Ergebnisse sind Lernergebnisse der Gruppe, die wirklich verarbeitet sind und auf denen man/frau aufbauen kann.

3. Man/frau lernt am besten an der Wirklichkeit und mit einer wirklichkeitsnahen Zielperspektive. Es gilt also, so wenig wie möglich sich in abstrakten, abgehobenen Sphären zu bewegen, sondern möglichst Problemstellungen aus der eigenen Umgebung aufzugreifen, die eine intensive Lernerfahrung ermöglichen. Dazu muß man/frau die künstliche Fächertrennung, die die gesellschaftliche Wirklichkeit so zerstückelt, daß sie undurchschaubar wird, in Frage stellen.

Mehr noch, es ist erforderlich, die starren Erfahrungsmöglichkeiten, die die Einrichtung ›Schule‹ bietet, zu durchbrechen, Lernen möglichst ›vor Ort‹ stattfinden lassen.

Ein größeres Schulgebäude mit mehr räumlichen Möglichkeiten würde uns sicherlich bei solchen Versuchen eine große Hilfe sein.

4. Projektlernen strebt eine Annäherung von Theorie und Praxis an: weg vom rein passiven, aufnehmenden Lernen hin zur aktiven Aneignung und Verarbeitung.

Ein Blick auf die herrschende bürgerliche Erziehungswissenschaft: hier wird der Mensch eingeteilt in drei Ebenen:

    die des Wissens,
    die des Fühlens,
    die des Handelns.

Diese Ebenen werden bewußt voneinander getrennt und mit großem theoretischen Aufwand einzeln mit speziellen ›Lernzielen‹ bedacht und angesteuert. Dadurch soll erreicht werden, daß die Zerrissenheit des Menschen in unserer lausigen Gesellschaft in der Schule aufrechterhalten und gefestigt, der einzelne manipulierbar gemacht wird.

Das Lernen an der SfE läuft bisher ausschließlich über den Kopf ab (Ebene des Wissens). Dadurch entsteht die Gefahr, daß man/frau Sachen, die man/frau rausgekriegt hat, nicht in Zusammenhang stellen kann mit seiner/ihrer sonstigen Erfahrungswelt und mit Bezugsgruppen außerhalb der SfE. Vieles bleibt aufgesetzt und kann nicht umgesetzt werden. Die Schere zwischen persönlichem Anspruch und praktischen Leben wird noch einen Spalt weiter geöffnet. Vieles, was man/frau an der SfE gelernt hat, blättert innerhalb kurzer Zeit nach der Schule wieder ab wie ein zu dünn aufgetragener Lack. Dies ist besonders bei Schülern, die das Abi nicht gemacht haben und dadurch gezwungen sind, direkt wieder ihre Arbeitskraft zu verkaufen, zu beobachten (das ist immerhin die Hälfte).

Der Versuch der Verbindung von Theorie und Praxis im Projektlernen – ›handlungsorientiertes Lernen‹ – beugt der Gefahr einer vorübergehenden Träumerei in der Scheinwelt SfE vor. Neugewonnene Erkenntnisse und Erfahrungen sollen mit alten verbunden werden, so wird das Lernen vom Kopf auf die Füße gestellt. Dadurch lernt man/frau zwangsläufig auch, zusammen seine/ihre Grenzen zu erkennen, und tut damit einen Schritt zur Erarbeitung einer realistischen Perspektive für die – bisher weitgehend verdrängte – Zeit nach der SfE.

Wichtig dabei ist, daß die Lernerfahrungen und Ergebnisse in Form von ›Produkten‹ erarbeitet werden, die anderen zur Verfügung stehen.

5. Bei der Projektarbeit ist die Methode des Lernens ein Moment des Inhalts. Was heißt das?

Lernen vollzieht sich oft über Irrtümer, über Sackgassen, in die man gerät. Im gängigen Schulunterricht ist es eine wesentliche Funktion des Lehrers, solche ›Fehlentwicklungen‹ zu verhindern. Dies geschieht oft in guter Absicht; man muß weiß Gott nicht *alle* Erfahrungen selber machen, im Gegenteil. Die Erfahrungen anderer zu nutzen und daraus zu lernen, ist eine gute Sache.

In der Praxis bedeutet jedoch die Verhinderung eines ›falschen‹ Vorgehens durch die Lehrer, daß die Möglichkeit genommen wird, eigene Fehler zu analysieren und daraus zu lernen. Je öfter der Lehrer in solchen Situationen eingreift, desto größer ist die Gefahr, daß nach und nach der Lernprozeß der Gruppe aus der Hand genommen, wieder fremdgesteuert wird.

Indem bei der Projektarbeit nicht nur das Lernergebnis, sondern auch der Lernprozeß selbst in allen seinen Widersprüchlichkeiten und Fehlern ernst genommen wird, besteht die Chance, die zerrissene Einheit von Wissen und Erfahrung, Tätigkeit und Interessen, damit letztlich Selbstbestimmung und Selbstverwirklichung ansatzweise wieder herzustellen.

Na schön. Aber ist so eine Form von Lernen an *unserer* Schule, die im ZBW auf die externe Prüfung vorbereitet, überhaupt machbar und sinnvoll?

Projektlernen scheint uns *ein* geeigneter Weg zu sein. Für die Erreichung des Abiturs sehen wir dabei keine Schwierigkeiten, im Gegenteil, denn man/frau kann eher Angst um die Existenz der Schule bekommen, wenn man/frau sich das immer häufigere Scheitern auf herkömmlicher Basis arbeitender Klassen ansieht.

Wir erheben also mit unseren Lernvorstellungen keinen Absolutheitsanspruch. Welche Art zu lernen die bessere ist und ob es für die SfE überhaupt *eine* verbindliche Art geben kann/soll/darf, muß die Praxis zeigen.

Wir sehen die Chance einer ›inneren Stabilisierung‹ der SfE, wenn wir versuchen, uns nicht weiter gegen die verschiedenen Lernvorstellungen zu sperren und uns krampfhaft an das Althergebrachte zu klammern, sondern Raum zu lassen für Erfahrungen und Experimente mit diesen Vorstellungen.

Wenn jeder die Möglichkeit hat, auf dem Boden unseres Schulmodells mit anderen zusammen *sein* Lernen zu organisieren, sind wir einen großen Schritt weiter.

Die neueren Erfahrungen zeigen, daß man/frau erst in dem Moment, in dem die Möglichkeit besteht, die eigenen Vorstellungen von Lernen in die Tat umzusetzen, die SfE wieder als

eigene Schule betrachten und sich engagiert für sie einsetzen kann.«
Aber selbst die Beschwörung des Pluralismus – ein neues taktisches Moment in der Geschichte der Versuche, die Schule inhaltlich auszurichten – erzielte nicht die gewünschte Wirkung.
Die Idee, den vorgegebenen 45-Minuten-Takt-Stundenplan zu verwerfen und projektorientiertes Lernen auszuprobieren, war aus der Unzufriedenheit einiger neuer Schüler geboren; der erbitterte Widerstand dagegen ging von einigen alten Lehrern aus.
Sollte also die SfE erhalten werden als eine Schule des ZBW, deren oberster Zweck in der Prüfungsvorbereitung besteht und die versucht, dieses Ziel selbstverwaltet und mit alternativen Unterrichts- und Arbeitsformen zu erreichen, *oder* sollte die Schule zu einem alternativen Lebenszusammenhang umgeformt werden, in dem weit über das Schulische hinausgehende Bedürfnisse realisiert werden sollen (Stadtteilarbeit, Zusammenwohnen, Kneipe, Werkstätten) und wo u. a. möglicherweise auch die Prüfung abfällt?
Zuviel stand auf dem Spiel. Zu groß war die Angst der Lehrer vor der Latzhosengeneration, die nun endgültig Einzug halten sollte, zu groß die Gefahr, daß sich neue Anspruchshaltungen und Anforderungen an Lehrerpersönlichkeiten etablieren könnten, zu groß der Argwohn gegenüber »terroristischen Totalitätswünschen ganzheitlicher pädagogischer Ideologien«.
Eine Gegenoffensive wurde gestartet: Festhalten am Fachlehrerprinzip, mehr Schule, Straffung der Unterrichtsarbeit, Entlastung der Schüler von Selbstverwaltungsproblemen durch Professionalisierung und Zentralisierung, Stärkung und Absicherung der Position der Lehrerschaft.
Dennoch gab eine knappe Mehrheit der Projektklasse auf einer Vollversammlung Ende 1977 grünes Licht. Natürlich mit einigen Auflagen: die Klasse hat regelmäßig Berichte vorzulegen, die Fachlehrer, die durch die Projektgründung Stunden verloren haben, bekommen dafür Ersatz und, wichtig für die Zukunft: dem positiven Entscheid für die Projektklasse darf kein Präzedenzfallcharakter zukommen.

Aus dem Bericht der Projektklasse, ein Semester später

»Mit dem von uns gewählten Thema konnten wir einen großen Teil des Bio-Abiturstoffes abdecken. Deshalb setzten wir auf dieses Fach den Schwerpunkt.
Als Schwierigkeit stellte sich heraus, daß wir tagsüber kein Klassenzimmer hatten. Da einige Leute Kinder haben oder abends arbeiten, war es uns nicht möglich, den Unterricht in die Abendschule zu verlegen. Deshalb mußten wir uns jede Stunde einen freien Klassenraum suchen oder im Flur und bei schönem Wetter im Park Unterricht machen. [...]
Um einen Überblick über die Informiertheit der Schüler zum Thema Verhütungsmittel und deren Schädlichkeit zu bekommen, sowie einer Auflistung empfehlenswerter Ärzte wegen, stellten wir einen Fragebogen zusammen, dessen Komplexität uns allerdings viel Zeit und Energie kostete. Leider war der Fragebogenrücklauf denkbar schlecht. Von 200 Frauenfragebögen bekamen wir nur 56 ausgefüllt zurück, beim Männerfragebogen waren es 4 mehr. Außerdem wollten wir den Fragebogen mathematisch statistisch erfassen, um Mathematik doch noch in das Projekt einzugliedern. Das überstieg unsere Fähigkeiten aber enorm. Zur gleichen Zeit hatten sich zwei Selbstuntersuchungsgruppen unter den Frauen gebildet. Wir hatten uns vorgenommen, in diesem Rahmen eine Diaserie für die Schule sowie Unterrichtsmaterial in Form von Karten zu erstellen. Leider scheiterte dies an der fehlenden Fotoausrüstung. Trotzdem konnten die Frauen einige Erfolge aus dieser Selbstuntersuchungsgruppe ziehen. Zum einen führte die praktische Auseinandersetzung mit dem eigenen Körper zu größerem Interesse am Biostoff, zum andern machte es unabhängiger und selbstbewußter den Ärzten gegenüber. Da wir aus der Auseinandersetzung mit den Verhütungsmitteln bedauerlicherweise das Resümee ziehen mußten, daß keines der bekannten Verhütungsmittel ohne Nebenwirkungen für die Frauen bleibt, konnten wir durch das bessere Kennenlernen unseres Körpers und dessen Funktion unschädliche alternative Verhütungsmittel für uns anwenden. Durch die Themenwahl fühlten sich Teile unserer Männerschaft etwas zurückgesetzt, was zum Teil auf mangelnde eigene Aktivität, zum Teil auf schwieriges Einbeziehen ihrer Interessen zurückzuführen ist.

Nach Abschluß des Verhütungsthemas bildeten wir in Bio und GL Arbeitsgruppen zu folgenden Themen: Geburt, Schwangerschaft, Zellen und Zellteilung, Abtreibung, Vorsorge, Geschlechtskrankheiten, Klitorisbeschneidung, Geburtenregelung in der Dritten Welt, Geschlechtsspezifische Psychiatrie, Erziehung zum Mann, Erziehung zur Frau.
Bis auf Klitorisbeschneidung, Geburtenregelung in der Dritten Welt und Erziehung zum Mann bzw. Frau konnten wir die Themen gut bewältigen.
Nach den Sommerferien hatten wir dann eine Situation erreicht, in der wir kurz vor dem Zerfall standen. Die Anwesenheit war mehr als mangelhaft, Frustration machte sich breit.
Als Gründe dafür konnten wir folgende Punkte herausfinden:
> durch unterschiedliche Motivation am Projekt ergab sich unterschiedliches Engagement,
>
> die alten Klassenstrukturen (Tag/Abend) konnten nur zum Teil überwunden werden,
>
> es entstanden Unsicherheiten aufgrund der Unerfahrenheit in der Arbeitsmethode, außerdem fehlte eine Hilfestellung bei der Herausfindung wichtiger und weniger wichtiger Gebiete, so daß in Bio Themen bearbeitet wurden, die zum Teil schon bekannt waren oder aber nicht genauer bearbeitet wurden,
>
> die Mehrarbeit und der größere persönliche Einsatz, den ein Projekt erfordert, ist teilweise unterschätzt worden,
>
> Interessen außerhalb der Schule konnten nicht in Übereinstimmung mit dem Projekt gebracht werden, was dazu führte, daß die Entscheidung über die Wichtigkeit oft zugunsten des Privaten ausfiel,
>
> persönliche und politische Erwartungen an das Projekt und die Leute wurden nicht erfüllt, d. h., die am Anfang bei vielen vorhandene Illusion, durch Projektarbeit würde einem der Lehrstoff zufliegen, erwies sich als falsch,
>
> da der Schwerpunkt auf Biologie lag, war ein GL-Lehrer als projektbegleitender Lehrer nicht geeignet. [. . .]

Das Anwesenheitsproblem lösten wir mit einem System, bei dem jeder für einen anderen in der Klasse verantwortlich ist, um den er sich bei Schwierigkeiten zu kümmern hat. Seitdem haben wir eine nahezu 100%ige Anwesenheit und Verbindlichkeit, obwohl wir keine Anwesenheitsliste führen. [. . .]

Unsere Arbeit in den FK's und in den Ausschüssen war ziemlich wechselhaft. Der Versuch unserer Klasse, den ÖA wieder zu beleben, scheiterte am geringen Interesse der Schule, ebenso beim SA. FA und KOA unterstützten wir durch unsere kontinuierliche Mitarbeit. Dagegen wurden die FK's teilweise nur schlecht besucht.
Trotz vieler Einschränkungen gibt es doch eine verhältnismäßig positive Bilanz. Nach dem Sommerferienknatsch sahen wir ein, daß für ein gut funktionierendes und effektives Projekt unser voller Einsatz, gute Mitarbeit und eine Unterrichtsplanung bzw. -vorbereitung erforderlich sind. Wir haben unser persönliches Trallala während der Unterrichtsstunden vor die Tür gestellt und uns zähneknirschend auf die eigentliche Arbeit konzentriert. Dadurch stellten wir erstaunt fest, daß wir uns nicht nur durch Diskussionen über persönliche Probleme, sondern auch durch gemeinsam erreichte Lernerfolge näherkommen. Ein positiver Aspekt ist auch, daß wir mehr Gespräche über konkretes Verhalten als Diskussionen über abstrakte Probleme geführt haben. [...]
Unseren Anspruch, die Lehrerrolle vollständig abzubauen, mußten wir aufgrund unserer Erfahrungen insoweit zurücknehmen, als wegen der unterschiedlichen Bedingungen von Lehrern und Schülern eine Gleichstellung nicht möglich ist. [...]
Die zukünftige Projektarbeit schätzen wir jetzt realistischer ein. Für das nächste Semester haben wir uns auf das Thema Umweltschutz, Luftverschmutzung und Ernährung geeinigt und wollen mit 4 Lehrern arbeiten.

Ein Fisch mit Namen Fasch

Das neue Projekt wurde nicht in der geplanten Weise durchgeführt. Die Klasse, in verschiedene Gruppen zerstritten, kehrte mehr und mehr zur gewohnten lehrerzentrierten Abiturvorbereitung zurück.
Von sechs Klassenmitgliedern wurde anonym ein Brecht-Gedicht an die Mitschüler in der Klasse verschickt.
»Es war einmal ein Fisch mit Namen Fasch

Der hatte einen weißen Asch
Er hatte keine Hände zum Arbeiten nicht
Und er hatte keine Augen zum Sehen im Gesicht
In seinem Kopf war gar nichts drin
Und er hatte auch für nichts einen Sinn
Er kannte nicht das Einmaleins
Und von allen Ländern kannte er keins
Er war nur der Fisch Fasch
Und hatte eben seinen weißen Asch.

Und wenn die Menschen ein Haus bauten
Und wenn die Menschen Holz hauten
Und wenn die Menschen einen dicken Berg durchlochten
Und wenn die Menschen Suppe kochten
Dann sah der Fisch Fasch ihnen stumpfsinnig zu
Und wenn sie ihn fragten: Und was machst du?
Dann sagte er: Ich bin doch der Fisch Fasch
Und dies hier ist mein weißer Asch.

Gingen Sie aber am Abend in die Häuser hinein
Dann ging der Fisch Fasch hinter ihnen drein
Und wenn sie sich setzten zum Ofen, nanu
Dann setzte sich der Fisch Fasch auch dazu
Und wenn die Suppe kam auf den Tisch
Dann saß da gleich auch mit einem großen Löffel ein Fisch
Und rief ganz laut: Jetzt esset rasch
Dann zeige ich euch meinen weißen Asch.

Da lachten die Leute und ließen ihn mitessen
Und hätten wohl auch seine Faulheit vergessen
Wenn nicht eine Hungersnot gekommen wäre
Und zwar keine leichte, sondern eine schwere
Und jetzt mußte jeder etwas bringen für die Hungersnot
Der eine brachte ein Stück Käse, der andere eine Wurst, der
                                                                 dritte ein Brot
Nur der Fisch Fasch brachte nichts als den Löffel mit.
Das sahen einige Leute; sie waren grad zu dritt.

Und da fragten sie mal den Fisch Fasch: Na, und du
Was gibst uns jetzt eigentlich du dazu?

Und da sagte der Fisch Fasch
Ja, wenn ich vielleicht meinen weißen Asch . . .
Aber da wurden die Leute zum erstenmal sehr bitter zu dem
Fisch Fasch
Und redeten mit ihm plötzlich ganz basch
Und warfen ihn mal rasch
Durch die Eichentür und verhauten ihm draußen seinen
weißen Asch.«

Eine abschließende Auswertung der Projektarbeit ist nicht geleistet worden. Der Sturm im Wasserglas war vorüber. Wieder hatte die Schule eine Erfahrung mehr gemacht, ohne sie zu verarbeiten.

Im folgenden Semester, im Mai 1978, bildeten sich drei Klassen mit unterschiedlichen Lernvorstellungen:
  eine Klasse, die Fachunterricht auf der Basis des Blockunterrichts (getreu nach Stundenplan) praktizierte,
  eine Klasse, die unter Beibehaltung des Fachlehrerprinzips kontinuierlich fächerübergreifend arbeiten wollte,
  eine neue Projektklasse, die ein Unterrichtsprojekt »Frau und Medien« anstrebte.

Die Klasse, die fächerübergreifend arbeiten wollte, bestand zum Teil aus Leuten, die durch den Rummel um die Projektideen verschreckt, aber dennoch mit den traditionellen Formen nicht zufrieden waren. Die Fächertrennung wurde nicht aufgehoben, aber die Unterrichtsinhalte sollten möglichst von verschiedenen Aspekten her angegangen werden, damit Zusammenhänge erkennbar würden. Die Lehrer sollten daher – soweit möglich – auch am Unterricht in anderen Fächern teilnehmen.

Das fächerübergreifende Arbeiten reduzierte sich sehr bald auf die Fächer Deutsch und GL. Da es auch in diesem Bereich (aus vorhersehbaren Gründen) Schwierigkeiten mit der fachübergreifenden Anwesenheit der Lehrer gab, wählte die Klasse schließlich ihre GL-Lehrerin auch für das Fach Deutsch, so daß in Form dieser Personalunion wenigstens ein Minimum an inhaltlicher Abstimmung sichergestellt war.

Das Projekt »Frau und Medien« wurde nach einem Semester, als ähnliche Schwierigkeiten wie in der ersten Projektklasse auftraten, stufenweise auf die Ebene fächerübergreifenden

Unterrichts in den Bereichen Bio/Physik/Chemie und Deutsch/GL reduziert.
Diese Klasse machte durch die Herausgabe des »Projektboten«, einer Klassenzeitung, von sich reden, ebenso durch rege Aktivitäten bei Suche und Kauf des neuen Schulhauses. Ansonsten verlief dieser letzte Versuch des Projektlernens ohne größeres Aufsehen.
Seither hat es nur noch vereinzelt Lernexperimente gegeben. Im Winter 1980 gründete sich eine Frauenklasse, die sich mit ihren Lehrerinnen (Ausnahme: ein Mathematiklehrer) auf frauenspezifische Themen konzentriert, fächerübergreifend und zum Teil auch ohne Lehrerinnen Unterricht machen will. Ebenfalls im Winter 1980 bildete sich aus Unzufriedenheit verschiedener Semesterstufen die »Hydra«-Klasse, die ihre Schülerzahl klein hält, um so besser in Arbeitsgruppen und auch teilweise ohne Lehrer Unterricht gestalten zu können. Diese Versuche sind jedoch schon im Ansatz weniger anspruchsbeladen, als es die Projektgruppen waren. Auch die Möglichkeiten, die das neue Haus bietet, sind nicht in vollem Umfang für den Unterricht nutzbar gemacht worden; die große Ausnahme bildet die Phase des Um- und Ausbaus der Schulräume.
Diese Entwicklung läßt sich nicht nur aus internen Schwierigkeiten erklären. Sie hängt wesentlich zusammen mit der geänderten externen Prüfungsordnung. Die Übertragung der Oberstufenreform auch auf die Nichtschülerprüfung und die damit noch verbundene Unsicherheit über das Ausmaß der Verschärfungen in der konkreten Prüfungspraxis hat viele Möglichkeiten, Wünsche und Ideen zerstört.

Bilanz oder Projektlernen als Versuch, eine Chance zu nutzen, die wir nur teilweise haben

Mit dem Projektlernen ist der Freiraum für Experimente, den die Schule darstellt, erstmals weitgehend genutzt worden. Insofern stellen die Projektklassen einen Höhepunkt in der Entwicklung der SfE dar.
Was hat es nun gebracht? Was haben wir daraus gelernt?

der projekt-bote
TEE DRY AH...

ZENTRALORGAN • OKt.'78 • DER BLOCKFREIEN

Wie kam es zum Projekt?

In der Einführungsphase im Mai 1978 haben wir erst einmal darüber gesprochen, was wir in der Schule überhaupt wollen, wie wir arbeiten wollen, welche Vorstellungen, den Unterricht zu gestalten es gibt. Zum Stundenplan sagten wir: nein Danke! Der Empfang in der Schule war wie ein nasses Handtuch: Stundenpläne und Lehrer waren alle schon eingeteilt.

Grenzen sind deutlich geworden, äußere und vor allem auch innere. Diese Grenzen in ihren Ursachen genau zu orten, fällt schwer. Unmittelbar fremdgesetzte Zwänge und eigene kollektive Unfähigkeiten mischen sich in unterschiedlichen Konstellationen.
Da ist zunächst die externe Prüfung. Trotz ihres Klassenlotterie-Charakters kann sie bei Entscheidungen über Inhalte und Verfahren nicht außer acht gelassen werden. Zumindest auf Dauer beißt sich Projektlernen mit dem Ziel Abitur. Von einem bestimmten Punkt an lassen sich Unterrichtsinhalte eben nicht allein aus den eigenen Interessen herleiten, sondern sind auch von den Prüfungsanforderungen her zu bestimmen. Diese Anforderungen sind nicht in allen Fächern exakt kalkulierbar. Die Einschätzungen des fachlichen und politischen Freiraums, den die Prüfung läßt, gehen aufgrund der nicht einheitlichen Erfahrungen bei Lehrern wie Schülern weit auseinander. Doch allein die Getrenntheit der Prüfungsfächer, ihre fachspezifischen Fragestellungen und ein oft zugrunde liegender obligatorischer Bildungskanon, dessen Gebrauchswertseite nicht ausgewiesen ist, zwingen zur Praktizierung herkömmlicher Fächertrennung zumindest in der Phase der unmittelbaren Prüfungsvorbereitung.
Zum Zweiten stößt das Projektlernen an die Grenzen einer normal ausgerüsteten Schule, vor allem im praktischen Bereich. Räumliche, technisch-organisatorische und finanzielle Probleme können viel Motivation und Elan ins Leere laufen lassen. Obwohl der dauernde Zwang zur Improvisation auch seine guten Seiten hat – was da alles an Kreativität wachgerüttelt wird! –, wird der Blick für viele Möglichkeiten durch den engen Rahmen der Institution Schule verstellt. In typischen Schulräumen fällt es schwer, über die Borniertheiten einer »pädagogischen Veranstaltung« hinauszudenken.
Das neue Domizil der SfE, der Mehringhof in Kreuzberg, ist in dieser Hinsicht gegenüber der alten Büroetage in Tempelhof ein riesiger Fortschritt, auch wenn es noch Zeit braucht, ihn voll zu nutzen.
Unbedingt nötig sind Unterstützung, Kritik und Reflexion des Projekts von außen. Der Zwang, das Konzept des Projektlernens gegen eine »feindliche« Umgebung in allen Gremien und Instanzen der Schule verteidigen zu müssen, hat eine Art

verschworener Projektgemeinde hervorgebracht. Der ständige Legitimationsdruck und mangelnde solidarische Kritik produzieren störrische, nicht immer fundierte Überzeugtheit vom eigenen Tun; die Fähigkeit zur Distanz schwindet.
Als zentrale Schwierigkeit hat sich die unterschiedliche Ausgangsmotivation der am Projekt Beteiligten erwiesen. Zunächst einmal ist ein überdurchschnittliches Maß an Motivation vorausgesetzt, um ein derart zeit- und arbeitsintensives Unterrichtsverfahren wie das Projektlernen praktizieren zu können. Erfahrungsgemäß läßt sich Projektunterricht daher nicht – wie wir anfangs dachten – zum allgemeinen Prinzip der Schule machen. Er wird auf einige Klassen und jeweils auf eine bestimmte Zeit beschränkt bleiben müssen.
Doch selbst in solchen Klassen, in denen sich eine wild entschlossene, hochmotivierte Gemeinschaft von Schülern und Lehrern zusammengefunden hatte, zeigten sich sehr bald Schwierigkeiten. Die Ausgangsmotivation ging bei den einzelnen auf unterschiedliche, z. T. gegensätzliche Interessen und Bedürfnislagen zurück, so daß sich völlig verschiedene Haltungen zum Projekt herstellten.
Einige sahen im Projekt die – bis dahin vermißte – Realisierung von verbindlichem, kontinuierlichem und diszipliniertem Lernen. Bei anderen dagegen war der Wunsch, etwas Neues auszuprobieren, aus dem Alltagstrott der Schule auszubrechen, ausschlaggebend gewesen; die Rebellion gegen den vorgegebenen Stundenplan fand ihre Fortsetzung in der Ablehnung routinemäßiger Verbindlichkeit im Projekt. Andere erwiesen sich als ausgemachte Avantgardefreaks. Immer in der vordersten Linie der alternativen Front zu finden, wurde ihnen der Projektalltag schnell zu langweilig. Der Schnellebigkeit der Szene gehorchend, warfen sie ihr Engagement bald auf andere Bereiche (Straßentheater, Video, Zeitung).
Ähnlich verhielten sich die professionellen politischen Geburtshelfer, das heißt, die Projektmitbegründer, denen es in erster Linie um das schulpolitische Palaver der Durchsetzung der Projektklassen gegangen war.
Diesen unterschiedlichen Haltungen ist es im Wesentlichen zuzuschreiben, daß auch in den Projektklassen die üblichen Verbindlichkeitsschwierigkeiten (Anwesenheit, Verantwortlichkeit) auftraten.

Die entscheidende Phase des Projektlernens ist der Prozeß der Themenfindung. Hier werden nach unserer Erfahrung leicht Fehler gemacht, die böse Folgen haben können, denn es ist schon faszinierend, vor der Möglichkeit zu stehen, alle bisher beziehungslos nebeneinanderher laufenden Fächer aufeinander beziehen und integrieren zu können. Man gerät ins Schwärmen.

Das Beispiel Kernkraftwerke:

GL/Deutsch: Die Machenschaften der Atomindustrie, die staatliche Atompolitik, Bürgerinitiativen, alternative Energien, Textanalysen von Schriften und Flugblättern, Gedichte gegen den Atomstaat ...

Mathe: Wahrscheinliches und Unwahrscheinliches: die Gefahr des GAU, Reaktorkonstruktionen.

Engl./Franz.: Artikel zur Kernenergiefrage aus ausländischen Tageszeitungen und Zeitschriften.

Bio: Radioaktive Strahlung und Umwelt.

Chemie/Ph.: Kernphysikalische Prozesse.

Kunst: Anti-AKW-Plakate.

Praxis: Mitarbeit in BIs und Anti-AKW-Gruppen.

Spätestens nach vier Wochen rennen die ersten beim Begriff »Kernenergie« schreiend aus der Klasse. Nicht alles, was prinzipiell machbar ist, ist auch sinnvoll.

Die Lust beim gedanklichen Zusammenfügen und Zuordnen von Elementen, die bisher immer getrennt erlebt wurden, kann eine Kinderkrankheit des Projektlernens hervorrufen: die Überladung und Überstrapazierung von Lerngegenständen. Hier bildet sich leicht ein selbst auferlegter Zwang heraus, alles integrieren zu wollen. Die Integrierbarkeit aller Fächer und möglichst vieler Fragestellungen wird zu einem Kriterium der Themenwahl. So kommen Entscheidungen über Unterrichtsinhalte zustande, die nicht durchgehalten werden können.

In zwei Bereichen sind der Fächerintegration von vornherein enge Grenzen gesetzt.

Im Bereich der Fremdsprachen sind die Vorkenntnisse der Schüler des ZBW derart unterschiedlich, daß eine systematische Ausdehnung der Projektarbeit auf diese Fächer in der Regel nicht möglich ist.

Das Fach Mathematik ist nach unseren Erfahrungen ebenfalls nur schwer in ein Projekt zu integrieren. Die Erkenntnis, daß Mathematik eine Anhäufung von an sich ganz brauchbaren, aus allen möglichen Zusammenhängen stammenden Regeln und Verfahren darstellt, macht diese Wissenschaft für den Projektunterricht noch nicht annähernd handhabbar. Die weitentwickelte Spezifizierung der Wissenschaftsdisziplinen ist nicht im Rahmen von Unterricht rückgängig zu machen; es ist nicht möglich, mathematische Wissensbestände in ihren gesellschaftlichen Entstehungszusammenhang zu reintegrieren und sich einzelne Regeln und Formeln grundsätzlich im Kontext ihres Gebrauchswerts bzw. ihrer Anwendung zu erarbeiten. Dazu reichts nicht – schon gar nicht angesichts einer Prüfung, in der gebrochene rationale Funktionen, Differential- und Integralrechnung und Vektorrechnung gefragt sind.

Nun sucht eine Klasse nach einem Projektthema, an dem sie ein Semester oder auch länger arbeiten will. Es ist schwierig, diesen ungewöhnlichen und ungewohnten inhaltlichen Freiraum zu nutzen. Das Thema soll die Interessen und Bedürfnisse aller Klassenmitglieder aufgreifen, soll am Lebenszusammenhang und der Alltagserfahrung orientiert sein. Die Betroffenheit eines jeden einzelnen ist Voraussetzung für eine erfolgreiche Thematisierung eines gesellschaftlichen Phänomens. Doch die Betroffenheit geht unterschiedlich weit, verändert sich, verschwindet gar. Das anfangs gemeinsam festgestellte Interesse an einem Thema entwickelt sich bei den einzelnen unterschiedlich. Auch der Nutzen des Gelernten ist nicht bei allen gleich. Während die einen noch intensiver an bestimmten Aspekten arbeiten wollen, rufen die anderen nach dem nächsten inhaltlichen Schritt. Wann ist eigentlich ein Thema »zu Ende behandelt«?

Die Auswahl der einzelnen Unterrichtsinhalte nach ihrem Bezug zu den Alltagserfahrungen ist nicht unproblematisch. Oft entsteht Unklarheit über die Wichtigkeit bestimmter konkreter Inhalte im Hinblick auf das Gesamtthema. Es wird zu lange an Themen gearbeitet, die im Prinzip bekannt sind; gegenseitige Bestätigungen treten an die Stelle der gemeinsamen Aneignung von Kenntnissen. Andere Inhalte werden aufgrund mangelnden direkten Erfahrungsbezugs nicht genügend thematisiert, obwohl sie von zentraler Wichtigkeit für das Gesamtverständnis sind. Die aneinandergereihte Reflexion alltagsweltlicher Erfahrungen reicht nicht immer aus, um das Wesen gesellschaftlicher Prozesse zu begreifen; es besteht ständig die Gefahr inhaltlicher Beliebigkeit.

Freiheit der Themenwahl ohne einengende Fächergrenzen bedeutet auf jeden Fall eine gewisse Unsicherheit. Bei einigen entsteht das Gefühl, nichts zu lernen und statt dessen in den Unterrichtsstunden Kneipendiskussionen zu führen. Wird dem durch straffere Ausrichtung des Lernens an einem strukturierten, selbstgesetzten Plan entgegengewirkt, sehen sich andere in ihren situativen Lerninteressen blockiert und verlieren die Lust.

Diese Schwierigkeiten zeigen sich im Ansatz ebenso in den herkömmlich arbeitenden Klassen. In den Projektklassen verdichten sie sich jedoch erheblich. Das Wegfallen der Fächerstrukturierung und des vorgegebenen Stundenplans, der immerhin noch die Illusion eines festen Arbeitsrhythmus signalisiert, wirkt wie ein Katalysator.

Das hohe Anspruchsniveau der Projektklassen bezieht sich nicht nur auf die Verbindlichkeit und die fachliche Seite des Unterrichts. Meistens sind auch hohe persönliche Erwartungen im Spiel. Sie lassen eine starke emotionale Dynamik entstehen, die das Lernen enorm beflügeln, aber auch ungeheuer belasten kann. Positive Prozesse und Erfahrungen gehen dabei im Laufe der Zeit nicht unter, werden Durchschnitt, während negative überbewertet werden. Die Möglichkeiten, die eigenen wachsenden und bewußter werdenden Wünsche und Vorstellungen im Rahmen der Schule zu erleben, erscheinen zunehmend mickriger.

Dazu kommt das Dilemma der Ungleichzeitigkeit der individuell ablaufenden Prozesse. Ausgerechnet zu dem Zeitpunkt, wo der eine die Klasse quasi als Beziehungsersatz besonders stark emotional besetzt oder die Klasse für einen anderen fast eine therapeutische Funktion hat, ärgern sich andere Klassenmitglieder gerade über ihre Überidentifikation mit dem Projekt, entdecken außerschulische Bezugsgruppen wieder und sind kaum noch zu sehen. Während die einen gerade einen Aktivitätsschub verspüren, haben die anderen die Schnauze voll. Manche werden zu Zynikern oder verschwinden völlig;

aus grauen Mäusen werden urplötzlich Träger des Klassenprozesses.
Diese Ups und Downs sind nie ganz aus sich selbst heraus zu erklären. Der größte Teil der ZBW-Schüler befindet sich in einer Situation der Um- bzw. Neuorientierung: ein Prozeß, der bei den einzelnen unterschiedlich tief greift und auch unterschiedlich verläuft. Dieser Umorientierungsprozeß umfaßt in der Regel mehrere Lebensbereiche: die Trennung von ehemaligen Kollegen, die Überwindung einer Ehe oder Beziehung, das Entwickeln neuer Interessensgebiete, neuer Bezugsgruppen. Die Schule/Klasse ist in diesem – meist über Brüche und Sprünge laufenden – Prozeß phasenweise unterschiedlich wichtig.
Gerade im Rahmen von Projektklassen ist diese Einschränkung besonders folgenschwer. Das intensivste Interesse kann von heute auf morgen von der Klasse abgezogen und auf andere, außerschulische Bereiche gerichtet werden. Emotionale Bindungen können plötzlich in Gleichgültigkeit umkippen, aus Idolfiguren werden Haßobjekte.
Die Verarbeitung dieser komplizierten Geschichten ist im Rahmen der Schule nicht möglich. Insofern sind die Ursachen der Begeisterung für das Projektlernen bei vielen zugleich die Gründe für das Scheitern.

Über die Kreisung des Quadrats
Der Mathematiklehrer der Projektklasse (gleichberechtigter Berater in Sachen Mathematik) berichtet

Angefangen hatte ich mit der Mathematik, um viel Geld zu verdienen. Dann kam die 68er Bewegung, da wurde mir klar, daß ich kein Wirtschaftsmathematiker werde. Als ich schließlich an die SfE kam, hab ich mir gedacht, es muß doch möglich sein, den Mist, den ich nun mal gelernt habe, in einen vernünftigen Rahmen zu bringen.
Ich fing also an und ich fands toll. Dann aber kam bald der Alltag Mathematik. Vieles geht einfach im grauen Trott unter, schon von dir selbst her. Ansprüche reichlich, aber ... Man macht hier ein bißchen, da ein bißchen; Selbstverwaltung,

Klassentreffen, Arbeitsgruppen. Da bleibt nicht viel. Alles plätschert so dahin; man hat sein Plätzchen in der Gesellschaft der SfE gefunden. Ich war einigermaßen zufrieden.
Als dann die Projektideen aufkamen, war ich schnell wieder Feuer und Flamme. Ich dachte mir, man muß da mehr draus machen, das darf nicht nur so ein 08/15-Job sein.
Aber schon in der Entstehungsphase der Projekte war ich fast beleidigt, weil Mathe da meistens ausgeklammert wurde. Ich hatte das Gefühl, da kommt nicht viel Hilfe, da muß ich allein Vorstellungen entwickeln.
Schon vorher war ich dazu übergegangen, z. B. Differential- und Integralrechnung immer nur von konkreten, nachvollziehbaren Aufgabenstellungen her aufzuziehen. Etwa ausgehend vom Problem Profitmaximierung zu überlegen, wie sich Preise, Absatz und Profit zueinander verhalten – damit man weiß, wie übel einem da mitgespielt wird. Man braucht doch bloß an den Benzinpreis zu denken.
Daran haben wir dann im Unterricht einige Zeit gefummelt und versucht, so eine Theorie zu entwickeln.
Oder ein paar andere Aufgaben, die wenigstens Praxis ahnen lassen, etwa: Wie bekomme ich in eine Flasche mit möglichst wenig Glas möglichst viel Inhalt. Aufgaben, die in die Zukunft weisen, sozusagen.
Doch das scheitert am Ende immer am Näherrücken des Abiturtermins. Derartige Aufgaben sind nämlich keine sicheren Abituraufgaben. Andere sind sicherer, z. B. die gebrochenen rationalen Funktionen, das Kotzlangweiligste, was es nur gibt, so richtig nach Kochrezept, ohne nachzudenken.
Aber selbst mit Praxisaufgaben hast du bald dein Pulver verschossen. Du nimmst drei oder vier Beispiele auf, und dann gehts in die Theorie. Dabei bin ich kein ausgesprochener Mathe-Fan wie andere Kollegen in der Fachkonferenz. Ich habe immer Wert darauf gelegt, wenigstens ein Beispiel zu haben, an dem man sich Anwendungssituationen klarmacht, an dem man sieht, wozu es überhaupt interessant ist, sich derartige Gedanken zu machen.
Die ersten Stunden sind dann ganz flott. Spätestens nach vier oder fünf Wochen heißt es dann: »Naja, ist ja doch wieder dasselbe geworden.« Da weckt man Erwartungen, die man gar nicht erfüllen kann. Und in den Abituraufgaben heißt es dann

wieder nur: Wie bekomme ich in einen Kreis ein möglichst großes Dreieck?
Diese Aufgaben müssen schließlich immer wieder gerechnet werden. Beispiele dazu fallen mir nicht mehr ein, und so denken dann viele: Der hat uns schlicht geködert.
Wenn du den Mathe-Unterricht wirklich interessant machen willst – auch bei Reaktortypen z. B. kommen Funktionen vor – dann mußt du auch die Hintergründe diskutieren. Das ist aber in einem derartig mit Prüfungswissen überfrachteten Fach nicht möglich, zumindest nicht in der Zeit, die dir an der SfE zur Verfügung steht. Irgendwann brennt es dir dann unter den Nägeln. Ein Stück weit identifiziert man sich ja mit den Ergebnissen im Abitur (auch wenn da immer ein paar Entschuldigungen parat liegen). Und schließlich kannst du die Entscheidung, ob die Schüler entweder wirklich was einigermaßen Nützliches lernen, was begreifen, oder ob sie mit stumpfsinnigen Inhalten die Prüfung bestehen, nicht allein und über ihre Köpfe hinweg fällen, zumal als jemand, der sein Abitur in der Tasche hat. Das ist eine unfaire Struktur. Die Schüler verlassen sich ja auf dich.
Also probierst du in den ersten Semestern ein bißchen rum, und im dritten fängts dann langsam an mit den kalten Füßen. Also wieder: gebrochene rationale Funktionen. Die kann ich im Tiefschlaf oder morgens um vier in der Kneipe aufsagen. Tödlich.
Die Prüfung setzt sich auch noch über die Schüler durch: wenn es wirklich mal interessant wird, kriegen viele ein schlechtes Gewissen. »So kann doch Mathematik nicht sein. Wenn wir hier experimentieren, gibts bestimmt hinterher Ärger mit der Prüfung.« Und mindestens zu 20% haben sie in derartigen Situationen Recht. Man hat eben nicht die Zeit, ein Semester dafür zu verwenden, die Prinzipien der Mathematik, die Übersetzung von Problemen in eine formale Sprache klarzumachen. Schließlich sollte Mathe als eine abrufbare Hilfswissenschaft dienen und nicht als Selbstzweck stehen. Sinnvollen Matheunterricht gibt es nur im Zusammenhang mit anderen Disziplinen, aus denen die Probleme und Fragestellungen kommen. Nicht wie an der Uni: Den Ingenieur interessiert folgender Limes... Oder schon in der Mittleren Reife: Was nützt es mir, wenn ich weiß, wieviel $(a^b)^x$ ist?

Wenn man dann fragt: Welche Phantasien habt ihr in bezug auf Mathematik? hört man: »Was? Wie? Phantasie und Mathematik? Frag mal was Realistisches!«
Kein Wunder, woher solls auch kommen.
Im Rahmen der SfE ist das nicht aufzuweichen. Ein Gestrüpp von Grenzen. Die Grenze Prüfung, die Grenzen der hochentwickelten Mathematik, die eigene begrenzte Phantasie unter den gegebenen Bedingungen. Hinzu kommt, daß auch bei relativ interessanten Inhalten eine Betroffenheit immer nur bei wenigen vorliegt. Die Wahrscheinlichkeit, im Lotto zu gewinnen, interessiert nur die, die Lotto spielen; der Rest gähnt.
Ich kann also nur das, was mich an den Naturwissenschaften noch interessiert, einbringen und gucken, was kommt. Und dabei habe ich im Hinterkopf: 1. Ellipsen, 2. Minimum-Maximum, 3. gebrochene rationale Funktionen, 4. Integralrechnung, 5. Vektorrechnung.
Auf den Klassenfeten kommen die Schüler dann zu mir und sagen: »Du bist eigentlich ein unheimlich netter Typ, schade, daß du Mathe machst!« Und durch die Blume oder direkt: »Eigentlich komm ich nur zum Matheunterricht, um dir einen Gefallen zu tun.«
Da hörts dann irgendwo auf.

Gudrun: Nicht zu Kreuze kriechen!
Die externe Prüfung

Während man in 2½ Jahren SfE mehr oder weniger mühevoll und erfolgreich gelernt hat, ohne den Druck durch Klausuren und Noten zu lernen, es vielleicht sogar geschafft hat, gemeinsam mit anderen herauszufinden, was und auch wie man lernen will, im allerpositivsten Fall auch die Lehrer als gleichberechtigte Menschen kennen und schätzen gelernt hat, als Menschen, die fehlbar und nicht immer allwissend sind, muß man sich nun in der externen Prüfung Bedingungen unterwerfen, die im direkten Widerspruch dazu stehen. Nun muß man, genau wie früher, wieder für die Lehrer, in unserem Fall für die Prüfer lernen. Jetzt ist es auch nicht mehr *sooo* wichtig, Zusammenhänge zu erkennen, eigene Einschätzungen zu ge-

ben. Auf Fakten, Namen, Zahlen, Formeln kommt es an. Gegenseitiges Helfen, zusammen etwas erarbeiten wird in der Prüfung zu Betrug: die Leistung jedes einzelnen soll ja erkannt werden.
Das alles war uns klar, bevor wir in die Prüfung gingen. Einige Arbeitsgruppen, in denen wir uns auf die Prüfung vorbereiten wollten, gingen drauf durch Diskussionen, ob es sich überhaupt lohne, diesen ganzen Zauber mitzumachen, nur wegen des Scheins. Schließlich hatten wir uns aber fast alle dazu durchgerungen, die Prüfung zu machen – immer mit dem Ziel im Hinterkopf, nicht zu Kreuze zu kriechen und auch innerhalb der Schule zu beweisen, man kann das Abi auch anders schaffen. Denn in der SfE gab und gibt es wohl noch immer einige Lehrer/innen, die die Angst der Schüler vor dieser Prüfung »ausnutzen« und verhindern, daß andere Lernformen, z. B. Projektunterricht, ausprobiert werden.
Vielleicht hab ich Glück gehabt, ich verbinde mit der Abiprüfung keine Horrorvorstellungen. Das liegt sicher auch daran, daß ich zwar vorher ganz schön zitter, aber wenn ich drin bin, ziemlich ruhig werde. So ging es mir früher schon immer. Teilweise – das mag für Leute, die mit der Prüfungssituation absolut nicht klar gekommen sind, total pervers klingen – hat mir die Prüfung sogar fast Spaß gemacht. In zwei Fächern, in denen ich mir Themen wählen konnte, die mich interessierten, gelang es, eine Diskussionssituation zu schaffen, das heißt, ich fühlte mich nicht mehr als der unterlegene, vom Prüfer abhängige Prüfling.
Sicher werden jetzt einige denken: Die Alte spinnt! Aber mir geht es darum zu zeigen, daß es zu einfach ist, nur auf die Prüfung zu schimpfen, und so zu tun, als müßten Leute, die die Prüfung machen wollen, auf jeden Fall ihre eigenen Meinungen begraben und den Prüfern immer nachplappern. Ich glaube, daß es bisher immer versäumt oder zuwenig betont wurde, wie entscheidend das Auftreten des Prüflings ist. Läßt er/sie sich durch eine blöde Frage des Prüfers aus dem Gleichgewicht bringen, weiß nichts mehr zu sagen und rennt womöglich heulend und zähneklappernd heraus? Oder wehrt er/sie sich, vertritt weiter die eigene Meinung?
Es ist keine Frage: die Prüfung ist entwürdigend. Leute, die man noch nie in seinem Leben gesehen hat, maßen sich an, das

Wissen eines anderen auf Grund eines 15minütigen Gesprächs zu beurteilen. Wie ein Automat soll man auf Stichwort oder Knopfdruck funktionieren und Wissen ausspucken. In manchen Fächern, z. B. Chemie, Fremdsprachen, sind die Prüfer nur darauf aus, deinen schwachen Punkt zu treffen. Haben sie den dann gefunden, bohren sie genau an der Stelle weiter, und du hast den Eindruck, als würden sie sich diebisch freuen, wieder mal jemandem zeigen zu können, was sie für Autorität und Macht haben, daß es von ihnen abhängt, ob du eine schlechte oder bessere Zensur bekommst. Hier zeigen die Erfahrungen aus vorangegangenen Prüfungen auch, daß man wirklich heilfroh sein kann, wenn diese Herrschaften so gnädig sind und noch eine »4« geben.
Überhaupt hat man das Gefühl, die Noten würden ausgewürfelt. Ich kann mir vorstellen – mir selbst ging es auch so – daß schon so mancher bei seiner eigenen Leistungseinschätzung auf die Schnauze gefallen ist bzw. sich gewundert hat, daß er ja wesentlich besser war, als er gedacht hatte.
Ich denke, daß sich die Prüfer immer noch leisten können, so mit uns umzuspringen, ist unser Fehler. Der Fehler der Lehrer und Schüler – auch ehemaliger – in der SfE.
Bisher wurde jedesmal nach einer Prüfung eine Versammlung abgehalten, die auch immer sehr gut besucht war und auf der meist erschreckende, unglaubliche Horrorgeschichten erzählt wurden. Diese Veranstaltungen haben die Angst, das Gefühl der Ohnmacht, des Ausgeliefertseins noch verstärkt. Selten wurden Gegenmaßnahmen überlegt, z. B. sich als Gruppe zu weigern, von einem Prüfer, der für seine Frechheiten bekannt ist, geprüft zu werden, oder daß von der Schule als Institution Maßnahmen ergriffen werden.
Immer wieder spielen sich die gleichen Szenen ab. Hat man es geschafft, einigermaßen ruhig zur Prüfung zu gehen, wird man spätestens im Vorbereitungsraum auf eine harte Belastungsprobe gestellt. Da sitzen die armen Geschöpfe, eine Zigarette nach der anderen qualmend, aufgeregt in Büchern oder ihren Aufzeichnungen blätternd und sich gegenseitig die Ohren voll jammernd, was sie alles nicht wüßten, daß sie gar keine Ahnung mehr hätten, panisch nach Lücken in ihren Spezialgebieten suchend, die sie jetzt, zwei Minuten vor ihrem Prüfungstermin, noch füllen wollen. Andere sehen total ge-

quält und apathisch aus, als würden sie bald vor ihren allerhöchsten Richter geführt werden. Kommt einer von seiner Prüfung zurück, stürzen sie sich hektisch auf ihn und quetschen ihn aus, was alles gefragt wurde und ob die Prüfer denn heute gute oder wieder – so wie gestern – schlechte Laune hätten.

Einige Lehrer tun so, als hätte man die Prüfung schon fast in der Tasche, wenn man immer ordentlich lernt, und zwar möglichst auch das, was der Stoffplan vorschreibt, wenn man lernt, »wissenschaftlich« zu arbeiten. Leute, die Angst haben vor der Prüfung, werden mütterlich in den Arm genommen und getröstet – statt ihnen zu sagen: Nutz die Möglichkeiten hier an der SfE, in der Selbstverwaltung, in der Klasse, im Unterricht oder sonstwo, lerne zu reden, eine eigene Meinung zu haben, deine Interessen zu bestimmen und zu vertreten, Sicherheit und Selbstbewußtsein zu bekommen.

Jedem ist klar, daß die Prüfung im Grunde eine reine Streßprüfung ist. Sogar die Prüfer geben das zu. Es ist ja auch wirklich schlecht möglich, in ca. 15 Minuten – diese Zeit hat man, um zwei Spezialgebiete vorzutragen und Fragen zu beantworten – Wissen zu beurteilen. Es kommt darauf an, daß du dich nicht so leicht aus der Fassung bringen läßt, den roten Faden behältst, das Wichtige erkennen und zusammenfassen kannst.

Da man gelernt hat, sich und seine Ideen ernst zu nehmen, diese Ideen zusammen mit anderen umzusetzen versucht, selbständig und selbstbewußter wird, lernt man auch, die Prüfung so wichtig zu nehmen, wie sie tatsächlich ist. Von ihr ist nicht das ganze zukünftige Lebensglück abhängig. Wenn man die Prüfung nicht besteht, braucht man sich deshalb nicht gleich aus der Bahn werfen zu lassen und meinen, man wäre halt doch zu dumm und zu blöd, um studieren zu dürfen.

Dann ist die SfE nicht darauf reduziert, Wissen zu vermitteln für die Prüfung, sondern die Zeit an der SfE bleibt wichtig, da man für sich selbst neue Sachen gelernt und gemacht hat, die viel wichtiger sein können als dieser Schein.

IV
SCHULE UND POLITIK

Politik und Schulöffentlichkeit

Eine Trennung Schule/Politik gibt es nicht. Das staatliche Schulwesen ist ein wichtiger Bestandteil der gesellschaftlichen Reproduktion, deswegen auch die strikte politische Kontrolle über die Schulen (Schulaufsicht, Rahmenrichtlinien, Disziplinierungen von Schülern und Lehrern etc.). Auch die Gründung staatlicher Schulen und die Einführung der Schulpflicht waren ein wichtiger politischer Akt. Die Abhängigkeit des Schulwesens von der politischen Geschichte und gegenwärtigen politischen Zielsetzungen wird – weitgehend mit Erfolg – jedoch verleugnet, am heftigsten von Politikern und Parteien, die den größten Einfluß auf die Schulen besetzt halten. Angekratzt wird diese künstliche Trennung in gelegentlichen Auseinandersetzungen um Schulreformen (Gesamtschulen z. B.), wobei aber peinlich darauf geachtet wird, daß diese Auseinandersetzungen nicht in den Schulen selbst, also von betroffenen Schülern und Lehrern, geführt werden.
Politik findet in staatlichen Schulen in der Regel statt bei feierlichen Anlässen (17. Juni, 30 Jahre Bundesrepublik, Inkrafttreten des Grundgesetzes). Mehr oder weniger langweilende Reden, umrahmt vom Schulorchester unter Leitung eines Musiklehrers, lassen dann jedes Interesse an politischen Vorgängen überhaupt abstumpfen bzw. gar nicht erst aufkeimen. Oder Politik findet statt in dem dafür vorgesehenen Fach, zweistündig. Die Kontrolle der Schulbürokratie, der Eltern (mitunter auch der Schüler) und Kollegen, auch das Selbstverständnis vieler Lehrer lassen in der Regel nur einen politischen Unterricht zu, der dem Ideal des »Staatsbürgers« verpflichtet ist.
Dieser »Staatsbürger« steht bescheiden auf dem Boden seines Staates, läßt Informationen am liebsten in fertig verpackter Form auf sich zukommen, meidet einseitige Stellungnahmen wie die Pest, wägt vorsichtig Vor- und Nachteile und gibt sich damit zufrieden, daß jedes Problem seine zwei Seiten hat.

Veränderungen und Risiken sind ihm unangenehm. Sein Verhalten hält er für vernünftig.
Politik-Machen kennt er vom Rollenspiel: wenn er mal den Bundeskanzler, den Bürgermeister oder sonst jemanden mimen darf. Mit ihm als Hauptschüler kann »Bild«, mit dem Gymnasiasten kann der »Spiegel« als Leser rechnen. Das Kunststück dieses Politikunterrichts besteht darin, daß die aus ihm resultierende Unfähigkeit zum politischen Engagement (im Beruf, im Stadtteil, in politischen Bewegungen) von den Betroffenen keineswegs als Manko, sondern als Beweis ihrer Überlegenheit empfunden wird. Diese verblüffende Verbindung von Ahnungslosigkeit, Unfähigkeit und Überlegenheitsgefühl ist immer wieder bei Leuten zu beobachten, die am Straßenrand stehend sich über Demonstrationen äußern, die gerade an ihnen vorüberziehen.
Kurz: die Vertreibung der Politik aus der Schule und aus den Köpfen der Schüler findet in den politischen Fächern erst ihren Höhepunkt. Wo dies durchbrochen wird, in Schüleraktionen, Flugblättern, Wandzeitungen etc., setzt dem die Schulbürokratie fast schon routinemäßig ein Ende – am energischsten übrigens dann, wenn nicht nur unbotmäßig diskutiert wird, sondern Ansätze politischen Handelns sichtbar werden. So wird auch dem letzten Schüler klar, daß Politik bestenfalls etwas mit Pro-und-Kontra-Diskussionen, auf keinen Fall aber etwas mit eigenen Aktivitäten zu tun hat.
Die herkömmliche Trennung von Schule und Politik wurde an der SfE allein schon durch die Art ihrer Gründung durchbrochen. Sie war das Ergebnis von Konflikten mit einer privaten Bildungsanstalt und ihrem Besitzer *und* das Ergebnis von Aktivitäten verschiedener Schüler und Lehrer, die ihre Erfahrungen produktiv umsetzten in neue Formen von Unterrichts- und Schulorganisation.
Auf den folgenden Seiten wollen wir nachzeichnen, wie sich das Verhältnis Schule/Politik in der SfE weiterentwickelte, in Diskussionen auf den Foren und Vollversammlungen, in Aktionen und auch im politischen Unterricht.

Die Phase der Hohen Politik und der K-Gruppen

In der Gründungsphase der SfE, im Februar 1973, erschien dieses Flugblatt:
»Schüler gründen ihre eigene Schule!
Die Bildungsmisere in West-Berlin und in der BRD ist inzwischen Thema vieler gesellschaftspolitischer Untersuchungen und Diskussionen geworden. Gerade im Zweiten Bildungsweg, der ja auch eine bildungskompensatorische Funktion erfüllen soll, wird immer deutlicher, daß sowohl die staatlichen als auch die privaten Lehranstalten den gesellschaftlichen Bedürfnissen quantitativ und qualitativ in keiner Weise genügen.
Vor einigen Monaten hat sich in West-Berlin eine Initiativgruppe gebildet, die mit erheblichem Arbeitsaufwand ein von der inhaltlichen Konzeption und der organisatorischen Unterrichtsdurchführung her für West-Berlin und die BRD neuartiges Schulprojekt entworfen hat. Wir werden beweisen, daß die Bildungsmisere in einem kapitalistischen Staat ihre Ursache nicht in der Bildungsunwilligkeit der Bevölkerung hat. Wir wollen beweisen, daß die mangelhafte Ausbildung der unterprivilegierten Klassen und Schichten unserer Gesellschaft nicht auf deren Unfähigkeit zurückführbar ist. Die gesamten sozial- und bildungspolitischen Bemühungen der BRD und West-Berlins haben es in 24 Jahren nicht fertig gebracht, mehr als 5–6% Arbeiterkindern ein Hochschulstudium zu ermöglichen. Wohl aber sind wir bereits auf dem Weltmarkt und im militärischen Bereich ›geachtete und geschätzte Partner‹!«
Hier wie auch in anderen Darstellungen aus dieser Zeit wurde die SfE in einen Zusammenhang gestellt mit antikapitalistischen Perspektiven, mit emanzipativen Zielen der (oder besser: für die) Arbeiterschaft. In einem Artikel aus dem Frühjahr 1974, vom Öffentlichkeitsausschuß der SfE verfaßt, stand:
»Sie (die SfE) kann sich als eine parteiliche Schule im Sinne der Arbeiterklasse verstehen, die vor allem versucht, den wirklichen Erkenntnisinteressen der Schüler gerecht zu werden und die Übereinstimmung von Erkenntnisinteressen und eigener Klassenlage immer bewußter zu machen.«
Dieser politische Anspruch bewegte sich in der Tradition der

Studentenbewegung bzw. ihrer Ausläufer wie der »Kritischen Universität«, die Wissenschaft nur noch »im Dienste des Volkes« gelten lassen wollte. Die Schwierigkeiten, die sich Studenten bei der Umsetzung solcher Ansprüche stellten (wo war das »Volk« in den Universitäten, wo meldete es seine Forderungen an die Wissenschaft an?), schienen an der SfE wie weggeblasen: als Teil des Zweiten Bildungswegs schien gerade sie als ein wichtiges Mittel, unterprivilegierten Leuten, vor allem aus der Arbeiterschaft, mehr Wissen über gesellschaftliche Zusammenhänge und Klassensituationen zu vermitteln.

In solchen Proklamationen wurde allerdings übersehen, daß der Anspruch »Arbeiterbildung« an der SfE ähnlich gekünstelt war wie an der Uni. Die meisten unserer Schülerinnen und Schüler kamen eher aus kleinbürgerlichen Kreisen (Beamte, Angestellte, Selbständige, Arztfamilien etc.). Dieser Widerspruch fiel aber im Eifer der politischen Gefechte der ersten Phase nur sporadisch auf und wurde immer wieder schnell vergessen.

Dem hohen Anspruch entsprechend waren auch die Themen der Foren, die – abgesehen von Fragen der Selbstverwaltung – sich um Berufsverbote, Gewerkschaftsausschlüsse, antiimperialistische Kämpfe in der Dritten Welt, Auseinandersetzungen zwischen der UdSSR und China, Kampagnen zum 1. Mai, Beteiligung an aktuellen Demonstrationen usw. drehten. Bestimmt wurden diese Diskussionen ab 1974 von heftigsten Wortgefechten zwischen Vertretern politischer Parteien oder Gruppen wie KPD, KBW, KPD/ML, KB Nord, SEW (= DKP), die auch die meisten Foren einberiefen. Darüber hinaus verteilten sie Flugblätter in den Klassen, richteten eigene Informationsbretter ein; ihre »Kader« versuchten, durch Nachmittagsveranstaltungen, Schulungen (es gab ca. ein Jahr lang bei uns einen »Thälmann-Kreis«) und Filmabende neue »Sympathisanten« zu werben.

Das anfangs vorhandene Interesse vieler SfE'ler an solchen Veranstaltungen verlor sich allmählich. Teils blieben die Foren leer, weil Schüler und Lehrer des Hick-Hacks müde wurden; teils wurden die Foren einfach nur noch als Zirkus betrachtet, in dem die »Kader« der K-Gruppen als Unterhaltungskünstler auftraten. Vereinzelt gab es auch Versuche, über das entpoliti-

sierende Vorgehen der K-Gruppen zu diskutieren. Das stieß zwar immer wieder auf ein positives Echo, konnte aber die Lethargie der nichtorganisierten Mehrheit an der SfE nicht aufbrechen.
Diese Phase dauerte so von 1974 bis 1976/77. Sie war ein Reflex auf die Entwicklung in der Linken generell, auf die angestrengten Versuche, durch Agitation neue kommunistische Parteien aufzubauen.
Gemessen an dem Anspruch, Schule und Politik nicht zu trennen, war diese Phase zunächst positiv. Die SfE bzw. ihre Mitglieder beteiligten sich an Diskussionen und Demonstrationen, unterschrieben Resolutionen. Auch die Offenheit der SfE für Diskussionen, die von den K-Gruppen oder SEW-Leuten angezettelt wurden, kann man, gemessen an den gleichzeitig laufenden Unterdrückungsversuchen in staatlichen Schulen, als positiv verbuchen. Andererseits wurde diese Offenheit im Laufe der Zeit immer hilfloser und passiver. Die SfE wurde einfach überrannt; die Starredner der politischen Gruppen lieferten am laufenden Band Argumente, Verurteilungen, Beschimpfungen und Resolutionen, und der überwiegende Rest der Schüler und Lehrer wandte sich resigniert oder desinteressiert ab.
Der Effekt, so von den politischen Gruppen sicherlich nicht beabsichtigt, war damit vergleichbar dem des Politikunterrichts an staatlichen Schulen: Politik war etwas, was die anderen machten, Politik erschien als Mittel des verbalen Schlagabtauschs und der rhetorischen Tricks, Politik wurde »gemacht« von einer kleinen Clique untereinander befeindeter Rednerinnen und Redner. In dieser Phase war es z. B. sehr schwer, im Unterricht auf Themen wie Dritte Welt, China etc. einzugehen: teilweise aggressiv wandten sich Klassen gegen die Behandlung aktueller politischer Themen. Insofern konnte der Anspruch, Schule und Politik nicht zu trennen, nur scheinbar eingelöst werden.

Die Phase der Politik von innen nach außen und die der Spontis

Das änderte sich langsam in den Jahren 1976/77. Der Zweite Bildungsweg wurde bedroht durch Beschlüsse der Kultusministerkonferenz, die Oberstufenreform auch auf den ZBW anzuwenden. Das bedeutete, vor allem für die staatlichen ZBW-Schulen, daß ihnen der bisher zugestandene Freiraum (erwachsenengemäßes Lernen, Mitsprache bei der Themenfindung, Orientierung der Lerninhalte an Berufserfahrungen) geraubt werden und der aus dem Ersten Bildungsweg bekannte Konkurrenzdruck und die Zersplitterung in einzelne Kurse eingeführt werden sollten. Auch die SfE war von diesen Beschlüssen betroffen: die externe Abiturprüfung sollte entsprechend der Oberstufenreform geändert werden (Einführung von Leistungsfächern, neue Bewertungskriterien, Eingrenzung von Kursthemen). Für alle ZBW-Schüler sollte außerdem der 0,5-Bonus gestrichen werden, das heißt, die Herabsetzung ihrer Abiturdurchschnittsnote um 0,5 Punkte. Dieser Bonus hatte bis dahin vielen ZBW-Schülern die Chancen verbessert, auch in hart umkämpften Numerus-clausus-Fächern zu studieren.
Die Reaktion auf diese Bedrohung waren zunächst verschiedene Vollversammlungen aller ZBW-Schulen. Im Februar 1976 wurde dann der erste Schulstreik gegen die Einführung der Oberstufenreform beschlossen. Im November/Dezember 1976 und im Januar/Februar 1977 folgten weitere Streiks, die sich nicht nur gegen die Oberstufenreform, sondern gegen politische Disziplinierungen im gesamten Ausbildungsbereich richteten und im Zusammenhang mit Streikaktionen der Hochschulen und Fachhochschulen standen. Für die SfE kam noch eine Aktion im Mai 1977 hinzu. Mit einem Go-in von etwa 200 Leuten protestierten wir beim Senator für Soziales dagegen, daß unseren Mittlere-Reife-Schülern, die von Sozialunterstützung lebten, das Schulgeld für unsere Schule nicht mehr angerechnet wurde.
All diese Aktivitäten waren deswegen so wichtig, weil in ihnen die SfE zum ersten Mal seit ihrer Gründung politisch nach außen wirkte. Sowohl bei der Vorbereitung der Vollversammlungen und Demonstrationen als auch bei der Absprache mit

anderen ZBW-Schulen, bei Protestversammlungen gegen Disziplinarmaßnahmen an staatlichen ZBW-Schulen (Lehrer und Schüler wurden dort mit Rausschmiß bedroht, weil sie den Streik unterstützten) waren Schüler und Lehrer der SfE stark beteiligt. Während der Streiktage wurden in der SfE Arbeitsgruppen gebildet, unsere Druckmaschine lief auf Hochtouren; mit Glühwein, Plakaten und Flugblättern zogen viele von uns in die kalte Stadt Westberlin, um die Bevölkerung über unsere Situation und Forderungen zu informieren.

Diese Aktionen, die sich eben nicht mehr auf Redeschlachten reduzierten, bestärkten viele aus der SfE darin, daß eine politische Arbeit nicht den organisierten »Kadern« überlassen werden konnte und eine Abwehr gegen die Bevormundung durch die K-Gruppen nur dann erfolgreich sein konnte, wenn wir selbst aktiv waren. Wichtig für dieses neue Selbstbewußtsein war auch die Erfahrung, daß die »Kader« zwar bei den Vollversammlungen immer noch und unverdrossen versuchten, die Diskussion an sich zu reißen, bei der »Kleinarbeit« aber (Flugblätter verteilen, Mitarbeit in Arbeitsgruppen usw.) durch Abwesenheit glänzten. Das lag allerdings nicht an ihrer Faulheit, sondern daran, daß sie von ihren Hauptleuten einen Terminkalender aufgebrummt bekamen, der ihnen für »Nebensächlichkeiten« einfach keine Zeit ließ. Wir haben bei vielen erlebt, wie sie durch diese fremdgesteuerte Hektik physisch und psychisch kaputtgemacht wurden.

Auf den Foren wurden jeweils Streikräte gewählt. Sie unterrichteten Schüler und Lehrer täglich über den Stand des Streiks an anderen Schulen, über geplante Aktionen etc., waren an die Beschlüsse der Foren gebunden und jederzeit abwählbar. Das verhinderte, daß einzelne Starredner zu Oberstreikräten wurden. Auf den großen Vollversammlungen während der Streiks (manchmal waren da bis zu 2000 Schüler und Lehrer versammelt) wurde das Selbstbewußtsein der Nicht-Organisierten (Spontis wurden sie genannt) noch dadurch gestärkt, daß die wiederholten Versuche von K-Gruppen, die Streiklinie zu bestimmen, regelmäßig abgeblockt werden konnten. In einigen Vollversammlungen wurde sogar ein Redeverbot für K-Gruppen erwogen.

Aus diesen Streikerfahrungen und Erfolgen entwickelte sich in der SfE eine Gruppe von ca. 30 Aktivisten, die nicht nur die

Terror an der SfE!

Schon seit geraumer Zeit ist zu beobachten, daß eine kleine, aber lautstarke Gruppe die überwiegende und vernünftige Mehrheit von Schülern und Lehrern unterdrückt, ja terrorisiert.

Ständig versucht diese Gruppe, die sich vor allem im Öffentlichkeitsausschuß (ÖA) eingenistet hat, auf Foren, auf Fachkonferenzen und in einzelnen Klassen ihre Auffassungen durchzusetzen und immer neue Anforderungen an Schüler und Lehrer zu stellen. Das geht soweit, daß von Lehrern verlangt wird, sie sollten ihre Stellung zur angeblich drohenden Oberstufenreform offenlegen, und daß Lehrer aufgefordert werden, ihre Haltung zur Schule darzustellen und zu begründen, warum sie sich nicht an der Selbstverwaltung beteiligen. Als ob das irgendetwas aussagt über die Qualität der einzelnen Lehrer!

Ebenso wird die Masse der Schüler eingeschüchtert: es wird von uns verlangt, daß wir uns jetzt schon zum zweiten Mal nach den Sommerferien einen ganzen Tag lang mit den Problemen der Schule beschäftigen sollen. Der vernünftige Vorschlag, eine solche Diskussion für Interessierte an einem Sonnabend durchzuführen, wurde von dieser radikalen Gruppe abgeblockt mit dem Scheinargument, daß sich alle um die Probleme der Schule kümmern müssen. So geht uns wieder ein wertvoller Tag verloren.

Dazu kommt, daß in der letzten Zeit kaum ein Forum vergeht, wo nicht die Anwesenden gezwungen werden sollen, sich bei bestimmten Anlässen (so z.B. auf dem Info-Stand in der Hasenheide oder auf dem Frauentreffen zur Bundestagswahl) 'freiwillig' zu melden, um Propaganda für unsere Schule zu machen oder zu Vollversammlungen anderer Schulen (so zum Berlin'Kolleg oder zur Volkshochschule Charlottenburg) zu gehen, die uns im Grunde gar nichts angehen. Gott sei dank hat sich in unserer Schüler- und Lehrerschaft die Haltung durchgesetzt, daß man auf solche durchsichtigen'Anträge' nicht mehr reagiert. Das Ergebnis ist dann aber immer, daß wir beschimpft oder schief angeguckt werden - also wieder Terror!

Und schließlich die Anmaßung, daß der ÖA jeden Montag abend bzw. Dienstag früh ein ganzes Forum für seine Mitteilungen und immer neuen Probleme in Anspruch nimmt. Kann denn der ÖA seine Angelegenheiten nicht selbst regeln? Warum die dauernde Belästigung mit dem ZBW-Plenum oder , wie zuletzt, mit den Diskussionen um Aktionen gegen die Oberstufenreform? Haben wir denn nichts Besseres zu tun? Wenn der ÖA was gegen die Oberstufenreform machen will, dann soll er doch Briefe an den Senat schreiben. Aber nein, wieder sollen wir ' gemeinsam' was machen und nach dem Willen dieser Gruppe womöglich einen Warnstreik unterstützen.

Wir, die Vernünftigen in dieser Schule, sollten es endlich einmal deutlich sagen: Wir haben es satt, daß man sich dauernd über (angebliche) Probleme dieser Schule Gedanken machen soll! Wir haben es satt, daß von uns ständig Mitarbeit gefordert wird. Wir haben es satt, daß unsere Lehrer unter Druck gesetzt werden. Und wir haben es auch satt, daß bestimmte Leute, ob einige Lehrer oder Schüler, uns auch in der Unterrichtszeit mit solchen Fragen wie Oberstufenreform, Schulprobleme und sogenannte Klassenprobleme behelligen. Wir wollen uns endlich auf das konzentrieren können, was uns wichtig erscheint: uns in Ruhe auf die Mittlere Reife oder das Abitur vorzubereiten. Alles andere ist Privatsache und soll es auch bleiben!

PS. Aus oben geschilderten Gründen muß dies Flugblatt anonym veröffentlicht werden!

(1976)

Auseinandersetzung mit den K-Gruppen und SEW-Leuten bestand, sondern auch innerhalb der SfE zu mehr politischer Aktivität aufforderte, die Lehrer zu einer entschiedenen Haltung gegen die Oberstufenreform drängte, die Passivität vieler Schüler und Lehrer in der Selbstverwaltung angriff und von der SfE eine verbindliche Diskussion über ihr politisches Selbstverständnis forderte. Daraus entwickelte sich ein neuer Konflikt: der zwischen den Streikaktivisten und der »schweigenden Mehrheit« an der SfE, die aus unterschiedlichen Gründen kein Interesse an mehr politischer Aktivität, besser funktionierender Selbstverwaltung und an einer Selbstverständnis-Diskussion hatte. Die »Spontis«, die in ihrem Kleinkrieg gegen die K-Gruppen zunächst auf einer Welle der Sympathie schwammen, fanden sich plötzlich in der Rolle von politischen Aktivisten, die von der Mehrheit als »aufdringlich«, »abgehoben« (ein Modewort dieser Phase) empfunden wurde.

Die Lernzieldiskussion 1976/77

Über Lernziele war schon früher an der SfE diskutiert worden, jedoch nur im Zusammenhang mit den politischen Fächern. Ende 1976 bahnte sich dann eine umfassende Diskussion an. Zum einen zeigte sich in den Streik-Wochen im Dezember 1976, vor allem bei der Wiederaufnahme des Streiks im Januar 1977, daß die aktive Beteiligung am Streik schnell zurückging, daß sich immer weniger an den Arbeitsgruppen (die von Schülern anstelle des Unterrichts angeboten wurden) über die Oberstufenreform, das Hochschulrahmengesetz, Berufsperspektiven für SfE-Schüler, AKW's etc. beteiligten. Von zu vielen wurde der Streik (an den Universitäten war es nicht anders) als eine willkommene Verlängerung der Weihnachtsferien gefeiert. Konflikte ergaben sich auch dadurch, daß sich in der SfE Schüler anderer Schulen zur Streikvorbereitung trafen, gleichzeitig aber Prüfungsklassen der SfE auf ihrem Unterricht bestanden. Das heißt, der Streik wurde an der SfE, wo er im Grunde risikolos war, nicht so konsequent durchgehalten wie an den staatlichen Schulen.
In die Auseinandersetzungen zwischen »Aktiven« und »Passi-

ven«, zwischen Schülern, die den Streik trugen, und denen, die lieber Unterricht haben wollten, schalteten sich nun auch Lehrer ein, die den Streik an der SfE sowieso ablehnten (»Wir bestreiken uns doch selber!«) und die unterrichtsbeflissenen Schüler unterstützten. Diese Lehrer verstärkten bei den »Aktiven« den Verdacht, daß die Streikmüdigkeit vieler Schüler durch mehrere Lehrer verstärkt werde.

Die Fronten, die sich dabei auftaten, waren im Ansatz schon vorher vorhanden. Sie entwickelten sich aus den Fragen: Wie verbindlich ist für Schüler und Lehrer eine Mitarbeit in der Selbstverwaltung? Welche Kriterien gibt es für die Lehrerbestätigung bzw. -abwahl? Bei einigen Abwahlen im Oktober 1976 war dabei einer Klasse, die sich in der Selbstverwaltung (und später auch beim Streik) als sehr aktiv hervortat, der Vorwurf gemacht worden, sie wähle Lehrer aus politischen bzw. schulpolitischen Gründen ab. Dabei fiel auch das Wort »Berufsverbot«.

In dieser Situation wurde eine umfassende Lernzieldiskussion vom »aktiven« Teil in der SfE angezettelt mit der Zielrichtung, innerhalb der Schule und bei den Lehrern einen Klärungsprozeß über unser politisches Selbstverständnis in Gang zu setzen. Folgendes Papier wurde in der Schule verteilt:

»1. LERNZIELE AUF DER ERKENNTNISEBENE

Grundlagen und Widersprüche dieser kapitalistischen Gesellschaft erkennen

Diese Erkenntnisse nicht begreifen als individuelle Qualifikation, sondern als Hilfsmittel kollektiver Veränderung und kollektiven Widerstands

Gesellschaft als sich ständig verändernd und veränderbar sehen

Gesellschaftlichen Verhältnissen nicht nur beobachtend und ohnmächtig gegenüberstehen

Zusammenhänge zwischen persönlichen Erfahrungen und gesellschaftlichen Zuständen erkennen

Zusammenhänge zwischen historischen Vorgängen und heutigen Zuständen herausarbeiten, aus der Geschichte lernen

Die Frage: ›Was nützt uns das‹ als wichtigste Frage bei allem Lernen sehen

Die Mitglieder der Gesellschaft (also auch uns) nicht nur als

Produkte (Opfer), sondern auch als *Produzenten* dieser Gesellschaft sehen

Aus der Erkenntnis gesellschaftlicher Widersprüche Schlußfolgerungen ziehen für den Standpunkt, den man in gesellschaftlichen Konflikten zusammen mit anderen einnehmen will/muß

Soziale und politische Vorgänge einordnen und bewerten können in einem systematischen Zusammenhang

Konkrete Schritte und Entscheidungen in Beziehung setzen können zu längerfristigen Zielen (Strategie/Taktik)

Auseinandersetzungen führen können mit bürgerlichen Vorstellungen

Soziale Phantasie entwickeln, d. h. über den bürgerlichen Rahmen hinausdenken können

Gemeinsam Alternativen zu dieser Gesellschaftsordnung entwickeln

II. LERNZIELE AUF DER VERHALTENSEBENE

A. Persönliche Weiterentwicklung im kollektiven Prozeß

Zusammenarbeiten können

Nicht besser sein wollen als andere (fachlich, politisch), sondern zusammen mit anderen Verbesserungen anstreben

In der Zusammenarbeit mit anderen nicht nur auf Ergebnisse, sondern auch auf gleichmäßige Beteiligung und gemeinsame Lernprozesse achten

Arbeitsschwierigkeiten anderer nicht durch gesteigerte individuelle Aktivität übergehen

Sich nicht abfinden damit, daß Aktivitäten von anderen kommen, andererseits aber auch bereit sein, Vorschläge anderer ernsthaft zu prüfen und zu übernehmen

Sich nicht von der Passivität anderer lähmen lassen, sondern den mehr Passiven vermitteln, warum man aktiv ist und was daran Spaß macht

Angeeignete Fähigkeiten nicht als persönliches Verdienst anderen gegenüber ausspielen

Nicht entwickelte Fähigkeiten nicht als naturgegeben hinnehmen

Selbstdisziplin üben, d. h. nicht nur auf äußeren Druck, sondern aus Verantwortung anderen gegenüber bestimmte Verpflichtungen übernehmen

Individuelle Probleme in Beziehung setzen zu allgemeinen

Problemen, ohne deswegen die Lösung dieser Probleme zu verschieben oder allein von anderen zu erwarten

Die Bewältigung persönlicher und (schul-)politischer Probleme nicht voneinander isoliert sehen oder als ein Nacheinander begreifen (also entweder: erst kommt die politische Befreiung, dann die persönliche, oder umgekehrt: erst kommt die persönliche Befreiung, dann die politische), sondern die Bewältigung ineinander verschränkt sehen und angehen

Diskussionen nicht um des persönlichen Triumphs willen an sich reißen

Sich mit Redebeiträgen oder anderen Aktivitäten zurückhalten, wenn dadurch anderen, die sonst eher zurückhaltend sind, die Möglichkeit zum Mit-Reden und Mit-Machen gegeben wird

Während der Diskussion mitdenken; nicht nur an den eigenen Beitrag denken, sondern den Diskussionsablauf und -stil in die eigenen Überlegungen einbeziehen

B. Verhältnis zur Kritik

Kritik an anderen öffentlich üben, Kritik ernst nehmen und gegebenenfalls, wenn sie als unberechtigt empfunden wird, auch zurückweisen

Mißtrauisch sein gegenüber fertig und schön formulierten Positionen (in der Klasse, in Ausschüssen, gegenüber Lehrern etc.)

Anderen nicht nach dem Mund reden, bloß weil die ›angesehen‹ sind

Probleme direkt benennen, Auseinandersetzungen nicht in Scheingefechten austragen

Probleme nicht nur benennen, sondern ihre Lösung gemeinsam mit anderen angehen

Diskussionen, die einem nichts bringen, während der Diskussion kritisieren und nicht erst hinterher (gilt auch für Unterricht)

Unzufriedenheit mit schlechten Verhältnissen nicht für sich behalten

Sich nicht zufriedengeben mit der Feststellung: dazu gibt es eben zwei Auffassungen, sondern einseitig sein können

C. Verhältnis zu Emotionen

Ängste, Zweifel, Unsicherheiten nicht verschweigen, sondern in die Diskussion einbringen

Frustrationen nicht in Passivität und Selbstmitleid münden lassen

Ängste überwinden beim Reden vor mehreren Leuten (in der Klasse, auf Foren, VV's)

Dieses Angst-Überwinden nicht verstehen als individuelle Qualifizierung, sondern als kollektiven Prozeß

Empörung, Wut, Enttäuschung nicht als vorübergehende Anwallungen verdrängen oder in sich reinfressen, sondern produktiv machen für weiteres Arbeiten

Freude, Anerkennung gegenüber anderen ausdrücken können

D. Umsetzen

Ziele gemeinsam formulieren, diese Ziele verfolgen und evtl. auch revidieren können

Ziele anderen vermitteln, Aktivitäten zusammen mit anderen zur Erreichung des Ziels ergreifen

Mißerfolge verarbeiten, Fehler zugeben, neue Anläufe machen, falls der eingeschlagene Weg (wenn auch vorerst wenig erfolgreich) doch als richtig eingeschätzt wird

Hilfsmittel in Anspruch nehmen (Leute anhauen, Bücher, Material besorgen)

Zur Durchsetzung (schul-)politischer Ziele sich gegen andere Vorstellungen und Aktivitäten organisieren können

Das Einzelkämpfertum bekämpfen

Bereitschaft, Unannehmlichkeiten bei der Durchsetzung von Zielen in Kauf zu nehmen

Übernommene Arbeiten verbindlich ausführen

Flugblätter, Papiere schreiben können, die andere auch verstehen können

Verschiedene Ziele auf verschiedenen Ebenen (z. B. Unterricht und Selbstverwaltung) miteinander verbinden

Auseinandersetzungen auch auf die Spitze treiben, praktische Konsequenzen ziehen, auch wenn's unbequem ist.«

Dieses Papier wirkte in der Schule wie eine mittlere Bombe. Zunächst nur für die Fachkonferenz Gesellschaftslehre vorgelegt, wurde es schnell in der ganzen Schule publik und führte vor allem zwischen den Lehrern zu einem offenem Schlagabtausch, in dem die Schüler oft nur die Funktion von Hilfstruppen für die betreffende Lehrerfraktion übernahmen. Das Klima, schon während der Streikwochen überreizt, verschlechterte sich abermals. Bei den Diskussionen rückten die unterschiedlichsten Lager zusammen, gingen Koalitionen ein mit dem Ziel, die Lernziele erstmal abzuschmettern und damit auch eine mögliche Neuorientierung der Schule. Einsam stand das Häufchen von Schülern und Lehrern da, das diese Lernzieldiskussion in Gang gesetzt hatte.

Kritik an den Lernzielen wurde von Lehrern so geäußert:
Sie seien dogmatisch, setzten politisches Bewußtsein voraus, enthielten die Gefahr eines Parteischematismus
Sie seien eine Aufzählung von Gemeinplätzen und entwikkelten nichts, was in der Schule nicht schon latent vorhanden wäre
Sie seien stark leistungsorientiert, verstärkten den Konflikt zwischen »Passiven« und »Aktiven«, begünstigten somit Klassenspaltungen
Die den Lernzielen zugrunde liegenden politischen Theorien seien nicht offen ausgesprochen
Die Lernziele seien gar keine Lernziele, sondern eine Art linker Hausordnung, linker Ethik oder linker Katechismus
Die Lernziele würden Lernprozesse eher erschlagen als fördern
Sie seien gar nicht materialistisch-links, sondern idealistisch-ethisch, damit bürgerlich oder reaktionär
Lernziele seien in einer selbstverwalteten Schule ein Widerspruch in sich, sie seien Ausdruck eines Mißtrauens gegenüber selbstbestimmtem Lernen
Sie seien extrem lustfeindlich
Sie enthielten in pfäffischer Sprache Pfaffenweisheiten.

Die große Mehrheit der Lehrer lehnte auf verschiedenen hektischen Treffen die Lernziele ab. Dabei kam es kaum zu sachlichen Diskussionen über einzelne Lernziele; Gegenvorschläge wurden nicht gemacht. Die auch persönlich scharf geführten Auseinandersetzungen (»Du Arschloch«, »Autoritäre Sau«, »Du bist genauso dämlich wie du aussiehst«) zeigten, daß die Lernziele auch als persönliche Bedrohung verstanden wurden, als ein Versuch, innerhalb der Schule höhere Anforderungen an die Lehrer zu stellen, die auch praktische Konsequenzen haben könnten: erhöhte Gefahr einer Abwahl

durch die Klassen, mehr Verbindlichkeit und mehr Mitarbeit in der Selbstverwaltung.
In den Klassen ging es im allgemeinen ruhiger und souveräner zu. Den Schülern gingen die Lernziele nicht so unter die Haut wie den Lehrern; in vielen Klassen wurden die Lernziele zwar als Anregung begrüßt, ihre Übernahme jedoch abgelehnt. Manche Klassen hatten gar kein Interesse, aus unterschiedlichen Gründen. So lehnte eine Klasse die Diskussion über die Lernziele mit der Begründung ab, es sei durch den Streik schon Zeit genug vertrödelt worden, sie wolle endlich mal wieder Unterricht machen und nicht dauernd diskutieren. Eine andere war damit beschäftigt, eine Selbsterfahrungsgruppe aufzubauen. Von zwei Klassen wurden die Lernziele als linker, lustfeindlicher Knigge abgelehnt. Einige fanden die Lernziele für Schüler erdrückend, sie seien vor allem für Arbeiterkinder viel zu hochgestochen. In den Reaktionen der Klassen spiegelte sich manchmal, mit welchen Lehrern, das heißt, welchen Lehrerfraktionen, sie Unterricht hatten.
Angesichts dieser Lage wurde von den Verfassern der Lernziele ein zweites Papier nachgeschoben, das versuchte, die Gegenargumente abzuschwächen und Schülern und Lehrern vor allem die Angst auszureden, daß mit den Lernzielen ein Aussieben von Lehrern und Schülern beabsichtigt sei. Dieses Beruhigungspapier hatte die gegenteilige Wirkung: es verstärkte die (sicherlich berechtigte) Ahnung, daß genau das mit den Lernzielen letzten Endes passieren könnte. Der Angriff wurde also abgeschlagen, die Fronten und Fraktionen blieben der Schule erhalten. Das Wort »Lernziele« wird seither in der Schule vermieden.
Dennoch hatte die Lernzieldiskussion ein Ergebnis. Die wütend ertragene Erfahrung, daß im Rahmen der Schule über Diskussionen und Positionspapiere nichts verändert werden konnte, führte die »radikale« Minderheit endlich zu dem Schritt, Veränderungen nicht nur zu fordern, sondern in einzelnen Klassen und Ausschüssen zu *praktizieren*. Das war ein wichtiger Schritt raus aus einer lähmenden Situation: die verschiedenen Fraktionen in der SfE blockierten sich gegenseitig in Grundsatzdiskussionen durch ihren Anspruch, ihre Position als *die* verbindliche Position der SfE durchsetzen zu wollen. Mit der Aufgabe des »Alleinvertretungsanspruchs«

konnten neue Versuche überhaupt erst gestartet werden, in der SfE zumindest an einigen Punkten die Erstarrung zu überwinden, die rhetorische Ebene zu verlassen und in die Schule neue Bewegung zu bringen.

Über den Umgang mit Ansprüchen

Zwei Unarten des Umgangs mit eigenen Ansprüchen fallen auf.
Die eine ist ausgesprochen liederlich. Wir tragen die Ansprüche zwar mit uns rum, lassen sie aber immer wieder liegen. Selten freuen wir uns, wenn wir sie wiederfinden. Böse werden wir, wenn sie uns von anderen hinterhergetragen werden. Daß sie uns lästig sind, geben wir nicht zu. Manchmal brauchen wir sie allerdings, um zu zeigen: wir haben auch welche. Irgendwann werden sie, kaum genutzt, weggeworfen.
Die andere Unart ist anstrengender. Wir tragen die Ansprüche mit beiden Händen sichtbar über dem Kopf. Sie sind so schwer, daß wir aus dem Gleichgewicht geraten, wenn wir mit der einen Hand etwas anderes tun wollen. Ein langsames Senken der Ansprüche kommt gar nicht in Frage. Dafür sind sie zu gewichtig. Also bleibt nur der Sturz. Ein erneutes Hochreißen geht über die Kräfte. Wir kennen das vom Gewichtheben.

Die Phase der Entdeckung des Innenlebens
oder
Politik als Privatsache

Die hektische und lautstarke Zeit der SfE-internen Auseinandersetzungen wurde seit Ende 1977 abgelöst von einer relativ friedlich-beschaulichen Phase, in der politische Themen in den Hintergrund traten, dafür mehr Selbstverwaltungsthemen besprochen wurden. Politische Diskussionen gingen nur noch von Einzelnen oder kleinen Interessengruppen aus, so die Diskussionen über die Bewegung 2. Juni und die Haftbedingungen politischer Häftlinge (einige ehemalige Schüler der SfE waren davon direkt betroffen), die AKW-Diskussionen, die Beteiligung an den Demonstrationen von Brokdorf, Grohnde, Kalkar, Gorleben (dort hatte die SfE eine Parzelle gepachtet). Diese Diskussionen und Aktivitäten waren nicht mehr mit dem Anspruch verbunden, die ganze Schule zu mobilisieren. Thema von verschiedenen Foren waren auch der § 218, woraus kurzlebig auch Frauengruppen entstanden – allerdings nicht mit dem Erfolg, den man an einer Schule mit ca. 70% Frauenanteil hätte erwarten können.

Parallel zu diesen Veränderungen in den politischen Diskussionen sind Veränderungen in den Klassen zu sehen.

In der ersten Phase bis Anfang 1976 verstanden sich die Klassen überwiegend als Lerneinheit, als mehr oder weniger zufällig zusammengewürfelter Haufen von Schülern, die Abitur oder Mittlere Reife machen wollten und ihr Selbstverständnis eher im Bezug zur ganzen Schule entwickelten als im Bezug zur Klasse selbst. In dieser Phase waren z. B. Klassenzusammenlegungen ganz unproblematisch, eben weil kein politischer oder persönlicher Anspruch an die Klassen gerichtet wurde. Private Beziehungen wurden, wenn sie innerhalb der Klasse entstanden, als positiv verbucht; fehlten sie, war das kein Grund, alles zu problematisieren oder die Klasse zu wechseln. Die großen Auseinandersetzungen fanden auf den Foren, nicht in den Klassen statt. Auch die K-Gruppen-Leute hielten sich in den Klassen zurück, traten dort nicht als Agitatoren auf, sondern machten Mathe, Chemie und Deutsch wie andere Schüler auch. Die Klassen hießen damals schlicht A 4 oder T 7.

In der zweiten Phase, 1976/77, entstanden neue Ansprüche. Von den Klassen wurden stärkere Aktivitäten in der Selbstverwaltung, in der Unterstützung von Aktionen (Streiks, Versammlungen etc.) und Stellungnahmen zur Selbstverständnis-Diskussion (z. B. zu den Lernzielen) erwartet. Zwar konnte dieser Anspruch von vielen Klassen durch Passivität und freundliche Ignoranz unterlaufen werden; er war aber in der Schule vorhanden und wurde auf Foren und Vollversammlungen immer wieder diskutiert. Es kam zu Klassenspaltungen (die Aktivisten setzten die Passiven »unter Druck«), und Lehrerabwahlen, Klassenbezeichnungen wie »A 5 (roter)

Stern«, »A 4 Ideal« symbolisierten, wenn auch ironisch, diese neuen Ansprüche.

In der Phase ab 1978 entwickelte sich langsam, aber nachhaltig ein Verständnis der Klasse als Gruppe, in der man nicht nur gemeinsam Unterricht machte, sondern auch persönliche Probleme, Lernschwierigkeiten, Orientierungsschwierigkeiten etc. besprechen konnte. Das gemeinsame »feeling« entwickelte sich; die Haare von Männern und Frauen wurden immer röter, Halstücher und bunte Latzhosen unersetzlich.

Klassenzusammenlegungen sind seither fast ausgeschlossen. Neu ankommende Schüler werden nicht wie bisher einfach in Klassen hineingesetzt. Die neuen Klassen bilden sich erst nach einer längeren Einführungsphase, in der über Lernformen, Gruppenverständnis, persönliche Interessen diskutiert wird. Langsam finden sich so mehr oder weniger homogene Interessengruppen zu Klassen zusammen. Für diese Phase typisch sind Klassennamen wie »A 3 gemütlich« oder »A 5 Sofa«.

Dieser Trend, hier stark vereinfacht wiedergegeben, ist natürlich im Zusammenhang mit Entwicklungen in der Linken allgemein zu sehen:

In den Jahren 1970–75 der Versuch, an Traditionen der Arbeiterbewegung anzuknüpfen, Parteien aufzubauen; konkurrierendes Bemühen der Parteiansätze um Sympathisanten und spektakuläre Aktionen, um das Aufzeigen der richtigen Linien im Klassenkampf; der lehrhafte und dogmatische Redestil.

Nach 1975, nach dem offenkundigen Scheitern der Parteiansätze, der Versuch, Politik neu zu bestimmen als eigenständige Interessenvertretung, ausgehend von den Problemen und Interessen der jeweils Betroffenen; also Politik ohne Forderungen und Leitsätze, die an die »Massen« herangetragen werden und sie für vorformulierte Ziele mobilisieren sollen.

Schließlich die dritte Phase, entstanden aus Frustrationen, Ängsten (Berufsverbote etc.) und Resignation, die Phase der Entdeckung von persönlichen Problemen, der Sensibilität für Gruppenprozesse, die Phase der Erkenntnis, daß ohne Veränderung der eigenen Lebensweise und des Gruppenverständnisses gesellschaftliche Veränderungen eh nicht zu erreichen sind. Und aus dieser Erkenntnis auch neue Aktivitäten: die Gründung von Kollektiven, das Aussteigen aus vorgegebenen Karrieren, der Versuch, nicht immer nur und immer wieder neue Nachteile des Kapitalismus aufzuspüren, sondern eigene Vorstellungen und Wünsche in die Praxis umzusetzen – alles Prozesse und Versuche, die unter dem schillernden und ungenauen Begriff »Alternativ-Szene« bekannt geworden sind.

Diesen Trend, von dem die SfE mit gebührender Verzögerung eingeholt wurde, könnte man als schleichende Entpolitisierung bezeichnen. Belegen könnte man das mit dem Schwinden politischer Auseinandersetzungen, mit der bequemen Tendenz zum alternativen Inseldasein, mit der Ignoranz gegenüber den Problemen der »normal« lebenden Bevölkerung, mit der elitären Arroganz gegenüber Leuten, die tagtäglich unter miesen Bedingungen ihre Arbeitskraft verkaufen müssen.

Das ist die eine Seite. Sie ist gefährlich deswegen, weil sich gleichzeitig in unserer Gesellschaft ein Trend zu autoritären Zügen in allen Bereichen verstärkt hat, weil konservative Kräfte in der Bundesrepublik Morgenluft wittern, unbekümmerter ihre Positionen behaupten und durchsetzen können.

Die andere Seite blättert sich auf, wenn man Politik nicht nur begreift als rhetorische und agitatorische Beschäftigung mit politischen Themen, sondern als Versuch, die eigene Lage zusammen mit anderen zu verändern und dabei Schwierigkeiten und Widersprüche nicht wegbügelt. Das heißt, in diesem Trend stecken auch Chancen zu einer größeren Ehrlichkeit: wenn jemand Veränderungen fordert, kann man ihm eine »richtige« Haltung abnehmen oder nicht; wenn man Veränderungen praktiziert, ist das Engagement sichtbarer und kontrollierbarer. Man kann genau feststellen, ob hinter starken Worten auch starke Taten stecken, ob jemand auch etwas riskiert.

In der SfE frappiert immer wieder die Beobachtung, daß gerade in den letzten Jahren politische Aktivitäten eine Art Wellenbewegung durchmachen: Phasen von Lethargie und Desinteresse wechseln sich ab mit Schüben plötzlicher und mitreißender Geschäftigkeit. Bestes Beispiel dafür waren die Aktionen im Zusammenhang mit den Hausbesetzungen in Berlin-Kreuzberg Ende 1980. Schon Monate vorher kamen immer mal wieder Leute aus besetzten Häusern (vereinzelt waren auch SfE-Schüler an Hausbesetzungen beteiligt) in die Schule und hielten Foren ab, die jedoch kaum Resonanz fanden. Das Bild von der politisch lahmen SfE schien mal wieder bestätigt. Als es dann aber im Dezember 1980 zu Straßenkämpfen in Kreuzberg und in der City kam, mit Verhaftungen und zahlreichen verletzten Demonstranten, mischten plötzlich eine ganze Menge von SfE-Leuten mit, diskutierten in ihren Klassen und auf Foren, verteilten Flugblätter, stellten eine Dokumentation über die Polizeimethoden zusammen. Kurz: die SfE wurde zu einem der Ausgangspunkte von Widerstandsaktionen, und das kurz vor Weihnachten, wo sonst absolute Öde herrscht.

Dieses Auf und Ab irritiert natürlich gerade solche Leute (auch uns), die die 68er Bewegung mitgemacht haben und deren Vorstellung von politischer Aktivität geprägt ist aus dieser Zeit: daß Politik und Widerstand sich kontinuierlich, in möglichst konstanten Gruppen organisieren müssen. Entsprechend ist auch die Reaktion auf Mißerfolge bei vielen 68ern: ebenso kontinuierlich die Resignation, das Aufgeben und die Nicht-Beteiligung an neuen politischen Bewegungen.

Das ist keineswegs ein Generationsproblem, vielmehr ein anderer Ansatz von Politik. Für die 68er waren der Imperialismus, der Kapitalismus, der Staat Angriffsziele politischer Arbeit; begründet wurde sie mit einer mehr oder weniger geschlossenen, abstrakten Analyse. In jüngster Zeit sind die persönliche Situation, die »eigene« Welt der Ausgangspunkt. Deren Bedrohung durch den Staat wird nicht systematisch-langfristig, sondern an einzelnen Konflikten erfahren, z. B. in der Sanierungspolitik staatlicher und kapitalistischer Institutionen, in der Zerstörung von Wohn- und Lebensbereichen. Dazu kommt eine persönlich, nicht »allgemein« gespeiste Wut, die sich in militante und risikoreiche (auch phantasievolle) Aktionen umsetzt: also keine Stellvertreterpolitik mehr, keine Politik »im Interesse des Volkes«, sondern Politik im eigenen Interesse, die – so jedenfalls die Erfahrungen bei den Hausbesetzungen – bei der Bevölkerung mehr überzeugt als vieles, was in den Jahren nach 1968 an politisch-missionarischen Aktionen versucht wurde.

Das macht auch die Ambivalenz des Rückzugs ins »Private« aus: auf der einen Seite der Verlust an allgemeinem politischen

Interesse, an umfassender ökonomischer und politischer Analyse, z. B. an Betroffenheit über imperialistische Unterdrückkung, auf der anderen Seite ein Gewinn an Interesse für persönliche, konkrete, lokale Probleme, in denen manchmal eine größere politische Sprengkraft stecken kann als im Aufgreifen globaler Probleme. Auffällig jedenfalls ist, aus der Perspektive der 68er, die größere Vertrautheit untereinander, eine persönlich, weniger abstrakt empfundene Solidarität, auch eine größere Bereitschaft, anderen zuzuhören, sich gegenseitig zu helfen.
Auch das gilt natürlich nur für einen Teil der SfE. Im Vergleich zu den ersten Jahren wird diese neu bestimmte politische Aktivität aber von mehr Leuten getragen, eben deshalb, weil die Grenzen »privater« und politischer Aktivitäten fließend geworden sind.

Unsere neuen Helden

Ihre Ängste halten sie griffbereit. Unsicherheit flattert ihnen voran.
Ihre Einsätze beginnen: Irgendwie fühl ich mich nicht wohl.
Kühn mehren sie die allgemeine Ratlosigkeit, rufen die neueste Parole: Erobern wir den Bauch.
Nun in der Wärme ihrer Innereien feiern sie den schwererkämpften Sieg.

Gedanken eines Lehrers zum politischen Unterricht

Ich erinnere mich an meine erste Unterrichtsstunde an der SfE im Sommer 1974. Anne, die PW (Politische Weltkunde)-Lehrerin, stellte mich der Klasse (ca. zehn Leute) als neuen Lehrer vor. Ich wurde freundlich begutt, keine Fragen. Die Klasse, schon seit über einem Semester an der SfE, hatte die Französische Revolution beendet, steckte in der Industriellen Revolution in Deutschland. Als Thema für diese und die folgende Stunde stand an: Frühe Arbeiterbewegung von 1830 bis zum Kommunistischen Manifest.
Ich war ein bißchen aufgeregt, ich wollte eigentlich nie Lehrer

werden und hatte nach meinem Studium eineinhalb Jahre in einer Fabrik gearbeitet, zusammen mit Freunden und unabhängig von einer »Partei« versucht, »Betriebsarbeit« zu machen. Im Gegensatz zu meinen Freunden war ich nach eineinhalb Jahren aus dem Betrieb rausgegangen und ein halbes Jahr später an der SfE gelandet. Über unsere Erfahrungen im Betrieb hatten wir in einer Zeitschrift einen Bericht veröffentlicht (natürlich anonym), der kurioserweise gerade an meinem ersten Schultag auf einem Forum diskutiert wurde. Ich stand ganz hinten, sagte kein Wort, ging nach dem Forum in die Klasse, und das Thema hieß: Frühe Arbeiterbewegung.

In diesem Thema kannte ich mich aus. Nachdem einige Schüler dies und jenes, Vermutungen und Spekulationen geäußert hatten, legte ich los, nannte die frühen Handwerker- und Arbeitervereine, legte Differenzen zwischen ihnen bloß und beendete meinen Alleingang mit dem Hinweis auf das »Manifest«, das bis zur nächsten Stunde durchzulesen sei.

Ich erinnere mich an die Gesichter der Schüler: I., die bei der KPD/ML mitmachte und meinen Alleingang mit roten Bakken und zustimmenden Nicken begleitete; C., die mich durch ihre supermodische Brille beobachtete, sich einige Notizen machte und die ich einige Tage später in einem offenen Sportwagen durch Charlottenburg fahren sah; B., der so etwas wie ein Protokoll zu schreiben schien und selten seinen Kopf hob; G. und U., die nebeneinandersaßen, ihr geduldiges Zuhören einige Male durch Tuscheln und Kichern unterbrachen (was mich natürlich unsicher machte); und schließlich M., die während der ganzen Stunde gleichmäßig und konzentriert an einem rotblauen Pullover strickte.

Nach dem Hinweis auf das »Manifest« erschien der Englisch-Lehrer. Anne und ich standen auf, rafften unsere Papiere zusammen, sagten Tschüß; die Klasse antwortete fast im Chor. Draußen auf dem Flur meinte Anne, ich hätte ja den totalen Frontalunterricht gemacht, gab mir einige didaktische Tips (mehr fragen, die Leute direkt ansprechen, öfter Dokumente dazwischenschieben usw.) und verschwand. Ich war eigentlich ganz zufrieden.

Die ganze Situation erscheint mir heute typisch für die erste Phase des politischen Unterrichts an der SfE. Obwohl ich doch selbst hautnahe Erfahrungen mit der »Arbeiterbewegung« gesammelt hatte, immer noch in der Betriebsgruppe mitarbeitete, sagte ich (und das bei diesem Thema!) dazu kein einziges Wort. Die Klasse ließ so diszipliniert, wie es an keiner staatlichen Schule denkbar wäre, den Unterricht über sich ergehen, stellte kaum Fragen. Beim Thema »Fischfang in der Südsee« hätte ich wahrscheinlich ein größeres Echo gehabt. Weder ich noch die Schüler stellten sich die Frage, was das Thema eigentlich für uns bedeutet, wieso wir uns damit abplagten. Auch die Kritik von Anne an meinem ersten Unterricht ging mehr auf Fragen ein, wie sie auch in staatlichen Studienseminaren besprochen werden. Und die Kritik äußerte sie selbstverständlich erst auf dem Flur und nicht vor der Klasse.

Klar, die Art der Darstellung des Themas, die Beschäftigung mit Marx wäre so in anderen Schulen nicht möglich gewesen. Dazu war sie zu einseitig »fortschrittlich«. Die Form des Unterrichts, das Verhältnis der Lehrer und Schüler zum Stoff waren aber von anderen Schulen kaum zu unterscheiden – höchstens darin, daß die Schüler dort ihr Desinteresse weniger erfolgreich unterdrückt hätten.

Die Freiheit, die wir an der SfE hatten, wurde damals genutzt, um einen fast lupenrein marxistisch fundierten Unterricht anzubieten. Wir steckten viel Zeit und Arbeit in Unterrichtseinheiten, Unterrichtsplanung, Auswahl von Büchern. Stundenlang wurde auf Fachkonferenzen darüber diskutiert, ob das Thema »Politische Ökonomie« mit gekürzten Marx-Texten, mit Mandel, mit einem Buch aus der Sowjetunion oder mit Texten aus der Weimarer KP-Zeit bearbeitet werden sollte. Die Zusammenarbeit zwischen den Lehrern war in dieser Zeit sehr intensiv. Bemerkenswert waren einmal das Interesse vieler Lehrer, Geschichte, Politik und Ökonomie wirklich gründlich, z. T. sogar wissenschaftlich zu durchforsten und dabei auch zu eigenen Erkenntnissen zu kommen, zum andern der feste Glaube, daß durch inhaltlich richtige Darstellungen der Geschichte und Politik auch ein neues »richtiges« politisches Bewußtsein bei den Schülern produziert werden könnte.

Kein Wunder, daß wir Lehrer in solchen Arbeitsgruppen und Diskussionen meilenweit von den Schülern entfernt waren. Mithalten konnten eigentlich nur die Schüler, die durch ihre

Mitarbeit in den »Parteien« schon etliche Schulungen über sich ergehen lassen hatten.

Der Unterrichtsplan 1974

Nach vielen Fachkonferenzen wurde im Sommer 1974 ein einheitlicher Plan für die Fächer Gesellschaftslehre (so nannten wir die Zusammenlegung der Fächer PW und SW in den ersten beiden Semestern), PW und SW verabschiedet, der sowohl unsere politischen Vorstellungen wie die Abitur-Prüfungsanforderungen berücksichtigen sollte. Diesem Plan vorangestellt wurde eine Einführungsphase, in der die neuen Schüler zu einer »lockeren« Diskussion über Schule im Kapitalismus, Alternativschulen, über die Familie und den Beruf angeregt werden sollten. Ziel dieser ersten Phase sollte es sein, innerhalb der Klasse Redeängste zu überwinden, Interesse an politischen Themen zu wecken, gemeinsame ökonomische Grundlagen von Sozialisationsinstanzen zu erkennen und letzten Endes (das wurde freilich nicht so offen gesagt) den Schülern klarzumachen, daß der von uns Lehrern entworfene Plan der einzig richtige Weg sei, an Politik, Ökonomie und Geschichte heranzugehen. Tatsächlich hat sich bis Ende 1977 keine Anfängerklasse gegen diesen Plan gewehrt.
Die Einführungsphase war im Grunde schülerbezogener als der ganze Plan. In einigen Klassen gelang es tatsächlich, bei Themen wie Familie, Autorität, Schule eine persönliche Betroffenheit herzustellen. Bezeichnend für unsre Unsicherheit gegenüber solchen »persönlichen« Themen war, daß wir zu ihnen immer nur über einen Schleichweg kamen, z. B. über die Lektüre eines Klassikertextes (wie »Ursprung der Familie«). Das erinnert an Wohngemeinschaften, die ihre Schwierigkeiten untereinander auch nur über den Umweg des »Manifests« besprechen konnten.
Die Mitarbeit der Schüler war fast schon »brav« zu nennen. Punkt für Punkt unseres Plans wurde abgehakt; am Ende des Semesters berichteten die Klassen, wie weit sie vorangekommen waren. Klassen, die in Einzelheiten vom Plan abgewichen waren, mußten das vor der FK begründen. Eifersüchtig wurde

ÜBERSICHT GL SW PW PLANUNG 3. bis 7. Semester (= Abiturkurse)

3

GL = Gesellschaftslehre

1) Einführungsphase in den Fachbereich: GL, PW, SW, daran anschließend: 2) Entwicklung der Produktions(weisen)verhältnisse bis zum Feudalismus, einfache Warenproduktion und erweiterte Warenproduktion, Manufaktur und Verlagskapitalismus. Bürgerliche Revolutionen in England und Frankreich, Ungleichzeitigkeit der bürgerlichen Bewegung in Europa, Vergleich mit der Situation in Deutschland.
Allgemein: Ursachen der Krise des Feudalismus, Kennzeichen des frühen Kapitalismus, Grundlagen und Widersprüche der bürgerlichen Gesellschaft und des bürgerlichen Staates.

4

Grundlagen des Kapitalismus, Analyse der Ware, des Mehrwerts.
Widerspruch Lohnarbeit-Kapital, Kapitalismus der freien Konkurrenz, Liberalismus (Smith etc.). Die Möglichkeit (Ursache) v. Krisen.
1848er Revolution Deutschland, Reichseinigung 1871, Anfänge der organisierten Arbeiterbewegung, Lassalle/Eisenacher, Innen-, außen- und wirtschaftspolitische Entwicklung des Deutschen Reiches bis 1890, Sozialistengesetze, Erfurter Programm.
Allgemein: Die Gründe der besonderen Entwicklung in Deutschland (Bündnis zwischen Bürgertum und Adel), Ziele und Wege der reformistischen und revolutionären Arbeiterbewegung.

5

PW

Entstehung und Politik des Imperialismus, des Revisionismus. Zuspitzung der Widerspr. zwischen den imp. Staaten (1. Weltkrieg) Novemberrevolution, Weimarer Republik, Weltwirtschaftskrise, (Präsidialdiktatur)
Allgemein: Imperialismus als notw. Weiter-Entwicklung des Kapitalismus. Revisionismus als Theorie der Reformist.-Revolutionären Situation (Deutschland-Rußland)? Rätesystem und Parlamentarismus

SW

Vertiefung der Grundlagen der Kritik der Politischen Ökonomie. Auspressungsformen des absoluten und relativen Mehrwerts. Einführung und Kritik der VWL. Bedürfnisse, Bedarf, »Gesetze«: Engel, Gossen, einfacher Wirtschaftskreislauf, Markt und Preis, Konzentration (bürgerl., marxist.)
Sozialprodukt und Volkseinkommen
Krise, Keynes . . ., Wirtschaftspolitik: Ziele, Instrumente, Instanzen, Marktwirtschaft-Planwirtschaft als Vergleich der Wirtschaftssysteme

6	Scheitern der Einheitsfrontbewegungen der Arbeiterbewegung, Machtergreifung Hitlers, die Politik der Faschisten und ihre Imperialistischen Ziele (2. Weltkrieg) Anti-Hitler-Koalition, Entwicklung nach dem Krieg bis zur Gründung von DDR/BRD Allgemein: Faschismus-Erklärung, Massenbasis des Faschismus und dessen Funktion bei der Krisenlösung, Gründe für die Niederlage der Arbeiterbewegung. Die Interessen der USA u. UdSSR vor und nach dem 2. Weltkrieg. Ursachen der Restauration des Kapitalismus in den Westzonen. Bedingungen beim Aufbau des Sozialismus in der SBZ/DDR	Vergleich BRD/DDR in den verschiedenen gesellschaftlichen Bereichen, Bildungswesen u. a. Sozialstruktur BRD/DDR und Schichtentheorien allgemein. »Sozialer Wandel«, »Soziale Mobilität«, Kritik der Schichtentheorie. Recht: Menschenrechte, Entwicklung 1776–1950, Menschenrechte – Naturrecht Das geltende Recht: Grundzüge des Verfassungsrechts Grundzüge des Strafrechts Grundzüge des Privatrechts Sozialisation: anhand des Rollentheoriekonzepts Gruppe, Norm, Vorurteil kritische Ansätze der Sozialisationstheorien.
7	Vergleich der Verfassungen BRD/DDR. Außenpolitik, Dritte Welt, Wirtschaftsorganisationen EG/COMECON Diskussion der Spezialgebiete, die aber schon seit dem 5. Semester vorbereitet werden sollten. Allgemeines Lernziel: Zusammenhänge zwischen ökonomischen u. gesellschaftlichen Strukturen heute.	Wenn es gelingt, das 6. Semester für Sozialstruktur, Recht u. Sozialisation aufzuteilen, so ist das 7. Semester zum Wiederholen gedacht. Vortragen und Diskussion der Spezialgebiete für die mündliche SW-Prüfung

auch von Lehrern darauf geachtet, daß ihre Kollegen nicht etwa »neue« Sachen ausprobierten. Diese rigide inhaltliche Festlegung des Unterrichts ließen die Politik-Stunden fast unbehelligt von aktuellen politischen Diskussionen, von Schul- und Klassenproblemen. Politik war zum Unterrichtsfach geworden.
Natürlich war dieser Effekt von den Lehrern, die den Plan ausgearbeitet hatten, nicht beabsichtigt.
Der Anspruch des Plans und dessen Umsetzung in Unterrichtsmaterialien ließen die Schüler sowohl bei den Fachkonferenzen wie auch im Unterricht zu Statisten werden, die nur formal eine Mitwirkungsmöglichkeit hatten. Daß von ihnen kein Widerstand kam, lag wohl vor allem daran, daß den meisten gerade in dieser Zeit Politik eher als ein Unterrichtsfach denn als eigene Praxis wichtig war. Der von den Lehrern diktierte politische Anspruch traf auf eine Mehrheit von Schülern, die die SfE mehr als Dienstleistungsbetrieb zur Vermittlung von Prüfungswissen verstanden. Nur so läßt sich auch erklären, daß in vielen Klassen unkritisch die »wahnsinnig fortschrittlichen« Texte der Lehrer hingenommen wurden und Schüler mit Begriffen wie Imperialismus, Rätedemokratie etc. genauso formal jonglierten wie in anderen Schulen mit Begriffen wie »FDGO«, »freier Westen« etc.
Die Lehrer wurden in dieser Zeit sehr selten in Frage gestellt. Nicht der Lehrer als *Person* war damals interessant, sondern als Vermittlungsinstanz eines unumstrittenen Plans. Auch Prüfungsängste wurden in dieser Zeit nicht laut. Der Plan vermittelte Sicherheit; die Ängste wurden verdrängt in dem Eifer, den Plan möglichst genau einzuhalten.
Diese in der Regel unproduktive und vor allem langweilige Tendenz des politischen Unterrichts wurde nur in einigen Fällen durchbrochen, nämlich da, wo Klassen zusammen mit ihren Lehrern in der Selbstverwaltung aktiv wurden, sich an den Streiks beteiligten, zusammen Flugblätter verteilten, also da, wo eine Bereitschaft zu politischem Handeln über die Grenzen der Schule hinaus vorhanden war. Wir gingen dann zwar auch nach dem Plan vor, aber es wurden Schwerpunkte gesetzt, bei denen wir uns persönlich betroffen fühlten und auch unsicher waren: z. B. in Diskussionen über Anarchismus und Gewalt (im Zusammenhang mit der RAF oder Demon-

strationen in Brokdorf und Grohnde), über Gewerkschaften (im Zusammenhang mit eigenen Berufsperspektiven). Aktuelle politische Diskussionen wurden da nicht nur pflichtgemäß, sondern aus spontanem Interesse geführt und blieben nicht auf den politischen Unterricht beschränkt.

Der daraus entstehende persönliche Bezug gab diesen Klassen ein starkes Selbstbewußtsein, das in Schuldiskussionen, in Auseinandersetzungen mit anderen Klassen und Lehrern dazu führte, daß ihnen der Vorwurf »Elite-Klassen« oder »ZK« gemacht wurde. Diese wenigen Klassen bzw. Klassenteile stellten auch den Kern der Schüler und Lehrer, die offensiv gegen die K-Gruppen angingen, von der Schule mehr Aktivitäten in der Selbstverwaltung etc. forderten.

Der Plan ließ sich also erfolgreich benutzen von Leuten, die schon politisch motiviert in die SfE gekommen waren. Der Mehrheit, die eine solche Motivation nicht mitbrachte, bestätigte er eher das Schema eines traditionellen Unterrichts (wenn auch mit anderen Inhalten): der Lehrer gab die Themen vor, die Schüler bearbeiteten sie. Wir haben das viel zu spät kapiert. Eine Änderung wurde denn auch eingeläutet durch die Kritik einer Klasse, die sich bewußt außerhalb des Plans stellte. In einem Flugblatt begründete sie das im März 1976 so: »Wir lehnen den GL-Plan ab!

Wir lehnen den GL-Plan ab, weil er nicht an unseren Bedürfnissen, Interessen und Konflikten ansetzt.

Nach unseren Erfahrungen lief die Einführungsphase ganz gut. Es war möglich, unsre eigenen Probleme und Erfahrungen einzubringen (Sozialisation, Beruf, Familie). Dabei wurden wir mit Schwierigkeiten konfrontiert wie z. B. Konkurrenzdruck, Redeangst, Schwierigkeiten, Interessen zu erkennen und Bedürfnisse zu artikulieren. Diese Schwierigkeiten haben wir aber nicht gelöst, weil die Einführungsphase zu kurz war. In der darauf folgenden Geschichtsphase wurde dann nur noch über Arbeitsschwierigkeiten geredet, wobei deren eigentliche Ursachen (siehe oben) ignoriert wurden.

Der Unterricht in der Geschichtsphase war wenig besucht, realitätsfremd und langweilig. Wir halten die Geschichtsphase für abstrakt, weil sie nur in den Köpfen abläuft und mit unseren konkreten Erfahrungen nichts zu tun hat. Es ist fast

unmöglich, einen Realitäts- und Aktualitätsbezug herzustellen.
Beispiel: Im Vormärz stößt man auf die ersten Berufsverbote. Ich erfahre dann im Unterricht, daß es auch heute Berufsverbote gibt, worüber wir dann zwei Stunden reden, um dann mit der 48er Revolution weiterzumachen.
Um aber die Problematik der Berufsverbote zu erkennen, müßte man ausführlicher darauf eingehen. Dies wird aber nicht geleistet, weil die Angst zu groß ist, den GL-Plan nicht zu erfüllen (falsche Prüfungsvorstellungen!).
Wir sind der Meinung, daß der Unterricht an den konkreten Bedürfnissen, Interessen und Konflikten der Leute anknüpfen soll. Dabei stößt man dann massiv auf die Schwierigkeiten, die wir schon beschrieben haben. Und diese Schwierigkeiten müssen konkret angegangen werden, weil sonst der Unterricht nicht läuft.«
Als diese Position ruchbar wurde, haben vor allem wir Lehrer diese Klasse traktiert, sofort Gegenpapiere formuliert aus der Angst heraus, daß uns so der politische Anspruch der Schule verlorengehen könnte, daß durch Unverbindlichkeit und gruppendynamische Prozesse die Schule politisch neutralisiert werden könnte – ohne zu merken, daß eine solche Neutralisierung durch unser Vorgehen im politischen Unterricht schon längst (jedenfalls bei der Mehrheit der Schüler) stattgefunden hatte.
Im Nachhinein wird deutlich, wie dieser politische Anspruch von uns formalisiert wurde. Anspruch setzten wir gleich Plan; war der Plan bedroht, war auch unser Anspruch bedroht. Und »unser Anspruch« bezog sich natürlich nicht nur auf die Schule, sondern auch auf uns selbst: der hohe Anspruch des Plans gab uns inmitten der allgemeinen politischen Unsicherheit eine Bestätigung, daß wir politisch sinnvolle Arbeit leisteten. Die Kritik am Plan und an unserem Vorgehen weckte bei uns die Angst, daß unsere Arbeit möglicherweise doch nicht so politisch sinnvoll war, wie wir es nach außen darstellten und wie wir es uns selbst immer wieder vormachten. So erklärt sich auch unsere heftige Reaktion auf diese Kritik. Vermutlich hat der Dogmatismus vieler politischer Organisationen in solchen Mechanismen seine Wurzel.

Suchen nach neuen Themen

Zunächst also urwüchsig, dann von allen abgesegnet, setzte sich ab 1976/77 die Norm durch, daß die Klassen selbst die Themen des politischen Unterrichts bestimmen sollten. Absoluter Spitzenreiter war das Thema Frauenbewegung (Matriarchat, Amazonen, Kritik des Patriarchats, historische und aktuelle Frauenbewegung, Gewalt gegen Frauen, Frauenzeitschriften, Frauenliteratur). An zweiter Stelle rangierten die Umweltthemen (Ernährung, Umweltschutz, Atomkraftwerke), wobei ansatzweise auch schon fächerübergreifend (mit Chemie, Biologie, Physik) gearbeitet wurde. Andere Themen waren die Studentenbewegung (dort wurden die Lehrer nach ihrer eigenen politischen Vergangenheit befragt) und natürlich Alternative Lebensformen.

In der ersten Phase dieser »Themenfreiheit« war noch so etwas wie Pioniergeist zu spüren. Einige Klassen schwärmten aus in die heiligen Räume der Universitätsbibliotheken, gruben dort die verstaubtesten Bücher und Zeitschriften z. B. über die Frauenbewegung aus; in einer Klasse machten die Frauen Selbstuntersuchungen; Fragebögen zum sexuellen Verhalten von Schülern und Lehrern wurden entworfen und ausgewertet; einmal wollten die Frauen einer Klasse bei frauenspezifischen Themen die Männer sogar rauswerfen. Gruppen, die sich mit AKWs beschäftigten, machten Dia-Serien und Veranstaltungen in der Schule. Eine Gruppe »Alternative Lebensformen« lief tagelang durch Westberlin und befragte »Alternative« nach ihrer Arbeit, ihrem Selbstverständnis, ob das Kollektiv funktioniere etc.

Auch einige Lehrer versuchten sich selbst als Person und nicht nur als Medium zu begreifen; auch ihre Probleme waren plötzlich gefragt. Das gab natürlich den Schülern die Möglichkeit, ihre Lehrer neu zu sehen, zu beurteilen und zu kritisieren. Die Lehrerrolle wurde ein heißes Thema.

Diese Aufbruchstimmung wurde im Lauf der nächsten Semester arg gedämpft: einmal deshalb, weil die neu an die SfE kommenden Klassen immer wieder auf die »alten« Themen wie Frauenbewegung, AKW's etc. zurückgriffen, zum anderen, weil ihre Begeisterung für diese Themen so groß nicht war, denn sie hatten oft genug innerhalb und außerhalb der

Schule darüber diskutiert. Andere Themen boten sich aber »irgendwie« nicht an. Langeweile, geringe Beteiligung an Arbeitsgruppen waren die Folge. Auch von den Lehrern war keine Initiative zu erwarten. Wer zum dritten Mal hintereinander das »heiße Eisen« AKW anfaßt, kann sich die Finger nicht mehr verbrennen. Aktivitäten, die über eine normale Unterrichtssituation hinausgingen, wurden nur noch von außen an die Schule herangetragen: etwa die Besetzung der Bohrstelle 1004 in Gorleben, woran sich Schüler der SfE beteiligten und darüber im Unterricht berichteten.

Von vielen Schülern und Lehrern wurde der Anspruch, eigene Themen zu finden und neue Arbeitsformen zu entwickeln, als zu hoch empfunden. Gelähmt starrten viele auf ihre Hilflosigkeit, auf den Mangel an guten Ideen, auf den Mangel an Neugier. Aggressionen gegen den Leerlauf wurden häufiger, gegen einzelne Lehrer, die immer noch und immer wieder die Schüler vom selbstbestimmten Lernen überzeugen wollten und sich weigerten, Lückenbüßer für fehlende Aktivitäten der Klassen zu spielen. Fast schon mit Erleichterung wurde deshalb von vielen Lehrern und Schülern die im Rahmen der Oberstufenreform geänderte Prüfungsordnung aufgenommen. Sie gilt seit 1981 und legt wesentlich rigider als die alte Prüfungsordnung Themenbereiche und Arbeitsmethoden fest: eine willkommene Entschuldigung dafür, kaum noch eigene Experimente (etwa Projektunterricht) zu versuchen, und den Unterricht wieder straffer in Richtung Prüfung und systematisch-chronologische Planung zu formieren.

Sicherlich steckten hinter dieser Tendenz nicht nur Frustration, mangelnde Risikobereitschaft und fehlendes Durchhaltevermögen, sondern auch die Erkenntnis, daß systematische Kenntnisse in Geschichte, Ökonomie etc. unbedingt notwendig sind, um aktuelle Fragen, auch persönliche Fragen besser einschätzen zu können. Außerdem: freies Lernen *und* Abitur kollidierten stärker, als wir erwartet hatten.

Das Hin- und Her von neuen Ansätzen und Hoffnungen, von internen Querelen, Enttäuschungen und Langeweile führte seit 1977/78 in einigen Klassen zu einer hohen Fluktuation. Anfangs verließen die Schüler die Schule, weil sie ihnen zu wenig Schule bot und das Abitur zu unsicher schien; nun aber verließen viele die Schule, weil sie zu viel Schule war, zu wenig

Spielraum bot für eigene Aktivitäten. Die größeren Freiheiten, die wir uns im politischen Unterricht (verglichen mit staatlichen Schulen) nehmen konnten, stießen uns deutlicher an die Schranken unserer Möglichkeiten und die der SfE überhaupt. Es war (und ist) eben nicht so, daß allein durch den Wegfall staatlicher Vorschriften und Kontrollen ein neuartiger politischer Unterricht und ganz neue Arbeitsformen entstanden. Obwohl wir von Schülern Staatlicher ZBW-Schulen wissen, daß die politischen Fächer an der SfE wesentlich intensiver und interessanter gestaltet werden als dort, bleibt doch eine starke Unzufriedenheit und das Gefühl, aus den vorhandenen Möglichkeiten zu wenig gemacht zu haben. Das Ziel, Schule und Politik als Einheit zu begreifen und entsprechend zu handeln, wurde nur selten erreicht.
Ein Grund für unsere mangelnde Experimentierlust, und das klingt kurios, ist zweifellos die relative Stabilität der SfE. Egal, was in den einzelnen Klassen lief: die Schule existierte immer weiter, die Büros stellten die Bescheinigungen aus, für alle Fächer gab es Lehrer, und irgendwie schaffte man nachher auch noch das Abitur. In der SfE herrschte also nicht der Existenzdruck wie in anderen Projekten (Existenzdruck nicht nur im ökonomischen, sondern auch im politischen Sinn), nicht der Zwang, die Daseinsberechtigung des Projekts immer wieder unter Beweis stellen zu müssen.
Daß die genannten Grenzen in einigen Klassen deutlich überschritten wurden, ist Grund genug, nicht einfach resignativ zu sagen: Wir schaffen es doch nicht, also weg mit den Träumen. Umgekehrt machen unsere Erfahrungen skeptisch gegenüber der Alternativschul-Euphorie und so simplen Formeln wie: Staat raus – Spaß rein. Der Spaß ist verbunden mit verdammt viel Ärger und mit Enttäuschungen, die tiefer unter die Haut gehen als die, die sich andere in staatlichen Schulen einhandeln.

Der Frust

Frustrationen sind uns so vertraut geworden, daß wir sie zu einer Person gemacht haben: der Frust geht um. Mit ihm ist es wie mit dem Hasen und dem Igel. Bevor wir schnaufend ankommen, ist er längst da, grinst und macht sich breit. Der Frust ist unser innerer Feind. Fast immer kriegt er uns klein. Er ist aber auch unser Freund, immer hilfsbereit, wenn es gilt, unsere Schlaffheit und Phantasielosigkeit zu entschuldigen. Inmitten aller Unsicherheit ist er ein Fels. Wir können auf ihn bauen.

Während in anderen Schulen...
Redebeitrag einer Klasse zur Vollversammlung im Oktober 1977

Während in anderen Schulen Schüler und Lehrer gefeuert werden, weil sie einen gesellschaftskritischen Unterricht fordern, suchen wir nach Möglichkeiten, genau dieselben Inhalte interessanter zu vermitteln.
Während in anderen Schulen Schüler gefeuert werden, weil sie durch Plakate und Flugblätter zum Widerstand gegen politische Verschärfungen aufrufen, diskutieren wir die Daseinsberechtigung der Foren.
Während in anderen Schulen der Leistungsdruck so massiv ist, daß er keinen Raum läßt für Inhalte, die einen Bezug zur gesellschaftlichen Situation der Schüler haben, suchen wir nach Motivationsmöglichkeiten, um »BAföG-Rentner« zum alternativen Unterricht zu ermuntern.
Während sich in anderen Schulen Schüler starken Repressionen aussetzen, um Unterrichtsinhalte selbstbestimmen zu können, suchen wir krampfhaft nach einem Einstieg in die deutsche Literaturgeschichte.
Während sich in anderen Schulen Schüler gegen eine Behandlung wehren, die sie zu unmündigen Konsumenten machen soll, loben wir Lehrer, die unsere Schlaffheit liebenswürdig überbrücken.
Während außerhalb der Schule Aktionen gegen Verschärfungen der politischen Verhältnisse laufen, gegen Berufsverbote, Zensur, Arbeitslosigkeit, Verschlechterung der Bildungs- und Ausbildungssituation, Polizeigesetze, KKW's usw., diskutieren wir über Zahlungsmoral von SfE-Schülern.
Während außerhalb der Schule Leute zusammengeknüppelt

werden, weil sie sich für Reste von freier Meinungsäußerung einsetzen, diskutieren wir, ob eine 70%ige Anwesenheitspflicht den persönlichen Freiraum nicht zu sehr einschränkt.
Die SfE versteht sich als eine alternative Schule.
Für uns heißt »alternatives Lernen«, sich mit der gesellschaftlichen Situation auseinanderzusetzen, und nicht, uns in einem liberalen Freiraum auszuruhen.
Eine alternative Schule muß auch alternative Ziele haben.
Das heißt für uns, wir wollen mit der ganzen Klasse gemeinsam Lerninhalte und Lernformen selbständig entwickeln. Sie sollen dazu führen, daß wir praktisch in der Lage sind, die gesellschaftliche Situation, aus der wir gekommen sind, und die Situation, die uns nach dem Abi erwartet, klar zu erkennen.
Dazu brauchen wir Lehrer, die sich weigern, Schüler in ihrer Konsumhaltung zu unterstützen. Sie sollen keine Lieferanten von Motivation sein, sondern durch Abbau der Lehrerrolle und damit auch der Schülerrolle Verantwortungsbewußtsein für Unterricht, Klassen und Selbstverwaltung zu fördern.
Der Verlauf unserer bisherigen Schulzeit hat gezeigt, daß es Schüler und Lehrer mit verschiedenen Ansprüchen gibt. Diese verschiedenen Ansprüche haben in unserer Klasse zu einer Frontenbildung geführt, die nicht mehr überwunden werden konnte und schließlich zur Spaltung führte.
Solange der gemeinsame Anspruch der SfE nicht formuliert bzw. praktiziert wird, sind Spaltungen nicht zu vermeiden.
Daher ist eine Klärung des Anspruchs unbedingt notwendig!
Eine veränderte Eingangsphase kann dazu beitragen, Spaltungen für die Zukunft zu vermeiden.
Auf der Basis eines von allen getragenen Anspruchs der SfE muß unserer Meinung nach eine Eingangsphase eingerichtet werden, die allen neuen Schülern die Möglichkeit bietet, sich mit diesem Anspruch auseinanderzusetzen. Es muß ihnen klarwerden, daß eine selbstverwaltete Schule sich von einer x-beliebigen staatlichen Schule unterscheidet. Daß nur gemeinsame Mitarbeit die Schule funktionsfähig macht. Dazu ist es nötig, daß eine Eingangsphase in allen Fächern praktiziert wird. Fachunterricht sollte erst dann beginnen, wenn die Klassen Möglichkeiten entwickelt haben, wie sie den Anspruch in den einzelnen Fächern verwirklichen können.

Rauchen ein Gesellschaftsspiel

Ich finde wir müssen mal über das Rauchen reden also das geht nicht so weiter ich halt das einfach nicht aus diese verpestete Luft hier mein Gott so schlimm ist das doch auch wieder nicht aber wir können uns ja bißchen zurückhalten jetzt wird schon wieder geraucht Fenster auf solln wir erfrieren wenn die Raucher es nicht anders wollen was heißt hier die Raucher sind wir keine Menschen mehr manchmal seid ihr Unmenschen echt ihr seid so bescheuert herrje wie wärs denn mit Rauchpausen damit das Gemecker und die Aggressivität mal aufhören so jede volle Stunde eine Rauchpause jede zweite Stunde nein jede halbe Stunde du spinnst wohl wenn du süchtig bist mußt du zum Arzt der eine raucht die andre strickt süchtig sind wir alle also wie jetzt jede volle Stunde du glaubst doch nicht im ernst daß dadurch die aggressive Stimmung hier verschwindet das Raucherproblem ist doch nur ein Vehikel um Aggressionen zwischen uns loszuwerden wir sollten mal darüber reden was wirklich in der Klasse los ist geht das schon wieder los ich denk wir wollten über Rauchpausen reden also wer ist dafür wofür wer für jede ganze Stunde ist wer dafür ist hebt die Hand bist du immer so formal anders geht es eben nicht die Mehrheit ist also für eine Rauchpause jede Stunde dazwischen wird eben nicht geraucht basta wer zwischendurch rauchen will soll rausgehen eben haben wir abgestimmt jetzt rauchst du schon wieder wieso es ist doch gerade sechs Uhr also volle Stunde Beschluß ist Beschluß so bescheuert möchte ich mal sein du hast doch eben erst deine Zigarette ausgemacht wieso soll ich denn die Zigarette ausmachen weil wir Rauchpausen beschlossen haben wieso weiß ich nichts davon dann mußt du eben öfters in die Klasse kommen soll ich mich hier rechtfertigen also ich schreib die Rauchpausen an die Tafel und da bleiben sie stehen jetzt raucht die schon wieder ich gebs auf von mir aus macht doch was ihr wollt mit euch kann man nicht vernünftig reden Umweltschutz da hast du die große Klappe und hier ich habs jetzt satt wir können ja bißchen rücksichtsvoll sein und das regelt sich dann schon irgendwie du lebst wohl auf dem Mond.

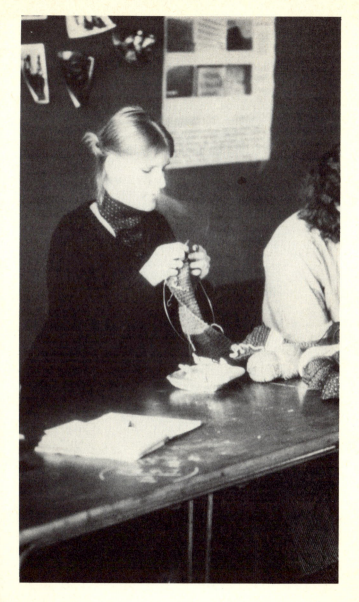

Aufbruch und Leerlauf
Protokoll eines Unterrichtsprojekts

Mittwoch, 6. 12. 1978
Nach Französisch/Spanisch fangen wir wie immer zwischen halb elf und elf an. Es sind viele Leute da, nur die Petra nicht, die über amerikanische Schocktherapien gegen Homosexualität berichten wollte. Nach einigem Warten, immer wieder unterbrochen durch Kaffeeholen, Telefon, Fragen quer durch die Klasse, ob es mit der Wohnung geklappt hat und wo die tolle Lederhose her ist (sie ist geklaut natürlich), fragt Winfried den Günter (der Lehrer ist), ob er nicht was zu dem Thema sagen könnte. Günter druckst rum – das gehört zum Lehrerrollen-Verweigerungsspiel – und meint: Immer ich. Schließlich sagt er so 20 Minuten lang, was er behalten hat: Elektroschockmethoden, stimulierende Dias und Bestrafung, ekelerregende Gerüche bei Fotos von Männern, Herstellen von »normalem« sexuellen Verhalten durch Gewalt, die diesen Methoden und Zielen zugrunde liegenden Normen menschlichen Verhaltens. Alles schrecklich. Einige können darüber wütend werden.
Es ist jetzt halb zwölf. Was weiter? Wie soll es überhaupt weitergehen? Wir haben uns das Thema Homosexualität gestellt, Selbstdarstellungen von Homosexuellen, Reaktionen der Gesellschaft auf Homosexualität. Die Arbeitsgruppe mit Tilmann, Veronika und Marianne hat sich Homosexuellen-Zeitschriften angeguckt und letzte Woche schon einen längeren Artikel vorgelesen. Tilmann sagt, er wüßte nicht, was sie sonst noch tun sollten, eigentlich wär alles klar. Außerdem könnten sie sich erst nächste Woche wieder treffen. Sibylle: Sie hätte sowieso keine Lust zu dem Thema gehabt, jedenfalls nicht in dieser Klasse, das wär zu persönlich, das Thema. Sie hätte aber trotzdem mitgemacht, weil's andere machen wollten. Jetzt sei es aber so, daß diejenigen, die auf dieses Thema son Bock gehabt hätten, nicht da wären oder jedenfalls sich nicht vorbereiteten. So jedenfalls würde das Thema keinem was bringen. Friedrich quengelt rum: Jetzt wär's schon wieder mal so, daß wir ein Thema anfangen und mittendrin abbrechen, das würde ihn unheimlich anstinken, immer diese halben Sachen. Erna dagegen: Wenn das Thema nichts mehr

bringt, und auch nix Neues mehr läuft, dann wär's nur Krampf, wenn man weitermacht. Außerdem könnte man so ein Thema sowieso nicht zu Ende bringen. Wo wär denn da das Ende?
Petra kommt (es ist inzwischen so zwölf Uhr), sie hat die dicke blaue Mappe mit den Therapiebeschreibungen dabei. Sie wünscht allerseits einen frohen Nikolaus-Tag. Günter flüstert ihr zu, daß das Thema schon behandelt sei. Nach einem Weilchen Schweigen nochmal Erna: Irgendwie wär das Thema doch nichts. Überhaupt wär's mal gut, ein Thema zu haben, wo man sich nicht dauernd gegenseitig bestätigt, wie fortschrittlich man doch denkt. Klar sind wir alle gegen die Diskriminierung von Homosexualität. Aber das können wir auch in Kneipen bequatschen, dafür brauchen wir nicht die Schule. Wenn man immer nur offene Türen einrennt, kriegt man einen leeren Kopf. Günter grinst – warum, wissen wir noch nicht. Winfried und Friedrich stimmen Erna energisch zu. Sibylle auch, sie möcht mal ein handfesteres Thema, am liebsten aus der Geschichte, irgendeinen Zeitraum, von dem sie noch nichts weiß, Arbeiterbewegung, 19. Jahrhundert oder Weltkrieg, jedenfalls ein Thema, wo man das Gefühl hat, man lernt was und geht systematisch vor. Sie macht Günter an, weil der immer noch grinst. Der läßt sich so leicht nichts vorwerfen und erklärt, er überlege schon lange, ob wir nicht was anderes machen sollten, er hat an Rosa Luxemburg gedacht. Winfried: Wieso gerade die, er kann sich darunter nichts vorstellen. Marianne, die inzwischen wie immer zwischen zwölf und halb eins gekommen ist und die Diskussion freundlich und ohne große Überraschung konsumiert hat, hat schon ne Menge über die Luxemburg gehört, und sie fänds unheimlich interessant, wie so eine Frau in die Politik eingestiegen ist. Winfried sagt wie gewöhnlich, daß er sagt, was er denkt, und er denkt also, daß es ziemlich einseitig wär, immer diese Frauenthemen zu nehmen (vor der Homosexualität hatten wir uns mit der Darstellung der Frau in den Medien beschäftigt). Marianne fragt ihn, ob er das ernst meint, und fühlt sich angemacht. Petra würde auch gern Luxemburg machen (sie nennt sie nur noch Rosa). Aber wie Günter sich das denn vorstellt? Er: Man könnte eine Biographie lesen (da war gerade eine billige und einigermaßen gute als Taschen-

buch erschienen) und sich dann entscheiden, auf welche Fragen, die dabei auftauchen, man genauer einsteigen will. Man könnte Ökonomie machen – Friedrich fände das sehr wichtig –, auf Auseinandersetzungen in der Arbeiterbewegung eingehen, auf die Novemberrevolution, auf die Justiz (er hat da ein älteres Buch, in dem der Prozeß um den Mord an Luxemburg und Liebknecht protokolliert ist). Man könnte auch auf die Frauenbewegung eingehen. Anni wirft sich zurück und sagt energisch: Nee. Das will ich nich. Hab keinen Bock auf Arbeiterbewegung und solche Sachen. Das bringt mir nix, hab ich schon in der Mittleren Reife gemacht. Sibylle fragt nach, warum Anni das nix bringt. Anni: Bringt mir eben nix, verstehste, immer diese alten Klüngel und die ollen Sprüche. Ich will lieber son Thema haben, was mit mir zu tun hat. So wie Frauen in Medien und Frauenzeitschriften, das hat *mir* was gebracht. Mensch Anni – jetzt fühlt Tilmann sich angesprochen – denkst du, wir können immer nur im eigenen Saft schmoren. Wir müssen auch endlich mal Politik zur Kenntnis nehmen, und das können wir am besten tun, wenn wir uns die Geschichte angucken, warum die ganze Scheiße so geworden ist, wie sie ist. Und warum einige dagegen gekämpft haben wie die Luxemburg zum Beispiel, und warum die sich nicht durchgesetzt haben. Er findet, daß man bei dem Thema auch noch den Anarchismus behandeln müßte. Veronika macht ihr freundliches Gesicht und rennt zum vierten Mal seit elf Uhr zum Telefon. Erna: Ja, sollen wir uns heute entscheiden – oder wie läuft das weiter. Sie muß nämlich weg (sie arbeitet) und würde gern wissen, wie's morgen weitergeht. Friedrich findet das Thema auch gut, er würde es aber noch besser finden, wenn wir neben Geschichte und der Biographie auch noch Deutsch einbauen, irgendeinen Roman vielleicht, jedenfalls Deutsch müßte mit rein. Veronika, die sich inzwischen vom Telefon losgerissen hat, ist begeistert. Da hätte sie große Lust zu, aber wo man da anfangen könnte? Sie guckt Günter an, der meint, daß das gut zu machen wäre, man könnte z. B. den »Untertan« von Heinrich Mann lesen, oder Bredel, »Die Väter«, oder vor paar Jahren wär da ein Roman von A. Kühn erschienen. Erna weiß noch den Titel (»Zeit zum Aufstehn« oder so ähnlich), darin ist die Geschichte einer Familie von vor 1900 bis heute beschrieben. Veronika und Tilmann wollen

sich um die Literatur kümmern, halten es dabei aber auch für wichtig, auf die Biographien der Schriftsteller einzugehen. Friedrich weist noch auf die Notwendigkeit der Sekundärliteratur hin. Wilhelm dreht sich der Kopf: Mein Gott, wie solln wir das denn alles schaffen, das ist doch Wahnsinn. Gegen die allgemeine Begeisterung kommt er aber nicht an. Sibylle: Dann müssen wir verdammt nochmal endlich mal Ernst machen mit den Arbeitsgruppen, und dann kann man eben nicht mehr alles in der Schule machen. Wir brauchen einen genauen Plan mit Themen und Terminen, und dann ist es unsere eigene Schuld, wenn was nicht klappt, und dann müssen wir auch offen Kritik üben können. Winfried würde bei Arbeitsgruppen mitmachen, aber nur dann, wenn die Termine verbindlich sind und man nicht dauernd auf Leute warten muß. Keiner außer ihm hat jetzt Lust, auf den Dauerbrenner »Verbindlichkeit« einzusteigen. Aber wie das mit dem Plan nun ist, fragt Sibylle. Ob wir das jetzt noch oder morgen (inzwischen sind schon wieder einige gegangen, es ist kurz vor zwei). Die meisten sind für morgen. Morgen wird also der Plan gemacht.
In den allgemeinen Aufbruch hinein fragt Günter noch, ob wir uns als Einstieg ins Thema nicht die Ausstellung im Reichstag über die deutsche Geschichte seit 1848 angucken sollen, da gäb's auch Filme über die Zeit um 1900. Winfried will da anrufen, wann welche Filme laufen, und uns morgen Bescheid geben.
Wenn wir in der 1. Klasse wären, würden wir vielleicht laut singen oder durch den Flur toben. So gehen wir immerhin zusammen in die Teestube.
Donnerstag, 7. 12.
Kurz vor elf sitzen Winfried und Friedrich vorwurfsvoll und stumm da. Als kurz nach elf immer noch nicht mehr als neun Leute anwesend sind, steht Winfried laut auf und sagt Scheiße und geht raus. Als er wiederkommt, sind wir mit ihm schon vierzehn. Erna, Tilmann und Veronika sind heute nicht da. Dafür kommt Nora. Sie fragt Friedrich, was wir gestern gemacht haben. Pläne mal wieder, sagt er. Ob auch Englisch? Nein, sind wir nicht zu gekommen. Winfried will nun endlich anfangen. Wie ist das denn, wir wollten uns doch eigentlich einen Plan machen? Niemand kann so runterziehend fragen wie Winfried. Nee, sagte Nora, dann will sie aber erstmal

geklärt haben, wieso gestern mal wieder kein Englisch war. Sie sei zwar nicht dagewesen, aber so ginge das nicht weiter, in Englisch hätten wir schon lange nichts mehr gemacht.
Ungefähr 40 Minuten reden wir über Englisch. Ergebnis: wir wollen Freitag, also morgen, um neun Uhr gleich mit Englisch anfangen, unseren Text (»Animal farm«) weiterlesen und versuchen, auch mal untereinander Englisch zu reden. Danach kurze Pause, die immer länger wird. Verschiedene Leute holen was vom Butter-Nepp zum Essen.
Anita aus der Nachbarklasse kommt rein und meldet mit fröhlicher Stimme, daß morgen ein Forum stattfindet zu der Frage, ob unsere Schule dem Netzwerk beitreten soll und daß das unheimlich wichtig ist und einige Leute vom Öffentlichkeits-Ausschuß dazu ein längeres Papier gemacht haben und jede Klasse das bis morgen diskutiert haben soll. Birgit greift sich das Papier und blättert drin rum. Nora kocht Kaffee.
So gegen zwölf muffelt Günter rum, er will endlich weitermachen – oder besser: anfangen. Also den Plan machen. Nicken und längeres Schweigen. Tilmann (ist gerade eingetroffen mit Veronika): Ja, ich denk, das war doch alles klar, wir wollen doch die Luxemburg machen. Nora: Was, Luxemburg, das hör ich ja zum ersten Mal. Winfried: Dann hättest du gestern eben da sein müssen. Nora: Man wird ja wohl noch mal krank sein dürfen. Außerdem sei die Pause vorbei, die Leute paffen aber weiter, und es stinkt sie an, daß sie immer wieder auf die Rauchpausen hinweisen muß. Mein Gott, was für ein Ton, sagt Christa, kannst du das nicht bißchen anders sagen. Marianne unterstützt Nora: Der Ton sei anscheinend notwendig, sonst kapiere hier ja keiner was. Sigrid steht auf und öffnet ein Fenster so weit, daß Winfried sich Jacke und Schal anzieht. Günter will auf den Plan zurückkommen. Plötzlich steht er auf, geht zur Tafel, hampelt blöd rum und fängt an, was aufzuschreiben. Verschiedene Leute machen noch Vorschläge, einiges wird wieder gestrichen, anderes hinzugefügt. Was schließlich dabei herauskommt, ist dies:

A. Rosa Luxemburg: Politische Biographie	Je 2–3 Leute bereiten ein Kapitel vor, reden darüber in der Klasse, wichtige Themen und Fragen werden notiert (ca. 3 Wochen Zeit)

B. Wichtige historische Ereignisse und Probleme
Arbeiterbewegung/Reichsgründung/Imperialismus und Krieg/Novemberrevolution/Rätedemokratie
Frauenbewegung
Justiz
Aktuelle Einschätzungen Luxemburgs (DDR–BRD)
C. Politische Ökonomie nach einem kürzeren Marx-Text oder nach einfachen Darstellungen der Politischen Ökonomie (z. B. Marx-Arbeitsgruppe Historiker bei eva)

Diese Themen werden von Arbeitsgruppen zu Hause vorbereitet und in jeweils 1–2 Doppelstd. dargestellt. Günter stellt Bücher bzw. Material zur Verfügung. Diese Themen werden ergänzt durch Fragen, die beim Luxemburg-Buch auftauchen können. Deutsch-Themen werden eingebaut.
Diesen Text wollen wir gemeinsam in der Klasse lesen und durchsprechen.

Als der Plan so ungefähr an der Tafel steht, sind wir beeindruckt. Auch Marianne, die in der Zwischenzeit draußen war und sich den Plan säuberlich abschreibt. Bernhard kommt rein mit seiner grünen Leinentasche: Wer will ne »zitty«, wer hat noch keine. Zehn Leute kaufen sich je eine »zitty«, acht davon fangen gleich an, sie durchzublättern und in den Kleinanzeigen nach Kühlschränken, Wohnungen und sonstigem nützlichen Zeugs zu suchen.
Beim Rausgehen erinnert Bernhard an die Pflicht jeder und damit auch dieser Klasse, einen Delegierten in den Prüfungsausschuß zu schicken. Ronald ist der Einzige, der noch Nerven hat, dem Bernhard zu erklären, daß unsere Klasse insgesamt im Hausausschuß sitzt und deswegen nicht in andere Ausschüsse kommt. Privatgespräche. Sibylle haut dazwischen: Wie das denn nun is mit den Luxemburg-Büchern. Wer kümmert sich darum? Veronika fährt sowieso zum Savigny-Platz und kann paar Bücher mitbringen bzw. welche bestellen. Marianne will auch in eine Buchhandlung.
Das Hin und Her beim Geldeinsammeln und Bestellen wird von den Rauchern eiskalt ausgenutzt, um sich außerhalb der Rauchpausen eine anzustecken. Nora sackt in sich zusammen. Winfried sagt, er hätte beim Reichstag angerufen; wir könnten uns, wenn wir mehr als 15 Leute sind, einen bestimmten Film aussuchen, und die würden ihn dann sofort zeigen. Wir müssen also bloß ausmachen, wann wir zum Reichstag wol-

len. Morgen geht nicht, weil wir Englisch machen wollen. Montag und Dienstag ist Mathe und Chemie, bleibt also Mittwoch. Vorschlag 10.30 Uhr oder besser gleich 11 Uhr. Diese Verabredung wird von den meisten als Signal zum Aufbruch verstanden. Tilmann ruft dazwischen: Wer wollte denn bis Donnerstag die ersten beiden Kapitel vom Luxemburg-Buch vorbereiten? Marianne will, sie hat das Buch schon und kümmert sich um jemanden, der oder die noch mitmacht. Gerd erinnert nochmal daran, daß wir morgen um neun Uhr mit Englisch anfangen.
Freitag, 9. 12.
Um neun Uhr sind da: Gerd, Winfried, Friedrich und Birgit. Günter kommt um 9.30, nach und nach trudeln dann noch ein paar Gestalten ein. Wir fangen erst kurz nach zehn mit Englisch an, können auch nur bis zwölf Uhr machen, weil für verschiedene Fachkonferenzen noch Verschiedenes geklärt werden muß. Warum heute weniger Leute da sind, weiß keiner so richtig.
Mittwoch, 13. 12.
So um 11.30 fangen wir an, durch die Ausstellung im Reichstag zu laufen. Günter und Winfried gehen zum Film-Raum und bestellen da einen Film mit dem vielversprechenden Titel: »Alle Macht den Räten«. Sie suchen die anderen, die sich in der Ausstellung zerstreut haben, zusammen. Der Film dauert über 60 Minuten und ist schrecklich: zu Filmdokumenten aus der Novemberrevolution und der Bayrischen Räterepublik äußern sich verschiedene Wissenschaftler mit verschiedenen Auffassungen, die aber zweierlei gemeinsam haben: Sie halten Rätedemokratie für unrealistisch und sagen das so gelangweilt und langweilig, daß die meisten von uns das nicht bis zum Ende aushalten und verschwinden.
Donnerstag, 14. 12.
Als wir um elf Uhr anfangen, steht fest, daß nur wenige das Buch bisher erhalten haben bzw. erst gestern, und kaum jemand dazu gekommen ist, sich die ersten Kapitel anzugukken. Marianne, die das für heute vorbereiten wollte, ist nicht da. Frage: Solln wir überhaupt anfangen? Sibylle sieht nicht ein, daß wir wieder was verschieben; statt rumzutrödeln könnten doch diejenigen, die wenigstens bißchen was gelesen haben, den anderen was erzählen. Birgit meint, das bringt so

nix. Roland ist trotzdem dafür und will es mal versuchen. Schlecht und recht stochern wir in Rosa Luxemburgs Jugend herum, rätseln über die Geschichte Polens, wieso Polen damals zu Rußland gehörte, über die unterschiedlichen Fraktionen in der russischen und polnischen Opposition. Roland kennt sich ein wenig aus und erzählt was über die Narodniki und die russische Sozialdemokratie, ihre spätere Spaltung. Wir spekulieren über die Motivation Rosas, in die Politik einzusteigen, sich illegal zu betätigen. Besonders die Frauen in der Klasse sind da sehr mißtrauisch. Sibylle hat als Einzige schon etwas weiter gelesen und bringt Luxemburgs Verhältnis zu Jogiches ins Spiel. Überhaupt soll Verdrängung bei politischer Motivation eine große Rolle spielen. Roland ist sauer: Mit Psychologie oder Pseudopsychologie würde man's sich zu leicht machen und nur die eigene Bequemlichkeit entschuldigen. Marianne kommt (es ist halb eins) mit freundlichem Lächeln und wundert sich über Vorwürfe.

Nachbemerkung:
Bis Ende Januar 1979 beschäftigen wir uns an den zwei Tagen pro Woche, an denen wir dafür Zeit haben, mit dem Luxemburg-Buch. Unterbrochen durch die Vorbereitung eines Schulfestes, das von unserer Klasse organisiert wird und dann 5000,– DM Gewinn für unser geplantes Haus abwirft, und Vorbereitungen für Vollversammlungen, wo wir unser Finanzierungskonzept für das neue Haus begründen müssen, weichen wir schließlich von unserem Plan ab und lesen das »Kommunistische Manifest« (das im Luxemburg-Buch öfters zitiert wird). Damit sind wir bis Ende März beschäftigt.

Von Dezember bis März gelingt es direkt vor unserer Nase 5 Bauarbeitern, 1 Kranführer und 1 Polier, 3 Stockwerke eines größeren Wohnblocks hochzuziehen. Manchmal gucken sie von ihrem Gerüst neugierig in unsere Klasse.

Richard Reitinger: SfE als Nachbar

Kennen tue ich die SfE nur von außen. Zum Beispiel seh ich die Schüler jederzeit im Treppenhaus. Mein Gott, was soll ich da von ihnen halten. Sie stapfen langsam die Treppen hoch und sehen aus wie andre junge Leute auch (obwohl meine Freundin behauptet, sie könne inzwischen einen ZBWler am Gesichtsausdruck erkennen). Vielleicht gehen sie ein bißchen langsamer als andre junge Leute, vielleicht aus dem Gefühl, damit den Arbeitsdruck des ZBW zugleich zu demonstr- & zu boykottieren. Aber ich weiß es nicht, nie einen gefragt. Viele Mädchen, in Punk, Folklore & knackig. Manche haben große Körbe, die obszön nach Strickwolle riechen. Ich vermute, sie stricken während des 30jährigen Krieges Shawls für – für wen? Ihre Männer müssen Externe sein, denn Pärchen hab ich bis jetzt nur eins gesehen, an der Würstchenbude, sie freute sich, daß er sie wie eine Emanze behandelte. Die Jungs tragen die übliche berliner Visage, halbzartes Stadtabenteuer, Demo wenn Bock, Schnurrbart bis halbrasiert, paar Echte.
Was mir gefällt: in den Treppenhäusern hängen wenig Trödelzettel, sie haben, scheint es, wenig zu verkaufen. Dafür Papierverkündigungen, die so rationell getextet sind, daß gleich beim ersten Satz Verfasser, Thema & Betroffenheit entscheidbar sind: wenn grimmig-müd (»Ach, ihr Tomaten!«), geht es um dringliche Formalitäten für das Sekretariat, wenn voll gerechten Zornes (»Lüge! Selber! Menschenschinder!«), hat man dafür grad keine Zeit, wenn sportlich (»Hopp zur Demo X!«), gibt es bald schulfrei, versteht man nix & fühlt sich trotzdem solidarisch, warn's die Türken (»Üff!«).
Ansonsten sehe ich die SfE vom Fenster aus. Im Sommer sitzen auf dem Dachgarten täglich 100 Mann im Kreis & schnattern. Meist in Fremdsprachen, was sich anhört wie ein Haufen trottliger Touristen. Der Lehrer ist nicht identifizierbar, nicht weil er wie ein Schüler aussieht, sondern jeder Schüler wie ein potentieller Alternativlehrer.
Eines Tages saß im Blumenkastenbeet des Dachgartens eine große blaue Ente und brütete. Am nächsten Morgen war um sie ein Zaun gezogen, innerhalb des Gatters eine rote Wasserwanne mit Rutschbrett für die Kücken installiert und außen

ein Schild angebracht, auf dem gebeten wurde, die Ente in Ruhe zu lassen, gezeichnet »Die Freunde der Ente«.
Natürlich gingen alle Eier durch das dauernde Geplärre um sie herum kaputt. Die Ente blieb notorisch sitzen, bis sie sich das Hinterteil entzündete und verjagt wurde. Sie sah sehr jung und schimmernd aus und flog wie wild über die Dächer. Die Eier wurden für die nächste Demo aufbewahrt. Hoffentlich haben sie wenigstens getroffen.
Abends macht die SfE ab und an ein Fest. Das kann ich durch die Fenster einsehen. D.h. beim letzten Mal war es ein Frauenfest, da konnte ich nichts sehen, weil die Frauen prompt mannshoch Gardinen an die Fenster gespannt hatten. Aber beim vorletzten Mal, das AKnee-Fest: mehr Plaketten als Personen, Durchmesser bis zu 1 Meter, die Größe drückt den Grad der guten Laune aus. Donnernder Rock aus den Lautsprecherboxen, von Ferne hört man mehr die Bässe, und der Marschrhythmus schlägt durch.
Dann kenne ich noch ein paar Lehrer. Es sind ausnahmslos bemühte junge Leute, die ihren Unterricht ernst nehmen. Ich glaube, sie nehmen sogar das Abitur ernst. Man kann sich mit ihnen bedenkenlos über Gott & die Welt unterhalten. Beim Thema SfE landet man allerdings unweigerlich bei Treueschwüren.
Das einzig ernstzunehmende Gespräch war mit 3 Schülern in einer plüschigen Kneipe. Ich schimpfte auf den ZBW samt BAföG. Für dieses Kopfgeld hätten sie sich ihren Schneid abkaufen lassen. Wo andre, um sich zu verbessern, in Anstand Räuber, Künstler oder Indianer würden, äfften sie das Abitur nach. Die eine sagt: »Schule ist erst mal nicht arbeiten, wa?!« Der 2. funkelte, der dritte stimmte zu: Genau deshalb sei ihre Schule nötig. Die vielen Kompromißler, Deppen, Ignoranten, die lernten bei der Selbstverwaltungsarbeit endlich Neugier, Entschiedenheit und soziales Denken. Es sei nur schwer zu merken – gerade wenn sie flügge werden, ist die Schule aus.

V
RÜCKBLICKE UND KARRIEREN

Rosemarie: Einige »Gedankensprünge« zum Thema: Was hat die SfE mir gebracht?

WISSENSVERMITTLUNG/LERNEN
Damit fängt's gleich an: die vielleicht wichtigste Erfahrung für mich war, daß es nicht »das« richtige oder falsche Wissen gibt, sondern mehrere Seiten und Sichtweisen ein und desselben Gegenstands. »Bürgerliche« und »marxistische« Positionen, damit hätte ich vorher nichts anfangen können. In den Fächern PW/SW, Wirtschaft und Deutsch ist mir das klar geworden. Klar wurde mir auch – vielleicht nicht sofort, aber langsam – was in diesem Zusammenhang »Parteinahme« heißt, und daß es zwangsläufig eine Parteinahme geben muß. In meinem Studium (Jura), wo ich seit Semestern schon Erstsemesterarbeit mache, fällt mir mein damaliger Stand wieder ein, konfrontiert mit 18–19jährigen, die tatsächlich noch an die reine Wissenschaft und die Unbestechlichkeit juristischer Auslegungsmethoden etc. glauben, und denen erst nach etlichen Semestern klar wird, daß es so etwas wie verschiedene Positionen gibt.
Weitere wichtige Erfahrungen: das »Hinter-die-Dinge-gukken« – besonders in den Fächern PW/SW. Dazu gehört z. B. das Auswerten von Statistiken, Nachprüfen von Begründungen einer bestimmten Ansicht (die Frage »Stimmt das so«), das Nachvollziehen von Argumentationsgängen (Frage »Wie kommt der zu diesem Ergebnis«). Auch das war völlig neu für mich. Daß es so etwas wie »Erkenntnis« gibt, daß Dinge, die vorher erlebt oder irgendwie verschwommen »gewußt« wurden, plötzlich erklärbar wurden, daß der Kopf sich zusammenschaltete mit dem, was im »Bauch« schon war. Das ist eine reale Erfahrung verglichen z. B. mit Wissensvermittlung an der Uni, wo einem nur die Begriffe vorgeknallt und statt Wirklichkeit verkauft werden.
In diesem Zusammenhang war wichtig – wurde mir aber erst später klar – das Bekanntwerden mit marxistischer Wissen-

schaft, wobei der oben beschriebene »Erkenntnisprozeß« eigentlich erst richtig ausgelöst wurde.
Lernen in einer Gruppe war ganz neu für mich, ich habe das an der SfE zum ersten Mal *gelernt* (mehr dazu unter »Sozialisation«). Daß die Arbeitsweise überhaupt daraufhin angelegt war und auch einer, der sich dem entziehen wollte, *mußte*, war wichtig, da hatten die Lehrer eine »Dirigentenfunktion«. Obwohl an unserem Fachbereich Kleingruppen überhaupt nicht gefördert werden, hat diese SfE-Erfahrung geholfen, sich in diesem Betrieb zurechtzufinden. Wir waren zwei SfElerinnen, die in unserem Semester das erste Studienkollektiv aufgebaut haben und jetzt, vergrößert, als Arbeitsgruppe in die Examensvorbereitung gehen. Aber das ist bei uns vielleicht besonders extrem, an anderen Fachbereichen anders.
Lernen wurde durchsichtig. Dadurch, daß keine übliche Hierarchie bestand, die Lehrer also keine Autoritäten waren, sondern der Unterricht z. T. von uns Schülern mitgestaltet wurde, bekam man auch ein Stück der Vermittlungsarbeit mit, die die teachers zu leisten hatten. Auch das Spiel mit verteilten Rollen, ein Gebiet vorbereiten und quasi wie ein Lehrer den anderen zu vermitteln, Unterricht nachzuvollziehen (Protokolle schreiben), Kritik daran entgegenzunehmen (weil andere besser hingehört oder verstanden hatten), trug dazu bei. Mir ist das allerdings erst viel später klargeworden, und im Nachhinein habe ich das Gefühl, daß einige unserer teachers ganz gewiefte und tolle Didaktiker waren. *Daß* ich an der SfE »Lernen« gelernt habe, wurde mir wirklich erst an der Uni klar – im Konflikt mit der Unfähigkeit von Dozenten, Dinge vernünftig zu erklären, beim Herumschlagen mit Texten, die so geschrieben waren, daß man hätte verzweifeln können, weil man nix kapierte (und wo nichts Wesentliches auf 100 Seiten erörtert wurde), und der Tatsache, daß unsere Dozenten zumindest überhaupt kein Interesse daran haben, sich mit Lernvorgängen zu beschäftigen.
D. h. nicht nur Lernen, sondern auch Lehren wurde durchsichtig und verlor dadurch den Schein von »Mein-Gott-wie-macht-der-das-bloß«.
All das jetzt eben Gesagte trifft nur auf Fächer wie PW/SW, Deutsch, etc. zu, nicht auf die Naturwissenschaften; Ellipsen und Kurvendiskussionen sind mir auch heute noch scheißegal

und haben mich auch an der SfE nicht interessiert. Schade war's für ein Fach wie z. B. Chemie. Man könnte das bestimmt so unterrichten, daß die Leute wissen, was z. B. Rohstoffe sind, wie Benzin zusammengesetzt ist und wie Medikamente wirken (können), und nicht so fürchterlich abstrakt und »schulisch«, wie der Lehrer es damals gemacht hat. Ausnahme war Biologie, aber nur deshalb, weil unser damaliger teacher es ganz toll verstanden hat, die neugierigen Fragen nach persönlichen Krankheitssymptomen mit allgemein zu »lernendem« Wissen originell zu verknüpfen.

SOZIALISATION

Jetzt kommt der problematische Teil, wo's schwierig wird, das, was später an Erfahrungen dazugekommen ist oder auf schon vorhandener Sozialisation aufgebaut hat, auszufiltern. Ich versuch's.

Lernen in der Gruppe verschaffte die Erfahrung, daß sowas mehr Spaß machen und gemütlicher sein kann, als alleine über einem Buch zu sitzen, daß man über gemeinsame Interessen und Zusammen-Arbeit persönliche Beziehungen (nicht unbedingt von Dauer, aber das muß ja nicht Zweck sein) schaffen kann. Der Klassenverband war dazu wichtig. Wichtig zu lernen, daß es notwendig ist, zu kritisieren und Kritik hinzunehmen, daß einen das weiterbringen kann. Kontaktängste verlieren. Lernen, daß andere auch Schwierigkeiten mit dem Lernen haben. Konkurrenzgefühle und die damit verbundenen Ängste bearbeiten lernen – ausgesprochen wichtig für die Uni später, wo die Leute nicht zugeben, wie sehr sie gegeneinander arbeiten und selbst das noch verbal mit irgendeiner Solidaritätsadresse zudecken können. Man kann das durchschauen, wenn man mit Gruppenlernen Erfahrungen gemacht hat, meine ich.

Solidarität bzw. Nicht-Autorität der Lehrer. Zweierlei wichtige Erfahrungen, die erst später richtig erkannt wurden: zum einen, Solidarität von Lehrern zu akzeptieren, ihnen nicht die altbekannten Autoritätsmuster unterschieben wollen, weil man sich dann leichter verhalten kann. Zum andern, eine realistische und notwendige Haltung von Respektlosigkeit gegenüber selbsternannten und autoritären »Autoritäten«, z. B. an der Uni (die können das aber nicht verkraften).

Die negative Erfahrung von – ich nenn's »negativer Solidari-

tät«. Gehört eigentlich noch zum Kapitel »Lernen in der Gruppe«. Sich untereinander unter Druck setzen, wenn eine Mehrheit mal keine Lust hat, irgendwas für die Schule zu tun, unvorbereitet ist o. ä.
Politische Arbeit wurde mir vergällt durch Großredner und Alleswisser (z. B. bei VVs), die an der SfE ihre Scheingefechte austrugen. Hat mir aber im Rückblick dabei geholfen, negative Aspekte von politisch engagierten Großrednern und Makkern, ihre Winkelzüge, Un-Solidarität und teilweise Borniertheit (»Wer hier Schillers ›Glocke‹ lesen will, ist ein bürgerliches Arschloch«) zu durchschauen und Maßstäbe für meine eigene politische Arbeit heute zu setzen.
Engagement für die Selbstverwaltung – selbstkritisch heute stelle ich fest, daß es mich einerseits um eine vielleicht wichtige Erfahrung gebracht hat, ich andererseits für ein solches Engagement damals nicht fähig gewesen bin. Zu sehr liefen die »Bewußtseinsbildung« im/durch den Unterricht und die Anforderungen, dieses Bewußtsein sofort in praktisches Handeln umzusetzen (d. h. die Erkenntnis der Bedeutung der Schule umzusetzen sofort in ein Engagement für die Schule) nebeneinander.
Ohne Leistungdruck und Benotung arbeiten, überhaupt Spaß an so etwas wie »wissenschaftlicher Arbeit« haben. Sicherlich sage ich das heute aus der Sicht einer Studentin, angesichts eines Unibetriebs, den zu bewältigen mir die Vorbereitung aufs ZBW-Abi geholfen hat.

Gela: Das späte Licht

Wie ich an die SfE kam? Eigentlich durch puren Zufall! Ich wußte überhaupt nichts von der Schule, auch von Selbstverwaltung und Alternativunterricht habe ich erst erfahren, als ich schon an der Schule war. Es war für mich auch nicht weiter wichtig. Ich war 28 und wollte mein Abitur machen, das stand fest; ich hätte meinen Schein auch an jeder anderen Schule gemacht, aber es gab zwei Gründe, mich für die SfE zu entscheiden. Einmal war die Schule in Tempelhof, meinem damaligen Wohnbezirk, zum anderen war das Schulgeld dort niedriger als an Privatinstituten.

Zuerst hat mich das ja alles ganz schön beeindruckt, vor allem die Leute da mit ihren hochtrabenden Ansprüchen von politischem Bewußtsein und so. Natürlich hatte ich neben dem Abitur auch noch ein paar andere bescheidene Ziele, aber die schienen mir damals sehr individuell zu sein. Durch meine Ehe mit einem schwarzen Amerikaner und meinem Amerika-Aufenthalt hatte es irgendwann in meiner Vergangenheit einen ziemlich großen Bruch gegeben; ich hatte mich aus meinem gewohnten Umfeld hinauskatapultiert und jeden Bezug zu der Situation und den Leuten hier verloren. Jetzt war ich wieder da, hatte mich entschieden, eine Weile in Berlin zu leben, und mußte mir also was einfallen lassen, um aus meiner Isolation rauszukommen. Schule als Ausgangspunkt für neue Kontakte schien mir gar nicht so übel zu sein.
Darüber hinaus hatte ich noch die vage Hoffnung, daß, wenn es mir gelingen würde, mir eine eigene Identität zu schaffen, ich es vielleicht leichter packen könnte, endlich den längst überfälligen Schlußstrich unter meine Ehe zu setzen. Außerdem hatte ich ein großes Bedürfnis, kontinuierlich etwas für mich Befriedigendes zu machen. Ich war immerhin zehn Jahre lang durch die Gegend geflippt, hatte mich mit ständig wechselnden Jobs rumgeschlagen, hatte meine Kinder nach Amerika und wieder zurück gezerrt, und so langsam dämmerte mir, daß ich endlich was für mich tun mußte, wenn ich mich nicht ganz aus den Augen verlieren wollte.
Also SfE, wie gesagt – ganz schön beeindruckend! Am Anfang jedenfalls. Mir ist aber ziemlich schnell der Unterschied zwischen Theorie und Praxis, zwischen dem politischen Anspruch und der Realität an der Schule aufgefallen. Ich muß vielleicht noch erwähnen, daß ich zwar politisch interessiert, aber nie wirklich aktiv war. Daran haben auch zweieinhalb Jahre SfE nichts geändert! Die politische Fraktionierung an der Schule und die damit verbundenen kleinkrämerischen Reibereien haben mich von Anfang an daran gehindert, mich einer Gruppe anzuschließen und mich für politische Aktivitäten zu begeistern.
Die Selbstverwaltung, also Ausschüsse und Fachkonferenzen, fand ich anfangs schon ganz spannend. Aber auch da liefen die Diskussionen viel zu oft auf eine derart jämmerliche Anmache hinaus, daß ich mir ziemlich schnell sagte: forget it!

Ich bin dann für unsere Klasse die Delegierte für die GL-Fachkonferenz geblieben, einfach, weil GL mein Lieblingsfach war und weil es da in der FK einen Typ (Lehrer) gab, der mir wahnsinnig gut gefiel! Keine überzeugende Motivation, ich weiß, aber ich steh dazu!
So. Blieb also nur noch die Klasse als Nährboden für meine persönliche Weiterentwicklung. Was heißt: nur in der Kommunikation mit den Leuten in meinem Klassenverband habe ich wirklich wichtige Erfahrungen gemacht, von denen ich heute profitieren kann. Das hing selbstverständlich mit dem Unterricht zusammen. Der Unterricht war alternativ, d. h. kein Leistungsdruck, keine Zensuren, selbstgewählte Lehrer, die wir sogar duzen durften(!), gemeinsames Erarbeiten von selbstbestimmten Sachgebieten. Hört sich alles ganz satt an, die Realität sah allerdings etwas mickrig aus. Denn wenn ich mal die ganzen »talking-loud-and-saying-nothing«-Diskussionen und den ständigen Frust über mangelnde Anwesenheit und allgemeine Schlaffheit abziehe, bleiben vielleicht zwei Semester, in denen wir wirklich produktiv gearbeitet haben. Trotzdem war es den Einsatz wert. Vor allem in den Arbeitsgruppen. Ich habe eigentlich schon immer gewußt, daß ich einfach kein Gruppentier bin, und die Arbeit in den AG's hat mir geholfen, das zu akzeptieren. Heute kann ich lustvoll Individualist sein, ohne mir dabei asozial vorzukommen.
Das Lernen selbst hat mir außerordentlich Spaß gemacht, besonders das Erarbeiten von Spezialgebieten für's Abitur. Ich hatte aber auch nie besondere Schwierigkeiten, da ich zehn Jahre zuvor schon mal kurz vor dem Abi gestanden hatte und so auf ganz gute Grundkenntnisse zurückgreifen konnte. Eine neue und sehr wichtige Erfahrung für mich war, daß bestimmte Fächer und Themenbereiche wirklich spannend sein können, wenn es gelingt, einen persönlichen Bezug dazu herzustellen.
Rein menschlich habe ich mich in unserer Klasse immer sehr wohl gefühlt. Die lockeren Umgangsformen waren für mich äußerst entspannend, obwohl die ausgeprägte Harmonie unter den Leuten manchmal doch etwas suspekt erschien. Aber von Zeit zu Zeit hat es auch schon mal geknallt.
Im letzten Semester waren wir eine gut funktionierende Ar-

beitsgruppe von fünf oder sechs Leuten und haben kontinuierlich bis zum Abitur zusammengearbeitet.
In persönlichen Beziehungen und Gesprächen mit Leuten, vor allem mit Frauen an der SfE, ist mir klargeworden, daß ich mit meiner privaten Misere gar nicht so allein dastehe, daß es viele gibt, denen erst spät ein Licht aufgeht, die dann versuchen, sich freizustrampeln und noch mal ganz von vorn anfangen. Insofern hat sich meine Hoffnung bezüglich meiner totgelaufenen Ehe erfüllt. Durch die Erkenntnis, daß sich in meiner persönlichen Situation nur die gesellschaftliche Situation der Frau allgemein widerspiegelt, und durch die Solidarität mit anderen habe ich es fertiggebracht, mich ohne große Schuldgefühle und Nachwehen aus meiner eingeschränkten Position zu lösen. Das war eigentlich die einzige, wenn auch einschneidende Veränderung in meinem Leben, die mit der SfE zusammenhing: einfach deshalb, weil ich in Berlin außer meiner Familie überhaupt keine Freunde hatte, also auch niemanden, von dem ich mich aufgrund meiner neuen Identität hätte trennen müssen.
Zusammenfassend kann ich sagen, daß ich jetzt, mit einigem Abstand, ein recht positives und abgerundetes Bild von der Schule habe und das Gefühl, der Einsatz hat sich gelohnt. Allerdings bezweifle ich, daß ich diese positive Einstellung auch dann hätte, wenn ich aus irgendwelchen Gründen mein Abitur nicht bestanden oder nicht gemacht hätte. Ich weiß nicht, ob ich den Einsatz von zweieinhalb Jahren dann immer noch für gerechtfertigt hielte, oder ob dann nicht vielleicht doch die negativen Erinnerungen in meinem Kopf stärker haften geblieben wären.

Michael: Zwei Jahre danach

X-beliebige ZBW-Schulen hatte ich kennengelernt: eine berliner Fachoberschule, auf der ich mein Fachabitur gemacht hatte, das Oberhausen-Kolleg, auf dem ich ein Semester war, bevor ich an die SfE wechselte.
Am auffälligsten waren erst die äußerlichen Unterschiede. Lehrer wurden geduzt, Hausaufgaben waren keine Pflicht,

Versetzungen und Zeugnisse fielen weg, Fehlzeiten wurden toleriert, im Gegensatz zu den steril sauberen Schulräumen, die ich kannte, waren die Schulräume grotesk unsauber.
Inhaltliche Unterschiede zu anderen ZBW-Schulen fielen erst später auf, waren dafür aber um so eindrücklicher. Es waren die Ausschüsse, die die Schule organisatorisch trugen, sowie die Fachkonferenzen, die der Unterrichtskritik und -vorbereitung dienen sollten. Außerdem die Foren und Vollversammlungen, auf denen Schulprobleme oder aktuelle politische Probleme besprochen wurden wie Polizeigesetze, Aktionen zum § 218, der Tod Ulrike Meinhofs usw.
Die reale Situation in meiner Klasse sah so aus: neben dem Unterricht, der vom Lehrer vorgetragen und vorbereitet wurde, drehten sich die Diskussionen um die Selbstverwaltung in erster Linie darum, warum sie nicht funktionierte. Arbeit in Fachkonferenzen und Ausschüssen, Teilnahme an den Foren blieben Einzelleistungen einiger unverbesserlicher Optimisten. Die Klasse als Gruppe existierte nicht. Aggressionen und Sympathien waren vorhanden, spielten im Rahmen der Klasse aber keine Rolle. Was blieb, war ein Haufen, in dem jeder für sich als kleinsten gemeinsamen Nenner das Abi im Auge behielt. Folglich existierte auch keine Rückkoppelung in die Selbstverwaltung. Lehrer, die wiederholt versuchten, den auf sie zentrierten Unterricht aufzubrechen, indem sie Arbeitsgruppen oder eigene Erarbeitung der Unterrichtsinhalte anregten, scheiterten.
Lehrer, die Schwierigkeiten hatten, den von der Klasse geforderten Frontalunterricht anzubieten, oder sich der Forderung danach verweigerten, wurden wiederholt abgewählt. Klassenmitglieder, die versuchten, ihre Arbeit in der Selbstverwaltung in die Klasse hineinzutragen, scheiterten immer wieder.
Diese Zeit dauerte für mich zwei Jahre. In dieser Zeit hatte ich es geschafft, durch die Arbeit in den Fachkonferenzen, besonders im Fach Gesellschaftslehre sowie im Öffentlichkeitsausschuß, ein befriedigendes Gegengewicht zum Dauerfrust in der Klasse zu finden.
Durch diese Arbeit lernte ich zum ersten Male Sprech- und Diskussionsängste zu überwinden; der Kloß im Magen, der anfänglich bei jedem Redebeitrag auftrat, verschwand allmählich. Mit der Zeit erlernte ich auch eine Routine bei der Arbeit

in Arbeitsgruppen, die ich auf einer anderen ZBW-Schule wohl nie gelernt hätte. Dadurch wurde bei mir ein Selbstbewußtsein aufgebaut, das ich vorher nicht hatte.
Allerdings wurde durch diese Entwicklung die Kluft zum Großteil meiner Klasse immer größer. Mein Fall war und ist wohl kein Einzelfall. Die 50–60 Schüler und Lehrer, die die Selbstverwaltung aufrechterhielten, wurden in immer stärkerem Maße zum Fremdkörper an der Schule. Die Verselbständigung der SV-Arbeit führte zum Vorwurf des Funktionärstums, was die bestehende Kluft noch vergrößerte. Vor allem blieb unberücksichtigt, daß keinesfalls eine Avantgarde den Großteil der Schule mit überhöhten Ansprüchen terrorisierte, sondern ein Großteil der Schüler über das Abi hinaus kein Interesse an der Schule zeigte.
Diese Entwicklung führte zu Klassenspaltungen. Passivere und aktivere Schüler einer Klasse trennten sich, jedesmal mit großem Eklat, da damit unweigerlich der Streit verbunden war, in welchem Verhältnis Lehrerstunden zwischen den nun zwei Klassen aufgeteilt werden sollten.
In meiner Klasse kam es nach zwei Jahren zu einer Spaltung. Die Euphorie, in der sie vorgenommen wurde, führte dazu, daß wir uns selber Profilierungszwängen unterwarfen, denen wir nie gerecht werden konnten: 100%ige Anwesenheit aller Klassenmitglieder, Teilnahme an Fachkonferenzen und in Ausschüssen für jeden von uns bei gleichzeitiger weitgehend selbständiger Unterrichtsvorbereitung in allen Fächern.
Von diesen Ansprüchen wurde kein einziger in dieser Höhe eingelöst. Trotzdem schafften wir es, bei verhältnismäßig reger Mitarbeit in der SV, durch gemeinsame Abiturvorbereitungen alle Schüler durch die Abiturprüfung zu ziehen: ein sehr gutes Ergebnis, da in den meisten anderen Klassen, in denen meist isoliert gepaukt wurde, Durchfallquoten bis zu 40% normal waren. Diese Entwicklung war nur möglich, weil in der neuen Klasse die persönlichen Bindungen ziemlich stark waren. Durch Teilnahme auch am Privatleben der anderen und dem dadurch entstehenden Vertrauen waren die Abivorbereitungen ziemlich locker; durch gemeinsame Vorbereitung nahmen wir uns Teile der Prüfungsangst. Selbst das Einpauken von Mathe war kein Riesenfrust mehr. Bei anderen Fächern machte es sogar Spaß.

Es zeigte sich, daß die Behauptung, die Aktivisten an der Schule hätten am Abi kein Interesse bzw. neben der SV-Arbeit keine Zeit für Abivorbereitungen, falsch war, oft eine Schutzbehauptung passiver Lehrer und Schüler.

Mense: Aha-Erlebnisse

Ich hatte eine Lehre als Industriekaufmann gemacht, hatte dann 5 Jahre in meinem Beruf gearbeitet und Karriere gemacht. Teilweise habe ich 12–13 Stunden pro Tag gearbeitet, hab zwar viel Geld verdient, hab aber praktisch nur noch gesoffen und gearbeitet. Ich hab dann an irgendeinem Punkt gemerkt, daß mir das Geld nichts bringt. Das hab ich praktisch versoffen, und das ging mir auch unheimlich an die Substanz, rein körperlich. Ich war total fertig, als ich an die SfE gekommen bin. Ich hatte den Tatterich, war mit den Nerven völlig fertig, bin viel krank gewesen.
Ja, und dann hat ein Freund von mir gesagt: Also, hör doch auf, mach doch mal was anderes, geh zur SfE. Da ist es schön ruhig, du kriegst BAföG, hast zwar sehr wenig Geld, aber ist doch auch ganz schön, wenn du mal wieder ein bißchen Zeit hast. Dann hab ich mir gesagt: Das ist bestimmt besser, als so weiter zu machen, das erweitert deine Möglichkeiten. Na ja, so bin ich an die SfE gekommen.
Ich hab mich dann im Laufe der Zeit sehr stark für die Schule engagiert. Mit der SfE war bei mir auch so etwas wie ein persönlicher Bruch: ich hab dadurch, daß ich auch nicht mehr über die finanziellen Mittel verfügt habe, meinen privaten Bekanntenkreis schlagartig wechseln müssen, weil ich da nicht mehr mithalten konnte. Am Anfang hab ich zwar ganz schön durchgehangen, aber dann habe ich mir gedacht, du mußt irgendwie mit den Leuten an der SfE was machen, und dann hab ich innerhalb kurzer Zeit ziemlich viel Leute kennengelernt.
Für mich war schon von Anfang an klar, daß ich das Abi machen will. Ich hab mir halt gesagt, das ist für mich wie so eine Selbstprüfung, ob man das packt, ob man das noch schafft, also da dran zu bleiben, auch wenn es Schwierigkeiten gibt.

Unsere Klasse war ja doch etwas anders als andere. In der Gruppe, in die ich reingekommen bin, ging es fast familiär zu. Wir sind ja dann z. T. auch zusammengezogen. Es gab auch teilweise einen ziemlich starken Gruppendruck und Sachen, die nicht so toll waren. Was mir viel gebracht hat, das war dieses selbständige Arbeiten, daß ich selber Sachen gemacht hab. Wir haben in der Klasse ein paar Projekte versucht; es hat mir Spaß gemacht, mit den anderen die Sachen zu erarbeiten. Aber bei mir lag der Schwerpunkt nachher mehr auf der Selbstverwaltung. Dabei hatte ich mit meiner Klasse dann Schwierigkeiten. Wir hatten am Anfang ziemlich hohe Ansprüche, und die wurden dann immer schneller wieder abgebaut bis zu einem Grad, wo ich nicht mehr dahinterstehen konnte, weil ich vielleicht mehr als die anderen davon überzeugt war, daß man bestimmte Sachen halt machen muß, und vielleicht, weil ich manchmal ein bißchen verantwortungsvoller und dogmatischer bin. Dadurch hatte ich mich eine Zeitlang ziemlich isoliert gefühlt.
Obwohl, für mich war das ja ein richtiges »Aha-Erlebnis«. Als ich an die Schule gekommen bin, da war ich ja noch ein sehr lebendiger, lustiger junger Mensch, der nachts lange mit Schülern und Lehrern getrunken hat. Und da haben die Leute mehr gedacht, ich wäre so etwas wie ein Clown, und nachher habe ich gemerkt, daß sie mich doch sehr ernst nehmen. Teilweise hatte ich eine Rolle, die ich gar nicht haben wollte, und manchmal hatte ich den Eindruck, daß sich die Leute zu sehr dem anpaßten, was ich gesagt habe.
Für mich persönlich war die Zeit an der SfE ganz positiv. Trotz dieser Reibereien, die da teilweise waren, freu ich mich immer noch, wenn ich Leute aus der Klasse treffe. Mit den Leuten von der Arbeit und mit »normalen« Leuten habe ich keinen Kontakt mehr. Ich weiß gar nicht, was ich mit ihnen reden soll. So, wie die leben, möchte ich nicht mehr leben. Ich kann damit nichts mehr anfangen, und umgekehrt verstehen die auch nicht, wie ich lebe.

Tomás: An die Neuen

Im Folgenden wird die Rede sein von Zuständen an dieser Schule. Noch vor einem Jahr hätte ich jeden, der nicht von unserer Schule spricht, einen Ignoranten geschimpft und nicht den Weg eines Pamphletes gewählt, meine Kritik zu formulieren. Wer da krakeelt: Der Feigling, warum stellt er sich nicht der offenen Diskussion – der sei darauf hingewiesen, daß ich nicht mehr an »unserer« Schule bin. Im übrigen sind nur Diskussionen sinnvoll, aus denen etwas folgt. Das heißt: Ihr müßt die Sachen klären und ändern. Mein Beitrag kann nur noch die Vermittlung von ein paar Erfahrungen sein.
Erfahrung Nr. 1: Sperrt bei grundsätzlichen Diskussionen die Lehrer vor die Tür.
Wenn Du neu an der Schule bist, kommst Du wahrscheinlich gerade erst aus Westdeutschland, bist froh, ohne größere Wartezeiten und unangenehme Aufnahmebedingungen, aber mit gesichertem BAföG an der Schule gelandet zu sein. Du weißt nicht genau, was Du willst. Nur was Du nicht willst, zurück in den alten Beruf, in die Jobberei, das weißt Du genau. Selbstverwaltung? Klar, dufte, wir stehen alle auf Selbstverwaltung. Keine Chefs und so. Vermutlich hast Du auch einen Bildungskomplex, weil in Deiner Wohngemeinschaft alle studieren, Du an der Schule schon mal gescheitert bist oder Deine Mutter möchte, daß aus Dir was wird.
Da stehst Du nun und hältst Dich für dümmer als alle anderen. Du denkst: »Meine Fresse, die sind aber alle gut drauf.« Gerade, wie Du Dich ganz winzig fühlst, betritt ein Lehrer den Raum. Aus nachlässig hingeworfenen Nebensätzen wird Dir klar, hier unterrichtet eine Generation von Rebellen. 68, dabei gewesen, mit diesem oder jenem Promi in einer Reihe marschiert, Berufsverbote und so. Sie sind auch unsicher, aber Du weißt ja, es ist was Positives, Unsicherheit zeigen zu können. Sie fragen Euch, wie und was Ihr lernen wollt. Eine Frau mit schwarzem Stern am Hals läßt durchblicken, sie würde sich gern mit Anarchismus befassen, und Dich hauts beinah vom Stuhl, als alle begeistert sind und Stichwörter wie Spanien, Kronstadt und so weiter fallen und auch der Lehrer »Ja, natürlich« sagt. An dieser Schule geht das. Man kann sich hier mit allem befassen, was weit genug ist. Wider-

stand als Geschichte. Ist ja auch viel gemütlicher. Du gibst ihnen einen Riesenvorschuß an Vertrauen und Sympathie, den sie zweieinhalb Jahre lang gründlich mißbrauchen werden, bis Dir gegen Ende selbst das Hohngelächter im Hals stecken bleibt.
Trau ihnen nicht. Den meisten geht es nur um eine möglichst angenehme Art, Geld zu verdienen. Politisch sind sie gescheitert: haben sich wie viele dieser Generation nach den K-Gruppen, dem »Langen Marsch« undsoweiter auf die alternativen Inseln zurückgezogen und sich eingerichtet. Das Schlimme dabei ist, daß sie es nicht wahrhaben wollen und so tun, als hätten sie nichts zu verlieren. Linke sind sie alle. Natürlich auch gegen Atom und Kapital – nur, wie sie das sind. Wie lächerlich allein der Hinweis, 20 DM Stundenlohn wäre nicht viel, an einer sogenannten bürgerlichen Schule ständen sie viel besser da. Und wie gründlich wird das hohe Sozialprestige in der Szene, ein Lehrer an der SfE zu sein, verschwiegen (Lehrer-Schülerin-Beziehungen: offiziell nicht bekannt). Sie haben sich eingerichtet und resigniert, und vor nichts haben sie so viel Angst wie vor dem Bekanntwerden dieser Tatsache. Ihre Tarnkappen sind nicht schlecht, doch auch die beste Rhetorik schützt sie nur solange, bis wir lernen, die Zwischentöne richtig zu deuten.
Wie ich dazu komme, solche Dinge zu behaupten, sei an beliebigen Beispielen aufgezeigt.
Einige Wochen nach dem Umzug in den Mehringhof, dem endlose Diskussionen und Betteleien um Geld vorausgingen, erlaubten wir uns, das Interesse etlicher Lehrkräfte an der auch von ihnen hochgelobten Selbstverwaltung an Hand ihrer praktischen Arbeit bei Umzug – Umbau etc. – zu überprüfen. Der Verdacht, einigen gehe es ausschließlich um den alternativen Job, ihre ruhige Kugel, hatte sich bestätigt. Die naheliegende Konsequenz, den Betroffenen sofort zu kündigen, traute sich niemand auszusprechen. Selbst die Forderung »Kein Geld für nicht geleistete Arbeit« war nicht durchzukriegen. Es fand ein Lehrerplenum statt, an dem mir endgültig die Lichter aufgegangen sind. Da wurde gelogen, rumgedruckst und polemisiert, daß die Tische stöhnten. Nach dem Motto: »Du weißt genau, daß ich lüge, aber wenn du das laut sagst, lege ich die Wahrheit über dich auf den Tisch« herrsch-

ten peinliches Gefasel und Scheingefechte. Raus kam nichts außer der Erkenntnis: Der Laden ist kaputt, und kein Beamter sitzt so fest im Sattel wie ein Lehrer an der SfE.
Oder die Geschichte jener Sprachenlehrerin, die meine gesamte Klasse, ich eingeschlossen, »wahnsinnig toll« fand. Als wir gerade anfingen, wurde sie von einer damaligen Abschlußklasse wegen völligen Desinteresses gekündigt. Genau das Gleiche wiederholte sich im Herbst 80, als wir Prüfung machten. Woche für Woche, in einem deprimierenden Prozeß, wurde selbst den größten Fans klar, daß wir von dieser Lehrerin nur verarscht wurden (wochenlanges Fehlen, abstruse Fehlinformationen über die Prüfung, permanentes Zuspätkommen). Doch als wir so weit waren zu sagen, es geht nicht mehr, die Frau muß gekündigt werden, hatte sie sich schon eine neue Klasse angelacht. Ein paar nette Sprüche, ein kurzer Hinweis auf die schwierige Situation, ein Lied von Victor Jarra übersetzen lassen, und schon ist das Einkommen für die nächsten zweieinhalb Jahre gesichert. Status: unkündbar.
Nun zu uns.
Nach zweieinhalbjährigem SfE-Genuß kann ich ohne einen Abstrich behaupten: die einzig nennenswerte Leistung, solange ausgeharrt zu haben, ist eine psychische – im negativen Sinn. Denn was anderes ist völlige Orientierungslosigkeit, die Geduld, sich den Arsch wundzusitzen und von großen Taten zu träumen, das angstvolle Klammern an Gruppenzusammenhänge, deren Hauptmerkmal Psychoterror ist, das endlose Reden und Reden und Reden, um kurz vor der Bewußtlosigkeit das schwächste Glied zum gemeinsamen Nenner zu erklären.
In unseren besten Zeiten konnten wir in Diskussionen das einzig sinnvolle Ziel der Schule klar bestimmen: die Emanzipation der Individuen von der »Illusion« Abitur, von Bildungs- und Autoritätskomplexen, von Vereinzelung hin zu echter Kollektivität. Dies alles ist gescheitert. Zusammengetrieben hat uns im ganzen letzten Jahr nichts anderes als das Abitur. Was es zu bedeuten hat, als Hauptantrieb einer Illusion nachzulaufen, darüber möge jeder selbst nachdenken. Die Gründe für dieses Scheitern können wir aufzeigen.
Der Hauptwiderspruch, unter dem die SfE leidet, ist, auf alternativem Weg (durch Selbstverwaltung, andere Kommuni-

kationsformen etc.) einer staatlichen Norm genügen zu wollen. Dies Unterfangen wird vom Staat finanziert, wodurch der Schwerpunkt eindeutig bestimmt ist. Da sitzen wir mit einer Backe auf der Schulbank, mit der anderen schon fast im Sessel, und fühlen uns zerrissen. Aus dieser Zwickmühle gibt es einen dritten Ausweg, der auch von etlichen gegangen wird. Voraussetzung dafür ist allerdings die erwähnte Emanzipation. Konkret: das Abitur funktional begreifen lernen, als Voraussetzung, sich noch einige Jahre lang frei von Lohnarbeit bewegen zu können. Als Basis nicht für ein verpenntes Rentnerdasein oder hirnloses Rumstudieren, sondern mindestens als Orientierungsphase. Das Bestehen dieser Prüfung beweist gar nichts außer der gering zu bewertenden Fähigkeit, sich zum Erlernen fremdbestimmter, zum großen Teil unwichtiger Sachen zwingen zu können. Nichts von Intelligenz, selbständigem Denk- und Urteilsvermögen und nichts von Reife. Offiziell wissen wir das alle. Dennoch bricht in vielen ein Stück Selbstbewußtsein zusammen, bestehen sie nicht.
Dies ist die spezielle Problematik. Die allgemeine ist eine weit über die SfE hinausreichende: die Problematik alternativer Lebens- und Denkweisen in diesem System.
Wir kritisieren nicht das Bedürfnis, sich jetzt und hier zu verwirklichen. Wir kritisieren die Genügsamkeit dieses Verlangens, dessen Grenzen erkennbar in nächster Nähe liegen. »Mit der Veränderung beim eigenen Leben beginnen« genügt uns nicht, weil damit im allgemeinen nur die Absicht verschwiegen wird, auch dort stehen zu bleiben.
Keine befreiten Inseln, sondern freie Kontinente!

Ruby: Selbstverwaltung und dann Betriebsarbeit

FRAGE: Warum bist du zur SfE gegangen?
RUBY: Du wirst normalerweise bei der Arbeit oder in der Lehre dazu erzogen, nur Befehle anzunehmen und die dann auszuführen. Du wartest immer darauf, daß jemand kommt, der dir sagt, was du machen sollst. Vor dem Problem stand ich, als ich an der Schule anfing, weil ich ja vorher nur alle möglichen Jobs hatte. Und ich glaube, das war eine wesentliche Erfah-

rung, die ich an der Schule gemacht hab: sich selber hinzusetzen, was zu machen.
Meine Mitarbeit an der Schule hat sich erst langsam entwickelt. Wie ich das erste Mal auf dem Forum war, haben da so hochkopferte Leute gesprochen, die einen geschliffenen Sprachstil draufhatten, und nachdem mir das die ersten zwei Monate ziemlich gestunken hatte, daß die da das Wort führen, hab ich auf dem Forum auch mal das Wort ergriffen und bin also fürchterlich ausgelacht worden, weil ich nur Wuppertaler-Platt drauf hatte, gabs also großes Gelächter, und ich hab mich erstmal in mein Schneckenhäuschen verkrochen. Nachdem ich gemerkt habe, du wirst hier einfach so untergebuttert, hab ich mich in Gremien reingesetzt, hab mir das angehört, hab dann auch was dazu gesagt, und nachdem ich dann gemerkt hatte, daß sie sich an meinen Dialekt so langsam gewöhnt hatten und auch kein größeres Gelächter mehr ausbrach, war auch eine Mitarbeit möglich.
Das hat sich dann weiterentwickelt im Unterricht, daß du gemerkt hast, wenn du nicht aktiv mitmachst, läuft da auch nichts. Und dann so Mißstände an der Schule. Haben wir uns in der Klasse gedacht, okay, da muß von uns jemand rein in die Ausschüsse, um dort unsere Interessen zum Tragen zu bringen. Das hab ich dann gemacht und hab gemerkt, daß auf meine Vorschläge eingegangen wurde. Das war für mich der Einstieg in die Selbstverwaltung. Ich glaub nicht, daß man Selbstverwaltung losgelöst von der Klasse hätte machen können, ohne den Zusammenhalt in der Klasse und die Rückkopplung durch Kritik und Unterstützung.
FRAGE: Nachdem du drei Jahre in der Schule ziemlich aktiv warst, bist du dann abgehauen. Welche Gründe hattest du?
RUBY: Das hatte sicherlich mit der Situation der Schule zu tun. Wenn man längere Zeit kontinuierlich mitarbeitet, spielt sich dein Privatleben fast ausschließlich an der Schule ab. Ich habe auch mit Leuten aus der Schule zusammengewohnt. Politische Inhalte, Diskussionen sind dabei im Laufe der Zeit ziemlich den Bach runtergegangen. Die Schule, hatte ich den Eindruck, ist mehr und mehr entpolitisiert worden. Du hast gemerkt, daß auch innerhalb eines kurzen Zeitraums von ein bis zwei Jahren es unheimlich schwer war, Erfahrungen weiterzugeben, auf denen man hätte aufbauen können. Hinterher hat

man nur noch gemerkt, daß man sich im Kreis dreht. Nach zwei bis drei Jahren liefen also immer noch dieselben Diskussionen, über Anwesenheit, Selbstverwaltung, Lehrerbestätigung usw. Da wurden dieselben Probleme behandelt und Lösungsvorschläge, die auch vorher schon als nicht gut gesehen wurden, wieder ins Spiel gebracht und diskutiert. Das hat ein Gefühl gegeben: irgendwie kommst du da nicht weiter. Irgendwann ist der Zeitpunkt gekommen, wo ich das nicht mehr eingesehen habe. Da ist mir die ganze Situation auf den Geist gegangen: sich immer wieder gegen dieselben Argumente durchzusetzen, die immer von anderen Leuten kamen. Was die Arbeit in der Selbstverwaltung betraf, das wurde dann auch nur noch Routine.

FRAGE: Du bist kurze Zeit, nachdem du an der Schule aufgehört hattest, in einen Betrieb gegangen, das machst du jetzt schon ein paar Jahre. Wie hat auf dich damals die Umstellung gewirkt?

RUBY: Das war ein ziemlicher Bruch. Aus einer Schule, die ziemlich viel Freiraum hat, keine hierarchischen Strukturen, in eine Fabrik reinzukommen, wo es Vorarbeiter, Meister, Obermeister und Abteilungsleiter gibt, dazu einen Haufen von Kollegen, vor allem auch ältere, die du natürlich auch nicht kennst, das ist ganz schön knackig. Ich hab erst mal ziemlich kleine Brötchen gebacken, konnte also gar nicht so viel sagen, hab mir erst mal angehört, was haben die gesagt. Ja, dann habe ich natürlich festgestellt, daß dort über was ganz anderes geredet wurde als z. B. in der Schule. Die Leute sind ziemlich kaputt, saufen ziemlich viel, und wenn du ein Gespräch führen willst, dann mußt du das recht lange vorbereiten. Du kannst über Autos, Motoren, Motorräder, Frauen, weiß der Teufel was alles, auf einer recht oberflächlichen Ebene ganz gut reden. Wenn du aber mal die Situation in der Abteilung ansprechen willst, dauert das unendlich länger, als wenn du auf das Forum gehst und sagst: Hej Leute, ich oder wir haben ein Problem, das müssen wir mal diskutieren.

Für die Arbeit im Betrieb war es schon wichtig, daß ich in der Schule gelernt habe, selbständig zu arbeiten, z. B. dafür, wenn man mal auf einer Betriebsversammlung was sagt, daß man dabei nicht das Schlottern kriegt wie andere Kollegen, die noch nicht gelernt haben, vor vielen Leuten zu reden. Du hast in der Schule eine Offenheit gelernt, auf andere zuzugehen, und wenn du Probleme von Leuten erkannt hast, ihnen die auf den Kopf zuzusagen. Da seh ich, daß andere Kollegen in meinem Alter, die immer im Betrieb gearbeitet haben, das nicht so können. Die schotten sich einfach ab, wenn sie so Probleme sehen. Wenn ich die ganze Zeit in so einer Fabrik gearbeitet hätte, dann würde ich mich vielleicht auch nicht trauen, meinem Meister etwas entgegenzusetzen, weil du unsicherer warst. Ich glaube, daß mein Auftreten dem Meister gegenüber, also auch die Überwindung, die ich dafür immer wieder brauch, daß ich das nicht so könnte, wenn ich die Zeit in der Schule nicht gehabt hätte.

FRAGE: Das normale Verständnis der Leute in der SfE ist ja, daß sie sich dadurch von der Masse der Bevölkerung absetzen, daß sie eben nicht manipulierbar sind. Wie siehst du das?

RUBY: Ja, ich glaube, daß die meisten Leute auf der SfE zwar den Anspruch haben, nicht manipulierbar zu sein, daß sie aber genauso manipulierbar sind wie die Leute in der Fabrik auch, nur anders. Z. B. sind sie selbst sicherlich nicht durch die »BZ« manipulierbar, was ich bei einem Großteil der Kollegen übrigens auch annehmen würde, sondern sie sind einfach manipulierbar durch Stimmungen. Wenn also eine Stimmung für eine Sache da ist, und da ist jemand, der die gut vortragen kann, vielleicht noch recht locker vorträgt, und jemand, der das genauso ehrlich meint, das aber stockend und nicht so flüssig vorträgt, dann steckt da für mich schon ein Stück Manipulation drin, einfach über Sprache, über Auftreten, und das passiert in der Firma natürlich genauso.

FRAGE: Wie kommen dir jetzt, drei Jahre später und mit dem Hintergrund deiner Arbeit in der Fabrik, die SfE und die Probleme der Schüler vor?

RUBY: In den ersten ein bis zwei Jahren hab ich mich absichtlich nicht um die Sachen, die an der SfE liefen, gekümmert, und bin den Leuten von der SfE aus dem Weg gegangen, weil ich erst mal Abstand brauchte. Jetzt nach den drei Jahren interessiere ich mich schon ein bißchen mehr. Ich war vor einer Woche auf der VV und hab da mal kurz reingeschaut, treff ab und zu mal Leute in der Kneipe. Ja, da merkst du dann schon, daß da ein himmelweiter Unterschied ist. Daß die Leute sich mit Problemen auseinandersetzen, die gar nicht mehr meine sind, weil ich zwar mit dem Anspruch in die Firma gegangen bin, die Verhältnisse im Betrieb zu verändern, aber ich glaube, wenn ich ehrlich bin, es so ist, daß ich mich selber sehr verändert habe. Z. B. interessieren mich existenzielle Fragen wie Lohnfragen einfach viel mehr als zu meiner SfE-Zeit. Das hängt natürlich damit zusammen, daß Lohnfragen in der Betriebsarbeit und für das Leben der Kollegen eine große Rolle spielen. Ob ich 200,- mehr oder weniger im Monat habe, das geht mir heute näher als damals, wo ich auf der SfE 600,- BAföG gekriegt habe. Oder wenn ich mal in der Kneipe Leute treffe und hör dann, daß da bei allen Sachen, die getan werden müssen, das Lustprinzip die größte Rolle spielt, und ich muß jeden Tag um ½6 aufstehen, um 7 Uhr auf der Matte stehen und meine Karte stempeln, acht Stunden an der Scheiß-Drehbank – oder weiß der Teufel wo – rumstehn, und komm dann abends kaputt nach Hause, und da erzählt mir dann einer, daß er es wirklich nicht schafft, um 11 Uhr aufzustehen und das also sein Hauptproblem ist: wenn ich das hör, dann lach ich mich entweder halbtot oder ich werde wütend oder es interessiert mich nicht. Außerdem wirst du manchmal natürlich ganz schön wütend, wenn die Leute sagen: Du bist ja bekloppt, acht Stunden da zu malochen, das könnte ich nicht. Dann kommst du in die Lage, einen Standpunkt einzunehmen, wo du früher recht rabiat reagiert hast, den Leuten einfach zu sagen: Hör mal, du Arschloch, ich bin derjenige, der für dich vielleicht mitmalocht. Also ich sag dir zwar nicht, geh mal lieber arbeiten, was ich manchmal gerne sagen würde, aber ich sag: Verschon mich mit deinem Gelaber über deine Schwierigkeiten mit dem Aufstehen. Und wenn da manche Leute sich nachts um 12 Uhr noch Bier bestellen und sagen: Jetzt mach ich noch einen drauf, und du überlegst, du mußt morgens um ½6 rauskrabbeln, und wenn du durchmachst, bist du eben die ganze Woche kaputt – ja, das findest du dann ganz schön ungerecht, sagen wir es mal so.

Reinhard: Von der SfE auf den Friedhof

Bevor ich an die SfE kam, bin ich auf einer Fachhochschule gewesen. Dort hatte ich aber sehr schnell gemerkt, daß ich das nicht lange aushalten werde, mit den Profs konntest halt überhaupt nichts anfangen. Dann hab ich gehört, daß es eine selbstverwaltete Schule gibt, wo man Abi machen kann und BAföG bekommt. Da bin ich dann gleich hin: Damals hing die Schule noch voll mit lauter Plakaten: KPD, KBW, KB und so. Ich fand's toll, daß es so eine selbstverwaltete Schule gibt, und hab mich auch gleich angemeldet.
Die Klasse, in die ich an der SfE kam, war stark. Wir sind immer nach der Schule noch in die Kneipe gegangen und haben uns nach sehr kurzer Zeit gut gekannt. Wir waren auch nur zehn. Arbeitsgruppen liefen sofort, das hat mich auch überrascht, die liefen sofort gut, die Leute haben sich auch zu Themen gemeldet und Referate gemacht.
Diese Arbeitsgruppen haben mir auch den meisten Spaß gemacht. Während der AG hat man eben auch zusammen Kaffee getrunken und so ein bißchen zusammen gequatscht und das Referat zusammengestellt. An der Fachhochschule oder vorher an der Schule, da haste die Sachen vorgeknallt gekriegt, da gabs nichts zu diskutieren. Da mußtest du dich mit Sachen beschäftigen, die dich gar nicht interessierten. An der SfE konntest du sagen, was du machen willst, was dich interessiert.
Mit vielen Sachen hatte ich mich schon vorher beschäftigt. Das lag daran, daß ein Bruder von mir so 68 studiert hatte und beim SDS war, der ging dann zum KSV und war dort fünf Jahre Kader. Über den hab' ich viel mitgekriegt. Der hat mir auch immer Bücher mitgebracht und damals noch die »Rote Fahne«. Da hab ich eben andere Sachen gelesen, als du normalerweise sonst mitkriegst, noch dazu, wenn du in einer Kleinstadt lebst. Später bin ich in eine größere Stadt umgezogen, da hab ich dann beim »Anti-Imperialismus-Komitee« mitgemacht. Da bin ich dann zu Schulungen gegangen, hab auch mal 'ne Rede für den 1. Mai ausgearbeitet usw. Das war, als ich auf der Berufsaufbauschule war, also schon nach meiner Gärtnerlehre.
Da hab ich halt sehr viel gelesen, auch als ich dann nach Berlin

kam. Da hab ich dann die ganzen Oberbaum-Bücher verschlungen. Ich hab immer viel gelesen. Während der SfE-Zeit hatte ich dann mehr Zeit zu lesen, und ich hab gern Referate gemacht, das war noch mehr Motivation, zu Themen, die einen interessieren, etwas zu lesen.
Ich wollte Abi machen, als ich an die Schule kam, und später studieren, Germanistik und Politologie. Das wurde mit der Zeit immer mehr abgebaut, bis es mir zum Schluß ziemlich egal war, weil ich mir einfach nicht vorstellen konnt' nach drei Jahren SfE, mit diesen ganzen Erfahrungen in der Selbstverwaltung, Diskussionen und so weiter, daß ich mich danach wieder Autoritäten, die über dir stehen und dir erzählen, was du machen sollst, nach deren Willen du dich auch verhalten mußt, wie ich die wieder akzeptieren sollte. Ich konnt' mir nicht mehr vorstellen, daß ich im Hörsaal sitzen soll, vorne steht ein Professor, und der erzählt dir irgend etwas. Deshalb wollte ich auch nicht mehr studieren.
Diese Meinung hatten auch die meisten in der Klasse vertreten. Die Diskussion ging sogar so weit, daß ein Teil der Klasse gemeinsam in einem Betrieb arbeiten und dort versuchen wollte, eine Betriebsgruppe aufzubauen. Das hat sich dann zerschlagen.
Ich kann nicht verstehen, daß Leute studieren können. Ich will was mit Leuten zusammenmachen, am liebsten was Handwerkliches. Ich kapier' nicht, wie Leute freiwillig an die Uni gehen und da so Scheiße in sich reinfressen, was sie aber brauchen, um später mal was anderes machen zu können.
Ich bin dann nach der Schule, auch auf Grund dieser Diskussionen, arbeiten gegangen, eben um gerade in diesem Bereich was zu machen. Ich wollte in meinen Beruf als Gärtner zurück und bin dann auf dem Friedhof gelandet. Aber das hatte ich mir zu leicht vorgestellt, ich bin mehr und mehr in dem Laden kaputtgegangen. Ich hab nach der kürzesten Zeit mit den Chefs, diesen Bürokraten, die nur am Schreibtisch sitzen, Ärger gekriegt.
Nachdem ich dann die Stelle als Friedhofsgärtner aufgegeben hatte, bin ich erst mal nach Spanien zu 'nem Typ, der mit in der Klasse war. Das ging aber nicht gut. Und genauso jetzt: ich will seit längerer Zeit nach Westdeutschland ziehen. Das ist auch so ein Widerspruch, in dem ich mich befinde, daß ich

mich frag, ist das nicht 'ne Flucht? Haust ab und läßt die hier hängen, ziehst dich zurück auf deine Insel, hier gibts viel zu tun. Auf der anderen Seite weiß ich, daß ich hier in dieser Stadt kaputt geh, und ich hab Lust, aufs Land zu ziehen und dort für mich was Sinnvolles zu machen.
Von Spanien also wieder zurück nach Berlin. Du sagst dir, hier bleibst du nur eine Woche, hier hältst du das nicht aus, grad Winter und keine Knete. Dann gehst du zum Sozialamt, da denkst du, bist der letzte Arsch. Dann zum Arbeitsamt und hin und her. Ja, und dann wieder normal angefangen zu malochen, erst einmal als Kollaborateur bei den Amis. Da biste gefragt worden, wo arbeitest denn jetzt. Ich hab mich nicht getraut, darauf zu antworten, weil die alle gesagt haben: Was, bei den Amis! So, dann da wieder gekündigt, weil ich da auch wieder Ärger kriegte. So, und jetzt eigentlich überhaupt was ganz was anderes. Und das macht mir eigentlich sehr viel Probleme, selbständig zu arbeiten, also schwarz arbeiten. Jetzt merk' ich, du kriegst nicht mehr die 1800,- DM auf's Konto, sondern du mußt gucken, damit du die Knete kriegst. Das heißt, du mußt dir sagen, du arbeitest heut' vier Stunden, haste 60,- DM, da kannst du wieder das und das für bezahlen. Ich muß laufend rechnen, wieviel Stunden mußt du noch arbeiten, um noch Miete zu zahlen usw. Das macht mich teilweise auch fertig. Du hast einfach keine Sicherheit mehr. Ich kenn zwar Leute, da ist's klar, die geben mir was, wenn sie mehr Geld haben, aber ab und zu hab ich da ein schlechtes Gewissen, weil ich denk, ich nutz die irgendwie aus, obwohl's nicht so ist, andersherum mach ich es ja genauso.
Das ist auch meine Kritik an der SfE. Man verliert dort doch so ziemlich das Verhältnis zur Realität. Du fällst, wenn du aus der SfE rauskommst, wirklich in so ein tiefes schwarzes Loch runter. Als ich anfing zu arbeiten, hab ich echt gedacht, die haben doch alle 'ne Macke, die müssen ja so kaputt sein, nur von Ficken, Saufen, Autos gequatscht. Wir haben ja auch darüber diskutiert, daß es wichtig wäre, daß ein bißchen Praxis in die SfE kommt, z. B. durch Werkstätten. Das ist gescheitert durch ein paar Lehrer, die ihren Schulbetrieb wollten und sonst nichts.
Früher hab ich immer gesagt, Projekte sind fürn Arsch. Von diesem Schneeballsystem, ein paar Projekte – viele Projekte,

dadurch auch eine Veränderung der Gesellschaft, hab ich absolut nichts gehalten. Inzwischen, glaub ich, ist es die einzige Form, für mich jedenfalls, um noch zu überleben.

Rhizom: Zwei Gastwirt-Buchhändler blicken zurück (und nach vorn)

UDO: Man muß auf jeden Fall Illusionen abbauen. Die Infos über die Schule müssen realistischer aussehen. Da werden Strukturen geschildert, die du in der Realität nicht wiederfindest. Man müßte den Leuten sagen: Setzt euch erst mal eine Zeitlang in eine Klasse, seht euch alles in Ruhe an, und dann entscheidet euch, ob ihr zweieinhalb Jahre lang auf diese Schule gehen wollt. Es ist wichtig, neuen Schülern immer wieder die eigenen Erfahrungen mit der Schule zu vermitteln. Als ich damals das erste Info der SfE gelesen habe, fand ich alles ganz toll, so wie es auf dem Papier stand. Ich war total fasziniert und unheimlich geil, auf diese Schule zu kommen. Und das ist das Gefährliche.
Da kommen Leute mit einer Euphorie auf die Schule, die dann total enttäuscht werden. Die klinken dann aus und fallen wieder genau in das Gegenteil zurück, gehen wieder auf stinknormale Schulen und schimpfen nur noch über die SfE: So ein Chaotenladen, da herrscht die totale Paranoia usw. Das ist eine große Gefahr.
MANFRED: Ich hatte schon früher eine Vorstellung im Kopf von einer Schule, wie sie eigentlich sein müßte. Diese Vorstellung hat die SfE dann so ungefähr getroffen. Ich wollte damals sofort auf die SfE, das ging aber noch nicht wegen der Aufnahmebedingungen. Ich hab also nochmals gearbeitet und bin erst auf eine andere Schule gegangen; nach einem Jahr bin ich da rausgeflogen. Mit mehreren Anläufen wollte ich Abitur machen. Das hat sich aber in der SfE-Zeit total verändert, da bin ich total davon abgekommen. Ich hab da keinen Sinn mehr drin gesehen, mal zu studieren; ich konnte mir nicht mehr vorstellen, mal als Student rumzulaufen.
Diese Entwicklung hat die Schule mitbeeinflußt. Mir ist klar geworden, daß es auch andere Möglichkeiten gibt als Studium

oder irgendeinen normalen Beruf, indem man eben die Sachen, die man wichtig findet und die einem Spaß machen, selber macht. Da braucht man kein Studium oder sowas, keine offizielle Ausbildung.

Ich hatte ja meine Erfahrungen in klassischen Ausbeuterbetrieben, wo ich noch nicht einmal mehr einen Sinn darin gesehen hatte, etwa durch Betriebsarbeit was zu verändern, höchstens durch Formen von Sabotage oder sowas. Da habe ich für mich beschlossen, nur noch in Projekten zu arbeiten, wo die Mitglieder selbst bestimmen, was sie machen wollen. Ich gehe nie mehr abhängig arbeiten; bestimmte offizielle Stellen, wie etwa den Senat, nehm ich persönlich einfach nicht mehr ernst, die können mir nichts mehr.

UDO: Ich habe in Westdeutschland Industriekaufmann gelernt, bin lange Zeit auf Karriere abgefahren und habe erst über die Gewerkschaftsarbeit in der IG Metall ein bißchen den Absprung gemacht. In zweieinhalb Jahren hab ich meine Mittlere Reife nachgeholt und dabei mehr und mehr Leute aus der Freak-Scene kennengelernt. Dann haben wir eine Männer-WG gegründet; ich kam jedenfalls immer mehr von meiner kaufmännischen Arbeit ab. Irgendwann bin ich auf ein Abendgymnasium gegangen, da bin ich rausgeflogen. Anschließend auf ein Kolleg, denn das Abitur zu machen, schien mir das Einfachste zu sein. Über meine Arbeit im Landesring der Studierenden des ZBW hab ich dann von der SfE gehört. Ich kriegte das Schul-Info in die Hand und hab mir spotan gesagt: Jetzt zieh ich nach Berlin. Ich wollte weiter Abi machen, hatte aber nur vage Vorstellungen, wußte nicht genau, warum.

An der SfE bin ich dann – nachdem ich den Anfangsschock überwunden hatte – sofort in die Selbstverwaltungsarbeit eingestiegen; ich war im Koordinationsausschuß. Eigentlich hab ich dafür mehr getan als fürs Abitur. Das hängt vielleicht auch damit zusammen, daß ich immer kontinuierliches Arbeiten gewöhnt war. Da das in der Klasse nicht immer möglich war, hab ich mir in der Selbstverwaltung so quasi eine zweite Ebene geschaffen.

MANFRED: Die Selbstverwaltung war bei mir auch ein Hauptinteresse, ich habe von Anfang an im Öffentlichkeitsausschuß mitgearbeitet. Mir war klar, daß jeder mitverantwortlich dafür

ist, daß der Laden weiterläuft. Ich wußte, daß da halt immer was gemacht werden muß.
Mit der Zeit hab ich mich dann immer mehr da reingesteigert; später kam dann noch die Mitarbeit an der ZBW-Zeitung dazu, und so hab ich mich dann immer weiter von der Klasse wegentwickelt.
Die Versuche, meine Aktivitäten in die Klasse reinzutragen, sind alle gescheitert; das hat die alles kaum interessiert. Schließlich wurde es dann so eine Art Wettlauf: das Abitur auf der einen Seite und die politische Arbeit auf der anderen Seite. Je näher das Abitur rückte, desto geringer war das Interesse der Klasse, was von Selbstverwaltung oder anderen politischen Sachen zu hören. Da war ich dann irgendwann total aus der Klasse raus.
Schließlich haben wir die ZBW-Zeitung aufgelöst, weil kein Rückhalt mehr da war, weil uns keiner mehr verstanden hat. Da haben wir uns gedacht, das müssen mal andere machen. In diesen Diskussionen kamen wir dann auf die Idee, in der Schule einen regelmäßigen Büchertisch zu machen. Das hing auch zusammen mit der Vorstellung, endlich mal eine Schulbibliothek einzurichten; in dem Raum war nämlich alles seit Jahren verstaubt und vergammelt.
Aus diesem Büchertisch an der SfE und dem ganzen Drumrum hat sich dann die Idee eines Buchladens entwickelt. Ursprünglich war der in Kreuzberg geplant, zusammen mit einer Kneipe am Chamissoplatz. Dann wollten wir sowas wie »Buch und Café« machen. Andere Leute kamen dazu; die waren aus einem Buchladen rausgeflogen und brachten viele wichtige Erfahrungen aus der Buchhändlerscene mit. Mit denen zusammen haben wir schließlich den Buchladen und später dann die Café-Kneipe aufgemacht.
UDO: Ich hatte damals auch schon Ideen, Vorstellungen von einem Kollektiv. Und zwar wollte ich immer gern in einem Handwerkskollektiv arbeiten. Ich hatte mir da so ein Kfz-Kollektiv vorgestellt, als Verbindung von kaufmännischer und handwerklicher Arbeit. Ich hab auch Leute kennengelernt, die ähnliche Ideen hatten, aber auch ähnlich hilflos waren. Das geht eben nicht von heute auf morgen. Dann bin ich auf die Rhizom-Leute gestoßen.
Daß ich jetzt in einem Buchladen-Café-Kneipe-Projekt mit-

mache, resultiert bei mir aus einem Entwicklungsprozeß, der über Jahre lief und bei dem nicht nur die SfE entscheidend war. Für mich persönlich ist auf jeden Fall Berlin ein entscheidender Faktor. Hier hab ich gelernt, das zu machen, was ich will, das aber auch durchzuziehen. Ich weiß heute, daß ich nie mehr in einen normalen Arbeitsprozeß gehen werde, höchstens kurzfristig, wenns mal nötig ist, etwas Geld zu verdienen.

Die SfE ist in dieser Beziehung deshalb wichtig gewesen, weil sie halt in Berlin ist. Ich glaube kaum, daß die SfE ohne Berlin denkbar ist. An der SfE werden die Möglichkeiten, die Berlin bietet, gebündelt. Die aktuellen Informationen laufen in der Schule zusammen und können da auch verarbeitet werden.

MANFRED: Für mich waren an der Schule vor allem persönliche Beziehungen wichtig: daß man mit Leuten zusammen ist, die ähnliche Ideen im Kopf haben, mit denen man was probieren kann. Probieren, sich zu lösen von Abhängigkeiten aller Art, von all den Mächten, die dauernd auf einen einstürzen. Das geht dann bis zum Staat, den man dann irgendwann auch mal vergißt. Man kann zusammen versuchen, Formen zu finden, die einen persönlich weiterbringen und die auch nach außen wirken. Als ich auf die Schule kam, waren meine Vorstellungen in dieser Richtung noch ziemlich vage, da wußte ich noch nicht, daß ich nach der Schule in so einem ähnlichen Projekt weiterarbeiten würde.

Hier im Rhizom ist natürlich alles etwas schwieriger. Man hat mehr Verantwortung, und die Verbindlichkeit ist eine ganz andere. Aber Verbindlichkeit haben wir für uns in der Selbstverwaltung der SfE auch schon praktiziert, insofern sind wir es gewohnt. Im Prinzip ist es eine nahtlose Weiterentwicklung im Anschluß an die SfE.

UDO: Und so eine Entwicklung geht immer weiter. Es gibt keinen Schlußpunkt, das finde ich so faszinierend. Jetzt haben wir z. B. einen Versand geplant. Es kommen auch immer neue Leute hinzu. Gerade beim Buchladen machen unheimlich viele Leute mit, da kann man kaum noch von einem Kollektiv reden. Das ist das Gute, daß man sich nicht abschottet, daß man flexibel bleibt.

Insofern bin ich auch froh, daß ich das Abi nicht gemacht habe. Denn wenn du erst so einen Schein hast, wirst du bequem, du machst deinen Trott. Tapp, tapp, tapp, immer nur geradeaus. Guck dir doch die Leute an, die jetzt vereinzelt an der Uni rumhängen. Da kannst du eben von Leuten, die diesen Schein nicht haben, viel mehr erwarten. Da steckt viel mehr Power dahinter.

WO, BITTESCHÖN, BLEIBT DAS UTOPISCHE?

Neulich, in der Küche, wo immer die spannendsten Fêten-Gespräche zustande kommen, hockten einige ehemalige Schüler und Lehrer zusammen und wühlten in ihren SfE-Erfahrungen. Negatives überwog. Wir bestätigten uns, daß es höchste Zeit gewesen sei, die Schule zu verlassen. Überhaupt könne es niemand länger als drei Jahre dort aushalten.
Auch die jüngste Entwicklung (neues Haus, Oberstufenreform, Aussteigerkulturen) wurde von uns mit sorgenvollen Kommentaren bedacht.
Kaum kamen andere hinzu, jüngere, die gerade auf »normalen« Schulen ihr Abitur machen wollten, und sonst noch Leute, die die SfE nur von außen kannten, änderte sich unsere Stimmung: ebenso vehement beteuerten wir, daß wir die Zeit an der SfE keineswegs bereuten und mit niemandem tauschen wollten, der an »normalen« Schulen Abitur gemacht oder unterrichtet hätte.
Wie oft haben wir in Gesprächen mit Neugierigen, mit Schülern und Lehrern anderer Schulen, mit Journalisten usw. die Schule neu aufgebaut, sie mit Spannung und tollen Ideen gefüllt, fremde Skepsis übertrumpft mit stolzem Enthusiasmus. Es war eine rechte Lust.
Und kaum waren wir nach solchen Treffen in die Schule zurückgekehrt, wurde unser fröhlicher Flug zum schleppenden Schritt, gerade so, als seien wir in eine andere Schule gekommen als in die, von der eben noch unsere Rede war.
So geht es uns übrigens auch beim Durchblättern dieses Berichts. Dort, wo wir über negative Erfahrungen, über Zweifel und Niederlagen geschrieben haben, fällt uns plötzlich wieder Positives ein; dort, wo wir von Erfolgen berichtet haben, drängen sich zusätzliche negative Seiten auf.
Die SfE ist etwas Unfertiges. Sie widersetzt sich jedem Versuch, sie als geschlossenes Modell darzustellen, an dem sich andere ein Beispiel nehmen können oder aus dem bestimmte Elemente in andere Schulen einfach zu übertragen wären. Sie verschließt sich der herkömmlichen »seriösen« Diskussion über alternative Schulen (die, nebenbei, in der Regel von

Leuten geführt wird, die nie in solchen Schulen gearbeitet haben). Sie verheißt keinen klaren Ausweg aus der Misere bürgerlicher Ausbildung. Auch darin ist sie unvollkommen.
Die SfE ist kein Modell. Sie ist ein schwankendes, offenes, konturenarmes perpetuum mobile. Für jeden hält sie Veränderungen und neue Möglichkeiten parat, gerade auch für die, die sich ihrer selbst und ihrer Interessen sicher sind.
Vielleicht steckt darin das Utopische: soziale Gefüge aufzubauen ohne fixierten Bezugsrahmen; soziale Prozesse auszulösen ohne lähmende Zielvorgaben; negative Erfahrungen einzustecken, ohne unterzugehen; positive Erlebnisse zu haben, ohne sich darauf ausruhen zu können; sich zu Unfertigem zu bekennen ohne schlechtes Gewissen.
Die tägliche Irritation als Prinzip: ein gutes Rezept gegen eine Gesellschaft, in der alles geregelt ist. Kein bequemes Rezept übrigens, kein Wundermittel und immer zu wenig.